사 진 의 치 유 적 활 용 에
관 심 있 는 모 든 사 람 을 위 한

디지털 시대의 사진치료

Del Loewenthal 편저 | 심영섭 · 백영묘 · 정윤경 공역

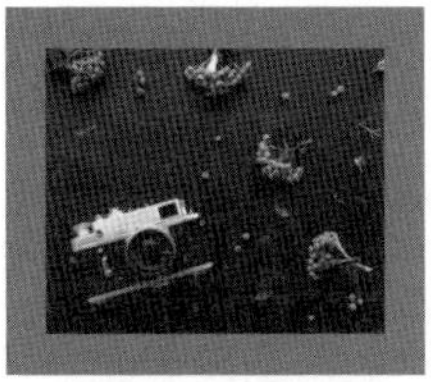

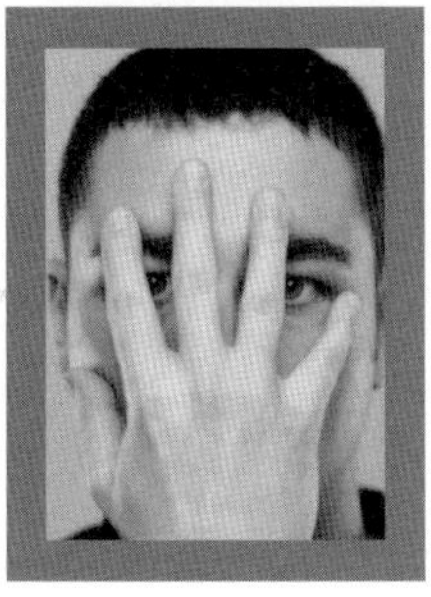

Phototherapy and Therapeutic Photography in a Digital Age

학지사

Phototherapy and Therapeutic Photography in a Digital Age
by Del Loewenthal

역자 서문

지금으로부터 근 10여 년 전 6월, 핀란드 투르크에서 열렸던 제3회 국제 사진치료 심포지엄을 방문했을 때, 많은 사진치료사는 동아시아에서, 아니 아시아에서 맨 처음 사진치료를 배우겠다고 도착한 나를 신기한 눈으로 쳐다보았다. 그곳에서 나는 주디 와이저Judy Weiser, 로지 마틴Rosy Martin, 데이비드 크라우스David Krauss, 크리스티나 누네즈Cristina Nuñez 등 당대 최고의 사진치료사들을 모두 만날 수 있었다.

당시에는 사진치료의 선구자인 주디 와이저의 사진치료 책 『사진치료기법PhotoTherapy Techniques』이 이미 출간되었지만, 그것은 아날로그 사진의 시대를 가로질러 온 실용적인 사진치료 매뉴얼이었다. 그러나 워크숍에서 주디 와이저의 기법 외에도 나는 각국의 다양한 새로운 사진치료 기법을 접할 수 있었다. 특히 로지 마틴의 재연치료나 가족사진을 활용한 사진치료 기법들, 크리스티나 누네즈의 자화상 작업 그리고 사진 철학이나 사진 현상학에 대한 중요한 이론 등을 국제적인 학회를 통해 처음 접하게 된 것이다.

그 후 국내에 돌아와 사진치료학회를 결성하고 사진치료를 보급하는 활동에 진력하던 중에 유럽에서 활동하는 사진치료사들이 의기투합해 펴낸 책 『디지털 시대의 사진치료Phototherapy and Therapeutic Photography in a Digital Age』를 발견하게 되었다. 주디 와이저의 『사진치료기법』을 번역하여 국내에 처음 사진치료란 개념을 소개했던 나로서는 이 책에 대해서도 국내에 새로운 사진치료 책이 출판되었음을 널리 알려야 할 것 같은 의무감을 느꼈다. 그리하여 백영묘와 정윤경 두 심리학도와 의기투합해 이 책을 번역하기로 마음먹는다.

이 책은 실용주의적이라기보다는 철학적이고, 미국적이라기보다 유럽적이며, 필름보다는 디지털카메라 시대의 사진치료에 대한 다양한 의견과 통찰을 담고 있다. 이 책의 출간이 국내에 또 다른 유럽파 사진치료사들을 소개하고, 사진치료의 다변화에 작게나마 기여하리라 기대하는 바이다.

번역을 끝마치며 백영묘, 정윤경 두 공역자 외에도 다음 사람들에게 감사를 표한다. 근 10년간 심영섭 아트테라피의 수석 연구원으로 재직하였으며, 현재는 사진치료학회장이 된 소희정 선생 그리고 내게 사진치료가 있다는 것을 처음으로 알려 준 이상민 고려대학교 교수, 언제나 물심양면으로 자료 검색과 기타 행정을 도맡아 하고 있는 서영은 팀장 그리고 든든한 후원자로 함께 인생의 길을 가고 있는 남완석 교수, 끝으로 원고 정리와 교정을 맡아 준 학지사의 유가현 선생에게 감사한다. 이들이 없었다면 이 책도 없었을 것이라 확신한다.

개인적으로는 이제 홀가분하게 번역의 시대를 마친다. 새로운 사진치료 책을 출판할 그날을 마음에 품어 보며…….

2019년 2월

역자 대표 심영섭

저자 서문

디지털 시대가 도래하면서 사진치료는 세계적으로 진화했다. 『디지털 시대의 사진치료』는 사진치료와 치유적 사진의 기본 배경과 함께 최근의 발전을 다룬다.

이 책은 총 3부로 구성되어 있다. 제1부는 소개와 다양한 분야의 개관을, 제2부는 개별 기법과 그 배경을 소개하며, 사진치료, 재연 사진치료, 공동체 사진치료, 자화상 사진치료, 가족 사진치료에 대한 내용을 실었다. 마지막 제3부에서는 이론, 실무, 연구 차원에서 사진치료와 치유적 사진의 미래를 살펴보았다.

이 책은 사진의 치유적 활용에 관심이 있는 독자라면 누구든 흥미롭게 읽을 수 있다. 정신분석가, 상담자, 심리학자, 미술치료사와 같은 심리치료 종사자들이 주된 독자층일 뿐 아니라, 자신의 분야 안에서 사진의 치유적 활용을 깊이 탐구해 보고자 하는 사진작가 및 타 분야의 전문가들도 관심을 가질 내용일 것이다.

차례

CHAPTER 02 / 치료 경험으로서의 사진 • 51

CHAPTER 03 / 조 스펜스의 카메라 치료: 불행에 대응하는 개인적인 치유 사진 • 69

CHAPTER 04 / 사진, 전화 그리고 판타지 • 87

PART 3 ··· 연구와 미래

[사진 0-1] 사진 (Kennedy)
출처: www.horvatland.com/images/entrevues/mccullin-03.jpg

프롤로그

〈사진〉[1]

-키스 케네디(Keith Kennedy)

나를 보라. 당신을 보고 있다. 여기 창가에 앉아 당신의 시선을 끌고 있다.

한 남자가 내 앞에 서서 나를 보고 뒤의 여자에게 말한다. "이거 보면 정신이 번쩍 들걸." 그러나 그녀는 눈길도 거의 안 주고 가던 길을 간다. 그녀는 아마도 아름다움 속 진실 같은 사진을 찾고 있으리라. 나는 둘 중 하나이다. 그래도 남자가 나를 꼼꼼히 살펴본 점은 기분 좋다.

---

1) 돈 매컬린(Don McCullin)은 내게 이 사진을 항상 지니고 다닌다고 했다. 비쩍 마른 어머니와 아기. 수척한 아기에게 마른 젖을 물리고 있는 사진을 내가 스케치했다([사진 0-1]).

나는 사진이다. 나는 들여다보라고 여기 있다.

필름이었을 때는 나도 더 행복한 이미지가 될 수 있었다. 하지만 내가 찍히던 상황은 운이 없었다. 비아프라아프리카 나이지리아 남동 지역으로 1970년대 독립 공화국이 잠시 세워졌으나 내전으로 많은 이가 죽는 비극이 계속되다 결국 3년 만에 해체되었다–역자 주,[2] 1971. 찍은 사람이 누구였는지 알면 더 기가 막히다. 저 위대하신 백인 사냥꾼들. 어느 좋은 날, 나는 몸을 바쳤다. '찰칵!' 하고 탄생했다. 엄마와 아기라! 이 정도도 행운이라 여겼다. 우리는 사진사를 기다렸다. 그는 애써 '치즈'라 하지 않았다.

나는 하나의 예술작품인가? 진심으로 아니길 빈다. 태평한 시절에나 예술이지 않은가. 그러니 내 주변의 화려함은 무시하라. "나, 나는 전쟁이다(Moi, je suis la guerre)."

'볼썽사나워라!' 한번은 자그마한 노부인이 이렇게 말했다. 그럴 수도. '나조차' 그런 느낌이 드니까. 좋지 않은 감정이다. 그러면 나는 왜 여기 존재하는가?

나는 벽에 걸린 사진이고, 나를 보는 당신을 지켜보고 있다. 왜냐고? 진짜 중요한 질문은 하나뿐이다. 당신이 가진 가족 앨범에 우리 자리가 있는가? 거기에 좀 붙여 주길 부탁드린다.

---

2) 출처: 네이버 지식백과

PART 1

소개:
이론과 접근법

CHAPTER 01

디지털 시대의 사진치료와 치유적 사진에 대한 소개

– 델 로웬탈(Del Loewenthal)

사진치료와 치유적 사진

'사진은 왜 필요할까? 사진으로 마음이 바뀔 수 있을까?' '지속가능 개발과 환경에 대한 파리 전시회(국제 프릭스 픽테 환경사진상 전시회–팔레 드 도쿄The International Prix Pictet Exhibition–Palais de Tokyo, 파리, 2008년 10, 11월)'를 취재한 기사는 사진이 지닌 힘에 박수를 보내며 이렇게 시작한다(Dalley, 2008). 이 책은 정신건강 전문 분야에서 사진의 치유적 활용이 인간의 지속 가능한 성장에도 강력한 힘을 발휘할지에 대해 논의한다.

확실히 다른 영역에서는 이미 사진의 문화적 중요성을 잘 인식하고 있다(예: Barthes, 1980; Sontag, 1990). 프로이트Freud는 정신분석에 대한 맹종을 경계하는 동시에 본분을 잊지 않도록 사진을 썼다. 그는 책상에 사진 2장을 두었다고 한다. 한 장은 치료 시작 시점에 찍은 '무난하고 건강해 보이는' 환자 모습, 다른 한 장은 치료 종결 시점에 찍은 '삶에 지치고 좌절과 우울이 드리운' 환자 모습의 사진이었다(Symington, 1986: 25). 프로이트는 환자가 꿈 이야기를 하도록 했다. 만일 사진도 함께 있었다면 더 도움이 되지 않았을까?

중요한 점은, 우리는 현재 디지털 시대에 살고 있다는 점이다. 짤막한 영상이나 휴대폰 카메라 같은 디지털 사진 기술의 성장뿐 아니라 페이스북Facebook, 플리커Flickr, 유튜브YouTube, 트위터Twitter 같은 SNS의 사진 활용이 급격히 증가했다. 이로써 사진과 관련 활동들은 잠재적으로 하나의 거대한 기회가 되었다. 가족 앨범을 소유한 장년 세대뿐 아니라 디지털 기술을 좋아하는 젊은 세대와도 연계되는 핵심 도구인 것이다.

북미 대륙을 벗어나, 핀란드에서 처음 열린 제1회 사진치료와 치유적 사진에 대한 국제 콘퍼런스(2008년 6월)는 이 책 출간의 주요한 계기였다. 사진치료는 '유럽 출신 개척자들European Pioneers'(Spence, 1986, Berman, 1993)에 이어 북미에서 상당히 발전했다(주디 와이저Judy Weiser, 데이비드 크라우스David Krauss, 조엘 워커Joel Walker 등). 최근엔 영국을 포함해 유럽의 사진치료가 또 한 번 성장기에 있다. 특히 핀란드의 획기적 활동과 함께 이탈리아, 이스라엘, 독일, 리투아니아, 스페인, 러시아, 네덜란드에서도 다양한 활동이 보고되고 있다.

1979년 미국에서 제1회 국제 사진치료 심포지엄이 열렸다. 당시 심리학자 주디 와이저는 그녀의 저서 『사진치료기법PhotoTherapy Techniques』(1990)에서 치료 도구로서의 사진을 제안했다. 주디 와이저의 다섯 가지 주요 기법은 다음과 같다.

- "사진을 통해 내담자의 지각 패턴, 가치관, 기대를 탐색"하는 투사 작업 (Weiser, 1999: ix)
- 내담자들이 자신을 나타낸다고 생각하는 이미지를 이해하는 과정인 자화상 작업
- 남이 찍은 자신의 사진을 살펴보며 다양한 관점 경험하기
- 내담자가 찍었거나 모은 사진을 통해 자기은유적 요소 인식하기
- 가족 앨범과 자서전적 사진들을 재음미해 보는 사진 체계

주디 와이저는 책의 마지막 장 내용으로, 치유와 개인의 성장을 촉진하는 사진치료의 힘을 강조했다. 투사적 기법이 중심이 되긴 하지만, 사진치료와 관련한 인본주의적 접근도 이 책의 여러 장에 소개되고 있다. 린다 버먼Linda Berman의 선구적 저서인 『미소 저편에Beyond the Smile』(1993)에서는 사진에 관한 중요한 정신분석적인 해석을 담고 있으며 그 책이 미친 영향력 또한 이 책에서 일부 다뤄질 것이다.

사진치료나 치유적 사진에 아직 익숙하지 않은 독자들을 위해, 2008년 콘퍼런스에서 있었던 몇몇 사진치료 워크숍에 참여해 본 나의 소감을 간단히 묘사해 보고자 한다. 나는 학자이며, 심리분석가, 상담심리학자로, 대륙철학 17세기 유럽 대륙에서 프랑스를 중심으로 일어난 합리론적 형이상학. 데카르트, 말브랑슈, 가센디, 스피노자, 라이프니츠의 철학이 이에 해당하며, 영국의 베이컨, 홉스, 로크 등의 경험론과 대립된다–역자 주에 관심이 있고, 인간중심 상담 수련을 받은 후 사진도 전공하였다. 나는 또한 사진을 통한 자기 작업의 기회를 왠지 모를 불안 때문에 거부했던 전력이 있다. 하지만 사진치료에 대해 논의하면서 인간의 지각을 우선시했던 메를로 퐁티Merleau-Ponty의

연구가 떠올랐다. 그는 "인간의 지각perception은 대상object에서 끝나고, 일단 구성된 대상은 우리가 했거나 할 수 있었던 모든 경험의 이유가 된다."라고 하였다(Merleau-Ponty, 1962: 67). 그가 한 다음의 말은 사진치료의 원리를 상징적으로 설명한다. "현재는 그 바로 전의 과거를 대상화하지 않으면서도 그에 여전히 의존하며, 유사하게 바로 전의 과거도 그 바로 전의 과거에 의존하므로 과거는 현재에서 모두 수집되고 포착할 수 있다."(Merleau-Ponty, 1962: 69)

내가 처음 참여한 워크숍은 주디 와이저의 워크숍이었다. 내가 골랐던, 나를 부르던 사진은 무너지는 벽*)의 사진이었다. 3인이 한 팀으로 작업할 때, 나는 내 인생의 바로 그 시점과 내가 고른 사진이 얼마나 관련이 있는지 재빨리 깨달았고, 이 점에 대해 무척 놀랐다. 비슷하게, 다른 이들도 자기 인생에서 갈등하는 문제와 곧 접촉하게 되었다. 처음으로 '사진치료'란 용어를 사용한 주디 와이저는 이를 기존의 상담/심리치료 회기 안에서 사진을 활용하는

역자 주: 〈무너지는 벽〉

것으로 정의하였다(다른 사람들은 내담자의 사진을 찍는 것에 중점을 두기도 한다. 다소 복잡하긴 하다. 특히 북미에서는 드물긴 하지만, 내담자의 사진을 찍음으로써 '사진치료'를 하기도 하고, '치유적 사진'으로 시작한 다음 전통적 심리치료로 넘어가기도 한다). 또한 그녀가 그 어떤 사진도 언어를 뛰어넘는 연속적인 이야기가 될 수 있다고 하면서 개인적 스냅 사진들을 유용한 개념인 '마음의 발자국'이라고 일컫는 것도 알게 되었다. 주디 와이저는 우리는 종종 무의식적으로 인생에서 중요한 것을 사진으로 남기며, 우리가 찍는 모든 사진은 많은 점에서 확장된 자화상이라고 하였다.

사진치료의 핵심 창시자 중 하나인 데이비드 크라우스는 실제 가족 사진으로 워크숍을 진행했다(Krauss & Fryrear, 1983). 우리는 가족 사진 다섯 장을 가져가야 했다. 나는 또다시 새로운 발견을 했다. '내가 왜 아버지 사진을 안 가져왔지? 왜 가족 전체를 담은 사진이 없지? 어떻게 사람을 찍지 않은 사진이 나의 인간관계에 대해 많은 이야기를 하고 있는 거지?' 다시 한 번 참가자들은 이 기법의 상당한 위력을 경험했다. 상당수의 사람이 사진을 통해 불행했던 인생 사건을 작업하는 듯했다. 참가자의 자녀 얼굴에서 엿보이던, 차마 말할 수 없었던 내용을 이제는 어떻게 말할 수 있는지 알 수 있었다. 또는 (가족) 사진에서 누락된 내용이 그 사람에게 진정 어떤 의미인지 알 수 있었다. 내 가족 사진을 시간적 순서에 따라 배열하고 나 스스로 치유에 활용한 것도 도움이 되었다. 치료자가 지시한 것은 아니지만 나에겐 소중한 경험이었다.

세 번째 참여한 워크숍은 2008년 북미의 획기적 사진치료사인 조엘 워커의 워크숍이었다. 이 워크숍 내용은 조엘 워커의 논문 「심리치료에서 자기 인식 증진을 위한 모호한 예술사진의 활용The use of ambiguous artistic images for enhancing self-awareness in psychotherapy」(1986)에 또한 잘 설명되어 있다. 내가 선택한 이미지가 어떤 그림으로 보이는지에 대해 이야기하는 투사 작업은 유용했다.

또 다른 사진치료 워크숍은 핀란드의 경륜 있는 슈퍼바이저이자 심리치료사인 타르자 코페르트Tarja Koffert가 진행했다. 여기에서는 애착관계에서 일어난 트라우마를 사진으로 다룬다. 즉, 처음엔 애착을 상징하는 사진을 고른 다음, 그 애착에서 일어난 트라우마를 상징하는 사진을 고른다. 나는 남자 2명과 여자 1명이 공원 벤치에 앉은 뒷모습을 담은 사진을 골랐다. 가운데 있는 남자는 오른쪽에 있는 여자에게 팔을 두르고 있고, 여자는 가운데 남자 모르게 왼쪽 남자와 손을 잡고 있었다. 나는 날카로운 유리 파편 사진을 트라우마 사진으로 골랐다. 이번에도 내가 굉장히 괴롭다고 여기던 내 삶의 어떤 지점에 놀랄 만큼 빠르게 도달했다. 나는 그때의 경험이 워크숍 당시의 내 마음속에 여전히 맴돌고 있었다는 것을 의식적 수준에선 모르고 있었다. 그러나 알게 된 순간, 다음 워크숍 내용에 집중하는 것이 힘들 정도였다. 나는 또한 참가자들이 스스로를 피해자로 여기는 경향성도 발견했다. 비록 결과적일 수는 있어도, 자기에게 또한 타인에게 여전히 괴로움을 일으키는 고통과 통증에 대해 스스로 책임을 지려는 경향은 그리 많지 않았다.

이렇듯 타율보다는 자율을 더 우선하고, 거기에서 오는 문화적 문제들은 총 3회의 콘퍼런스 중 첫 번째(특별히 이 책의 출간에 영향을 준)에 발표된 내 논문「사진을 통한 윤리적 실제로서의 개인적 · 전문가적 탐색 및 성장Exploring and developing the personal and the professional as the practice of ethics through photography」의 주제였다. 이는 타인을 먼저 생각하는 것이 자기를 먼저 생각하는 것과 대조적으로 무엇을 의미하는지에 대한 프랑스 철학자 에마누엘 레비나스Emmanuel

Levinas의 탐구를 기반으로 하고 있다. 이는 또한 부버Buber의 '나와 너I/It, I/Thou'의 윤리 개념과 대조된다인간의 세계에 대한 주요한 태도는 '나–그것'으로 대표되는 사물 세계와 '나–너'의 관계로서 표현되는 인격적 만남의 세계가 있다. 사진이 하나의 사물이므로 '나와 너'의 개념과 대조가 된다는 의미이다–역자 주(Loewenthal, 2011). 나는 유명한 사진들을 위의 개념으로 재조명해 보면서 사진가들이 자신을 먼저 드러냈는지, 사진을 먼저 찍었는지 살펴보았다(나는 심리치료 수련 과정에 있는 사람들, 사진가들, 다른 전문 집단에게 그들의 윤리적 실제와 관련해 이 도식을 활용해 보았다; Loewenthal, 2006, 2008).

이 콘퍼런스에서 참가자들은 기존의 사진치료 작품들을 통해 배울 수 있었다. 여기엔 유방암의 성공적 극복과 백혈병의 극복 실패라는 두 사건에 모두 치유적 사진을 활용했던(제4장 참조) 조 스펜스Jo Spence가 있었다. 또한 로지 마틴Rosy Martin은 핀란드 사진치료에 매우 큰 영향을 미친 것으로 보였다(제6장 참조). 이 재연re–enactment 사진치료는 로지도 언급했듯, 그 행위적 측면과 함께 타인에 의해 이상적으로 편집된 가족 앨범에 담긴 이야기로부터 벗어나도록 돕는다.

첫 번째 콘퍼런스에서 발표된 논문은 40개가 넘었고, 이어진 로햄턴Roe–hampton, 런던, 핀란드의 투르쿠Turku에서 있었던 회의에서는 더 많은 연구가 발표되었다(사진치료 및 치유적 사진 분야의 심화 연구는 이 장의 부록 참조). 투르쿠, 런던, 브라이튼에서는 관련 전시회도 다수 열렸다. 이 책을 위해 이들 연구를 선별하는 작업은 꽤 어려웠다.

워크숍 초반에는 참가자들이 서로 작업하는 과정에서 회기 내 사진의 활용 방법뿐 아니라 사진을 치유 촉진 도구로 삼는 사람들의 열정이 과연 적절한가에 대한 걱정도 뚜렷이 다가왔다. 사실, 워크숍이나 콘퍼런스를 통틀어 적절한 수련 과정에 대한 논의는 한 번도 제대로 결론이 나지 않았다(내가 알기론 아직도 그렇다). 게다가 참여자들 간에 이루어지는 사진의 치유적 힘에 대한 논쟁은 홍보에는 그리 도움이 되지 않는다. 또한 나는 치료 회기에 불안을 덜어 주는 쪽으로 내담자를 인도하여 인본주의적으로 종결하려는 시도가 왠지 모르게 불편했다.

콘퍼런스 초반에는 사진치료 안에서 누가 누구와 무엇을 어떻게 할지, 이를 어떻게 승인할지에 대한 질문이 두드러졌다. 예를 들어, 사진치료는 관계를 기반으로 한 활동이다. 내담자가 순전히 자신의 이야기를 하고 있음을 명확히 알 수 있으려면 치료자 자신의 수련 상담 회기는 어느 정도여야 하고 상담치료 경험이 있는 슈퍼바이저는 얼마나 보아야 하는가? 정신분석적 심리치료에서는 첫 10년은 스스로의 치료에 돈을 쓰고, 다음 10년은 내담자/환자들이 그 돈을 갚아 준다는 이야기가 정설로 알려져 왔다. 하지만 이 첫 10년에 해당하는 기간이 부재할 경우, 우리도 모르게 내담자를 상담자의 마음속 지뢰밭을 탐색하게 만들 위험이 증가하지 않을까? 확실히 이 워크숍을 통해 나는 새로운 영역을 알게 되었고, 그 결과 나는 환자들이 사진(그리고 그림)에 대해 이야기하는 것을 새로운 관점에서 듣게 되었다. 독자들 또한 자신의 치료 활동에서 사진치료의 유용성을 알아보는 것을 돕기 위해 이어질 내용에서는 이 세 개 콘퍼런스에서 진행된 내용을 주로 담았다. 나를 포함한 선별된 저자들이 사진치료와 치유적 사진의 발전에 기여하기를 기대하며, 한편으론 지면의 한계로 인해 독자들의 관심사에 부합할 기타 연구들을 포함시키지 못했음을 인정한다. 부록에서는 그러한 연구들을 찾아볼 수 있도록 하였다.

사람이 언어를 통해서만 경험이 가능한지의 여부와 상관없이, 나는 심리치료와 상담만으로는 쉽지 않은 억압된 생각과 감정을 수면 위로 불러내는 사진의 잠재적 유용성을 확신한다. 비록 나는 개인적으로, 아마도 내 수련 경험 때문이겠지만, 전통적인 치료 과정을 선호하기 때문에 현직 치료 전문가로서 전통적인 심리치료의 반경 내에서 사진에 대한 개방적인 태도를 지님을 발견하게 되었다.

그러나 사진치료와 치유적 사진 워크숍은 치유 경험을 위한 유용하고 대중적인 도구인 것으로 점차 드러나고 있다. 실제로, 적어도 일부는 사진치료를 단기적 개인치료 및 점차 증가 추이에 있는 인지행동치료보다 더 선호할 뿐 아니라 경제적 측면에서도 더 저렴한 치료로 보고 있다.

그러나 이 책은 기존의 치료 현장에서 사진의 치유적 활용을 다루고 있고, 편집자나 저자 대다수는 사진치료와 치유적 사진은 그 자체로 전문적 치료 과정은 아니라고 보고 있다.

세 가지 사례의 간략한 소개

사진치료나 치유적 사진이 익숙지 않은 사람들을 위해서, 이어지는 내용은 특히 청소년 대상 사진의 치유적 활용에 대한 영국, 핀란드, 이탈리아의 각기 다른 접근을 소개하는 사례연구이다.

앞서 언급한 대로, 그리고 앞으로 더 깊이 다루겠지만, 사진치료는 어려운 주제를 다룰 수 있게 돕는다. 사진은 누구에게나 활용할 수 있다. 하지만 나를 포함한 일부 참여자는 사진치료가 자신을 감정적으로 명료하게 표현하는 것이 아직 서툰, 그러나 시각적 이미지에는 강렬히 반응하는 아이들에게 효과적임을 발견했다.

그리고 다시 한번, 추후 간략하면서도 심도 있게 논의될 것이지만, 사진치료는 이전에는 감정을 '언어화'할 수 없었던 사람들을 돕는다. 기존 치료에서도 사진을 활용했다. 내담자의 사진을 사용하거나, 치료자와 내담자가 함께 회기의 일부로 사진을 찍었다. 사진치료는 관계를 이야기하기 위해 개인치료에도 활용될 수 있고, 학교 수업처럼 집단에도 사용될 수 있고, 지역사회 집단을 대상으로도 이용할 수 있다.

사진치료는 항상 쉽지만은 않다. 사진치료는 아이들로 하여금 삶의 좋고 나쁜 측면을 탐색하게 한다. 앨리스의 사례는, 사진치료가 각기 다른 개성을 지닌 청소년들에게 어떤 효과가 있는지 보여 주는 희망적 사례 중 하나이다.

사례연구 1: 앨리스, 영국(제7장 참조)

앨리스는 손에 난 사마귀 때문에 학교에서 따돌림을 당했다. 나는 사마귀를 사진으로 찍고 사진들에 대해 이야기를 나누어 사진을 치유적으로 활용했고([사진 1-1] 참조), 그 결과 앨리스는 사마귀를 정면으로 보면서 자신의 일부로 사마귀를 이야기할 수 있게 되었다.

나중에 앨리스가 말했다.

> 나는 사마귀가 있었는데 선생님이 사마귀를 아주 가까이서 찍으니까 흉하게 보였다. 내가 내 사마귀를 마주하는 경험은 나의 좋은 점, 나쁜 점을 다 볼 수 있다는 새

로운 자신감을 주었다. 인정하긴 어렵지만 사마귀는 불안과 연결될 수도 있다. 사마귀가 나는 일은 악순환의 연속이다. 불안하면 사마귀가 나고, 사마귀가 나면 사마귀 때문에 더 불안해진다. 사마귀를 사진으로 찍어서 이 악순환의 고리가 끊어지게 되었다. 두려움을 직면할 수 있다면, 두려움은 사라진다. 이는 마치 카메라에게 비밀을 털어놓는 것과 같다. 다른 이와 함께 마음의 무게를 나누는 것이다.

앨리스의 사마귀는 사진치료 직후 없어졌다.

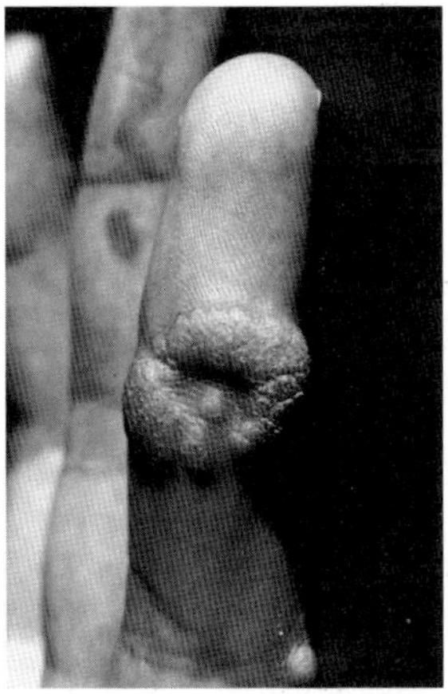

[사진 1-1] 앨리스의 사마귀 (Loewenthal)

사례연구 2: 지역주민 대상 치료, 이탈리아(제9장 참조)

카민 파렐라Carmine Parrella는 플로렌스 근처 루카에 있는 정신의료센터에서 시각심리학자로 일하면서 4세 이상의 아동을 대상으로 지역주민 사진치료를 하고 있다.

카민은 아이들이 하루 동안 사진가가 되어 보도록 한다. 학교의 일상을 찍을 수 있게 아이들은 학업에서 잠시 빠지는 것이 허락된다. 그리고 교사는 간섭하지 않아야 한다. 아이들은 탁자 위에까지 올라가서 자신이 원하는 만큼 많이 또는 적게 사진을 찍는다. 마치 전문 사진가처럼 말이다.

몇몇은 사물만 찍는다. 다른 아이들은 감정만 찍는다. 아이들은 교실과 컴퓨터실을 오가며 컴퓨터실에 있는 선생님께 좋은 사진에 대한 조언을 듣는다. 만일 사진에서 '머리가 자꾸 잘린다면' 조금 뒤로 물러서서 찍어 보라는 조언을 받는다(그러나 이 '실수'가 그 자체로 스타일이라면—아마도 내면의 공격성이 '머리를 자르는 것'일 수 있다—치료자는 아무 말도 하지 않는다). 카민은 "성인에 비해 아이들은 타고난 사진가지요."라고 말한다. 아이들은 자신이 포착하고 싶은 이미지에 대한 자신감이 충만하다.

교사는 사진을 통해 학생들을 더 잘 이해한다. 교사는 학생의 관점에서 세상을 탐색할 수 있다. 그리고 때론 놀라기도 한다. 인기 있고 행복한 아이인 줄 알았던 학생이 외롭고 슬픈 사진을 찍어 오기도 한다.

또 다른 사진 활용 기법(제9장 참조)은 한 반 학생들이 찍은 사진으로 책을 만드는 것이다. 사진 선별 작업은 집단 작업이 될 수도 있다. 모든 이가 아이들이 고른 사진, 다른 아이들 생각에 그들을 제일 잘 대변하는 것 같은 사진에 대해 논의할 수 있다.

다른 사례에서는 카민은 아이들과 아버지들에게 디지털 사진 과정을 가르쳐 줬다. 아버지와 아이들이 서로 상대방이 보낸 하루에 대한 사진 일기를 만든다. 교사, 자녀, 아버지들은 그 뒤 전시할 사진들을 선택한다. 디지털카메라로 인해 이 작업은 상대적으로 수월해졌다.

사례연구 3: 제이니, 핀란드(제2장 참조)

머비 루타넨Mervi Rutanen은 투르쿠 대학에서 사진치료를 공부한 상담자이다. 그녀는 제이니와 친엄마가 서로 친밀한 관계를 맺도록 사진치료를 활용했다.

제이니의 엄마에게는 아이 사진 중 가장 좋아하는 사진을 가져오도록 했다. 치료자는 그 사진의 확대 복사본을 만들어 치료 회기에 활용하였다. 제이니의 엄마가 좋아하는 재료로 사진 액자를 만들도록 했다. 머비는 제이니에게 일회용 카메라를 주었다. 제이니의 일은 엄마가 자신의 사진을 담을 액자를 만드는 모습을 찍는 것이었다.

머비는 제이니의 사진을 꾸미는 엄마를 사진 찍는 제이니를 찍었다. 애초에 제이니와 엄마는 서로 멀찍이 떨어져 각자 작업했다. 회기가 진행되면서 제이니는 엄마 근처로 조금 더 다가갔으며 좀 더 즉흥적으로 사진을 찍기 시작했다. 엄마가 만드는 액자는 하트 모양이었다([사진 1-2] 참조). 회기가 거의 끝나갈 무렵, 제이니는 치료자에게 펜 하나를 부탁했다. 그는 하트 액자에 '엄마에게'라고 썼다. 이후의 회기에서 제이니의 엄마는 제이니가 그 사진을 소중히 간직하고 있다고 했다.

사진은 이 책에서 다룬 전통적 심리치료와 상담에도 활용된다. 내담자들은 삶의 의미를 일깨워 주는 사진, 가족 앨범 등을 들고 와서 이야기해 볼 수 있다. 사진치료는 특히 사회적 약자에게 치유적 도구로 활용될 수 있다. 사진치료는 오로지 내담자가 주도할 때만 사용되어야 하며, 특정한 의제를 제시

[사진 1-2] 제이니의 사진 (Rutanen)

하는 사람이 활용하는 것은 아무리 의도가 좋다고 하더라도 바람직하지 않다는 의견이 있다. 아이들(또는 다른 누구든)을 치유적 사진 활용에 참여시키면서, 자신의 문제를 다루고 있다고 여기도록 하지 않아야 한다. 그보다는 치료자의 목표에 맞게 사진치료 과정은 조정되어야 한다. 사진치료는 종종 아이가 사진에서 보이는, 자신의 마음에 있는 것을 표현하는 '투사적' 기법에 의존하는데 나는 이는 적절히 슈퍼비전을 받은 '충분히 자격 있는' 사람들이 실시해야 한다고 생각한다.

이는 투사적 장치들을 의도적으로 활용할 때도 그래야 한다고 본다. 예를 들어, 영문학을 가르칠 때, 단순히 교사-학생 간 관계에서 학습이 일어나도록 하는 것보다 의도성이 개입하여 가르쳐야 하는 것처럼 말이다. 따라서 사진치료는 내담자의 신뢰가 배신당하는 느낌이 없을 때에만 아이 및 성인의 정서 발달을 도울 수 있다.

교사/심리치료사들은 단단히 중심을 잡고 조용히 있으면서 아동/청소년들이 말하도록 놔두고, 치료자의 불안이 방해가 되지 않도록 수련받는 것이 바람직하다. 실제 치료자/조력자가 가장 도움이 될 때(Rogers, 1951)는 다음과 같다.

- 상대가 말한 내용을 반영해 줄 때
- 아동/청소년의 감정을 짚어 줄 때
- 아동/청소년들이 치료자에게 어떤 느낌을 주는지 알려 줄 때

학교에서 사진치료는 교육의 대체제가 아니며, 아동의 자기표현 및 감정과 생각을 탐색하도록 도울 수 있다. 지금까지 사진의 치유적 활용의 탐색에 있어 몇몇 기초 사례연구를 곁들여 사진치료와 치유적 사진을 가장 유망한 기법으로 소개했다. 지금부터는 이 책의 자세한 내용을 소개하고자 한다.

이 책의 개요

이 책은 디지털 시대에 세계 각지에서 거듭 발전 중인 사진치료와 치유적 사진에 관심이 있는 사람들을 위해 쓰였다. 이미 언급했듯이 1980~1990년대 사진치료와 치유적 사진의 초창기 주요한 발전이 있은 후, 괄목할 만한 성장이 최근에도 이루어졌다. 유럽에서도, 특히 영국, 핀란드, 이탈리아에서 이루어졌다. 최근의 성장은 디지털 사진의 장점을 취해 사진의 활용이 더 수월

하도록 하였다. 이 책에서는 사진치료와 치유적 사진의 기초와 최근의 발전을 소개한다.

이 책은 사진의 치유적 활용에 관심 있는 사람 모두를 위한 책이다. 정신분석심리치료, 상담, 심리학 등 심리치료 관련 분야 종사자, 미술치료사, 사진작가, 그들의 스승, 수련감독자, 코치 등 창의적 치료자, 사건을 통해 회고하려는 사람들, 사회 변화, 조직 및 관리 개선 컨설턴트, 현재 속한 분야에서 사진을 심도 있게 치유적으로 활용하는 방법을 탐색하고자 하는 이들이 특히 이 책에 관심을 가질 것이라 예상된다. 특히 전문가들에게는, 디지털 사진이 아주 중요한 매체가 된 디지털 시대의 내담자 특성에 맞추어 작업해 나가야 할 필요가 있음을 일깨워 주려는 의도도 내포되어 있다. 즉, 이 책은 내담자들도 치료와 관련되어 어떤 것이 제공되는지 알아볼 수 있는 방식으로 치료자들이 문화적 변화에 발맞출 수 있도록 기획되었다.

이 책의 구성에 대한 고민은 꼭 필요한 부분이었다. 이 책은 사진치료와 치유적 사진의 개념이 생소한 사람들뿐 아니라 특히 디지털 시대의 폭발적인 발전으로 인해 최신 정보가 필요한 사람들을 위해 우선적으로 쓰였다. 이 책은 세 부분으로 구성되어 있다. 첫 부분은 전반적 소개와 다양한 관점에서의 개관을 담고 있다. 두 번째 부분은 기법과 맥락이 소개되며, 이는 사진치료, 재연 사진치료, 지역기반 사진치료, 자화상, 가족 사진치료를 포함한다. 이어지는 결론은 이론, 실제, 연구의 관점에서 사진치료와 치유적 사진의 미래를 가늠하며 마무리된다.

특별히, 키스 케네디Keith Kennedy의 작품 〈사진The Photograph〉을 프롤로그로 선정하였다(이 책 본문 서두의 [사진 0-1] 참조). 그 이유는 두 가지이다. 첫째, 사진의 관점에서 사진의 힘을 보여 주는 좋은 예(도널드 맥컬린Donnal McCullin의 삶에 찌든 엄마와 아이의 이미지에 기초한)이기 때문이다. 둘째, 조 스펜스(제3장 참조)를 포함한 영국의 핸더슨 병원에 있던 주요 사진치료 집단을 이끌었던, 핵심에 있었지만 그동안 알려지지 않았던 사진치료 선구자들 중 한 명인 키스 케네디의 업적을 기리기 위해서이다.

이 책의 각 장들은 이 세 주제에 얼추 맞춰져 있다. 초반부는 사진치료와 치유적 사진의 이론과 접근에 대한 소개에 가깝다. 그다음 장들은 다양한 영역에서 사진의 활용을 자세히 알아본다. 이 책의 마지막 장들은 사진치료와 치유적 사진에 대한 연구와 미래를 다루고 있다. 비록 각 장들은 세 가지 주요 주제들 아래 배치되긴 했어도 각 장의 저자들은 세 주제를 모두 합친 전반에 걸쳐 중대한 공헌을 한 사람들이다.

이 책의 초반부 장들은 '소개: 이론과 접근법'에 초점을 맞추었는데, 제1장의 제목은 '디지털 시대의 사진치료와 치유적 사진에 대한 소개'이다. 내가 저자인 이 장에서는 이 책의 개요를 다룬다. 그에 이어 사진으로 치유적 작업을 하는 다양한 기법에 대한 간략한 설명이 이어지는데, 영국, 핀란드, 이탈리아의 간단한 사례연구 3개와 함께 다루어진다. 나는 그다음 디지털 시대의 사진치료와 치유적 사진 및 자기홍보, 표현에 있어 사진 활용의 중요성이 증대하는 상황에 대해 종합적으로 소개하였다. 지금부터는 이 장을 나머지 장의 소개로 마무리 짓고자 한다.

제2장은 울라 할콜라Ulla Halkola의 '치료 경험으로서의 사진'이다. 이 핀란드의 사진치료 선구자는 이 장에서 사진의 치유적 중요성을 검토한다. 사진치료에 대한 이론적 기반 검토는 세 가지 사진치료 기법 분류에 근거하는데, 이

는 자서전적 사진 보기, 새로운 사진 찍기, 상징적 · 연상적 사진 보기 작업이다. 핀란드에서도 사용하는 이런 분류는 기호학자인 롤랑 바르트Roland Barthes의 사진의 고유한 특성에 부합한다. 저자는 내면 · 외면적 사진 모두 치료 과정뿐 아니라 사진치료의 발전을 더욱 풍성하게 해 준다고 주장한다. 사진치료에 대한 기초 정보를 시작으로, 이어지는 다음 장은 치유적 사진의 발전에 초점을 맞춘다.

테리 데닛Terry Dennett은 제3장 '조 스펜스의 카메라 치료: 불행에 대응하는 개인적인 치유 사진'을 썼다. 저자는 영국의 초기 치유적 사진 발전의 완전히 공식적인 역사는 아직 정리되기 전임을 밝히며, 자신의 파트너였으며 공동 작업자였던 고故 조 스펜스(1934~1992)의 작품 일부에 대한 비평을 담고 있다.

제4장 '사진, 전화 그리고 판타지'에서 미술치료사이자 가족체계 심리치료사인 마크 휠러Mark Wheeler가 디지털 시대의 중요성을 강조한다. 저자는 휴대전화 카메라, 모바일 이미지 생성과 보기가 가능한 여타 장치, 소셜 네트워크 웹사이트, 온라인 갤러리, 아웃사이더 아트 간 상호 연결된 작업을 포함해 사진치료 분야를 확장한다. 마크는 예술사학적 관점뿐 아니라 신경생물학, 정신분석학적 관점에서도 이들 활동을 고찰해 본다. 이 장에서는 친숙한 가족사진, 순수예술 사진, 예술사, 미술치료, 신경과학, 심리학적 미학에 대해 논한다.

제5장에서 마이크 시먼스Mike Simmons는 '사진 창작 기법: 작품 창작을 통한 이해와 치유'로 스스로 이름 붙인 활동을 탐색한다. 마이크는 인간은 타인과 맺는 관계를 통해 삶과 타협하며, 이미 살아온 경험을 통해 그러한 사회적 조건 안의 우리의 위치를 이해한다는 시각에 이의를 제기한다. '사진 창작 기법'

은 사진의 고유한 설명력과 표현력을 살리고 우리의 삶을 연결하고 설명하고 평가하는 또 다른 언어를 제공하며, 기존의 전통적 · 비시각적 질문 아래에서는 드러나지 못했을 통찰력을 불러온다.

지금까지의 장들은 이론과 기법을 주로 다루었다. 다음 장들에서는 '다양한 실제에서의 사진 사용'에 초점을 맞춘다. 그러나 이론과 접근법을 다룬 장들이 '다양한 분야'에서의 활용을 언급했듯, 이어지는 장들도 부분적으로 '이론과 접근법'들이 소개된다. 이 장의 내용들은 사진치료와 치유적 사진의 맥락에 주로 초점을 맞췄기에 선정되었다.

이 새로운 내용은 제6장 '이미지에 살다: 사진, 치료 그리고 재연치료'부터 시작된다. 이 장은 동시대에 가장 잘 알려진 치유적 사진의 주창자인 로지 마틴Rosy Martin이 저자이며, 조 스펜스의 창작을 도왔던 내용이 요약되어 있다. 로지는 사진을 '대부분의 사람이 사용하는 어디에나 있는 매체이자 민주주의의 잠재력을 지닌 매체'로 보았고, 하지만 너무도 자주 관습적으로 상징적 이미지iconic images의 반복으로 활용된다고 주장한다. 그러나 사진은 그것을 보는 자에게 의미와 잠재적 내러티브의 매끄러운 표면이란 가능성을 제공하고, 이는 사진치료가 탐색하는 풍부한 광맥이 된다고 하였다. 로지는 발견된 이미지와 대안적 시각 일기의 치유 작업에 대해 논의한다. 기법 설명을 위한 사례도 포함된다. 로지는 이 작업이 과정에서 결과로 나아가는 동안 어떤 일이 일어나는지에 대해 질문하며 마무리한다.

제7장 '말하는 사진치료: 상담과 심리치료에서 사진의 치유적 활용'에서는 심리치료, 상담, 상담심리 분야의 사진치료의 활용을 탐색한다. 여기서 나는 '말하는 사진치료'라고 이름 붙인, 학교 현장에서 네 명의 아동과 각 6회기까

지 작업한, 사진이 치유적으로 활용된 사례를 소개한다.

제8장에서는 다중언어 구사자이며 '자기치료로서의 자화상'으로 국제적으로 유명해진 크리스티나 누네즈Cristina Nuñez가 점차 중요성을 더해 가고 있는 자신의 기법을 탐색한다. 그녀는 디지털 시대의 자화상 작업은 사진에 대해 전혀 모르는 사람도 본능적으로 예술 창작으로 이끄는 활동이며 오늘날의 점점 더 많은 사람이 자기홍보 욕구를 강하게 느끼고 있다고 주장한다. 자기 자신을 드러내려는 결정은 여기서 '품위 있는 상태state of grace'라고 명명한 상태를 유발한다. 이는 창의적 활동을 하는 순간 '고차원적 자기higher self'의 수행이 원활해져 자연스럽게 감정이 수용될 때 일어나는 중심이 바로 선 느낌을 말한다.

제9장에서는 루카에 있는 정신의료센터 소속의 카민 파렐라Carmine Parrella와 델 로웬탈Del Loewenthal이 공동체 사진치료에 대한 개요와 카민이 연구해 온 기법을 논의한다. 이들은 하나의 사례연구로 이 프로젝트가 시작된 과정, 지금까지 형성된 다양한 치료 집단과 이들의 상호관계를 논한다. 현재 진행 중인 지역사회의 사례가 소개되며, 이것이 그곳의 정신과 환자들에게 미친 영향도 논의된다. 공동체 사진치료는 지역사회 내의 환자와 일반인이 서로 어울릴 수 있는 통합된 공간을 만들어 창의성과 주관성의 토대에서 이 지역사회의 두 영역 간의 관계가 발전되도록 하는 것이 목적이다.

가족치료에서 사진의 활용을 다루는 제10장은 가장 경험이 오랜 사진치료자 중 하나이자 이탈리아의 플로렌스 소재 가족치료 센터의 소장으로 있는 로돌포 드 베르나르Rodolfo de Bernart가 썼다. 이 장에서 로돌포는 특히 수련 장면과 치료 장면에서 쓰는 사진 가계도를 소개하면서 시청각 기반 치유적 기법의 발전과 관련된 중요한 결과들을 탐색한다.

제11장에서도 이어서 사진치료와 치유적 사진의 함의점을 탐색하며 특히 사진 전공자들에게 좀 더 초점을 맞춘다. 저자 줄리아 윈클러Julia Winckler는 사진 전공 학생들의 사진의 치유적 활용을 소개한다. 줄리아는 소규모 학생 프로젝트를 통해 학생들의 작업 기법과 치유적 · 미학적 결과들을 설명한다. 데리다Derrida의 '현재의 아카이브archive of present' 개념과 프로이트의 기억 흔적 발굴 작업과 함께 학생들은 상실, 애도, 부재, 그리움 등을 표현하는 상상적 반응들을 창작한다. 시간이 흐르면서 줄리아는 프로젝트 중 일부는 학생들의 중요한 전환점을 의미한다는 것을 깨달았다고 생각한다. 학생들은 자기에 대한 느낌과 과거와의 관계('나는 내가 태어나기 이전의 시간에 대해서는 전혀 생각해 보지 않았다.')가 변화되었고 고통스럽고 복잡한 문제를 극복하는 시각적 도구들을 탐색했다.

제12장 '사진과 미술치료'는 러시아에서의 독창적인 작업으로 국제적 관심을 받고 있는 알렉산더 코피틴Alexander Kopytin의 글이다. 이 장은 예술 치유적 관점에서 사진에 대한 아이디어를 자극하고 문화-인류학적 관점에서의 소위 '기술적 이미지'들의 본질과 역할에 대해 논의하여 현대인의 삶에 미치는 영향력에 대한 이해를 돕는다. 이 장은 또한 내담자 표현의 도구로서의 증대된 사진의 역할을 설명하기 위해 예술 치유적 작품을 비평한다. 마지막으로 예술적 · 임상적으로 사진을 활용한 미술치료사들의 소감을 내용으로 한 러시아-영국의 문화교류 연구에서 발견된 내용을 담고 있다.

이 책의 마지막 장들은 주로 사진치료와 치유적 사진의 '연구와 미래'를 탐색하였고, 이전 장들에서도 이를 다룬 곳이 있다(예: 제8장).

제13장은 『북유럽 정신의학 저널Nordic Journal of Psychiatry』 편집장이며 핀란드 헬싱키 대학의 정신과 교수인 하세 칼슨Hasse Karlsson이 맡았다. 이 장은 신경과학에서 알려진 연구 결과와 현재 사진치료와 치유적 사진에서 주장할 수 있는 것과 없는 것을 알려 준다는 면에서 핵심적 내용을 담고 있다. 이 장에서는 정신 과정이 뇌 작용의 산물(Kandel, 1988)이라는 가설, 심리치료의 신경생물학적인 효과를 탐색하며, 중요하게도 이에 대한 근거가 아직 희박하다는 점 또한 논의한다.

제14장 델 로웬탈의 '사진치료와 치유적 사진의 연구와 미래'에는 이 책의 결론이 담겨져 있다. 디지털 시대의 사진치료와 치유적 사진의 실제, 이론, 연구의 미래의 발전이 수련, 전문가화, 시각 연구의 성장하는 영역과 변하는 이론적 관점이 특별히 언급되어 고려된다.

에필로그는 이 책을 있게 한 사진의 힘에 대한 주제로 돌아가서, 브리짓 아노어Brigette Anor가 바르샤바 게토의 상징적 사진과 그 치유적 가능성을 탐색한다.

기술적 미래가 어떻게 되든 이 책에 기여한 많은 사람에게는 사진을 활용함으로써 자신의 목소리를 되찾고, 타인을 돕는 데 도움을 받았다. 희망적이게도, 이 책은 사진치료와 치유적 사진이 우리의 문화적 관습 안에서 자신의 목소리를 찾는 데 기여했다. 이 장은 디지털 시대의 사진치료와 치유적 사진을 소개하고 있으며, 이 책의 내용들은 기대하기로는 이 분야의 발전에 기여한 사람들을 특히 유럽에서 탐색하는 데 그 기초를 제공하고 있다.

부록 사진치료 및 치유적 사진에서 수행한 추가 개발 사례[1)]

Brigitte Anor (Israel) – *The emotional impact of newspaper photographs on the narration of our life-story* (Turku, June 2008)

Brigitte Anor (Israel) – *Shooting back: reflections on phototherapy in times of war* (Turku, February 2011)

Francisco Aviles-Gutiérrez (Mexico) – *Working with phototherapy techniques in a hospital environment* (Turku, June 2008)

Rodolfo de Bernart (Italy) – *The image of the family: with special attention to the photographic genogram* (Turku, February 2011)

Anat Botzer (Israel) – *Business, phototherapy in cancer patients, and contribution to the community* (Turku, June 2008)

Kate Broom (UK) – *Pictures in a context and the communication of needs* (Turku, February 2011)

Elina Brotherus (Finland) – *Decisive days: use of self in my photographic practice* (Turku, June 2008)

Teresa Cabruja Ubach (Spain) – *Narratives/portraits, performance and collective/individual de-subjectivational practices* (Turku, February 2011)

Annette Cahn (Holland) – *Look at you* (Turku, June 2008)

Maria Grazia Cantoni (Italy) – *Phototherapy as a therapeutic tool to change one's distorted script and perception of the self* (Turku, June 2008)

---

1) 이 논문들은 다음 학회에서 발표되었다.
국제 사진치료 및 치료적 사진학회(투르크, 핀란드, 2008년 6월 16~18일)
유럽 사진치료 심포지엄: 유럽 사진치료 심포지엄: 사진치료 및 치료적 사진연구(투르크, 핀란드, 2011년 2월 2~4일)

Maria Grazia Cantoni (Italy) – *Receptive photo therapy* (Turku, February 2011)

Julia Cayne (UK) – *From Phenomenology to Reverie* (London, October 2010)

Tom Cotton (UK) – *There is a fault in reality: a film project exploring experiences of schizophrenia, and its implications for phototherapy* (Turku, February 2011)

Terry Dennett (UK) – *An overview of the work of Jo Spence 1974–92* (London, October 2010)

Kitty Enbom (Finland) – *Art therapy – phototherapy* (Turku, February 2011)

Kimberly Faulkner (USA) – *Phototherapy: the use of Photoshop and digital media in an urban hospital setting* (Turku, June 2008)

Ellen Fisher-Turk (USA) – *Fisher-Turk method of photo therapy* (Turku, June 2008)

Jonathan M. Friesem (Israel) – *Youth filmmaking as a social and psychological therapeutic method for youth at risk: experience in Israel since 2006* (Turku, February 2011)

Hanna Hakomäki (Finland) – *Storycomposing(r) with photos – music therapy meets phototherapy* (Turku, June 2008)

Ulla Halkola and Tarja Koffert (Finland) – *The Many Stories of Being – how to use photos in mental health promotions with children and adolescents with phototherapy techniques* (London, October 2010)

Ulla Halkola (Finland) – *The many stories of being* (Turku, February 2011)

Virpi Harju (Finland) – *Doors – picture series – looking for a well working picture series* (Turku, February 2011)

Liisa Heimo-Vuorimaa (Finland) – *Learning coping skills for chronic pain* (Turku, June 2008)

Liisa Heimo-Vuorimaa (Finland) – *The use of photographs to interpret and recreate body image when rehabilitating chronic pain* (London, October 2010)

Marika Heinäaho (Finland) – *Digital storytelling experiences during Bachelor's thesis, 2010* (Turku, February 2011)

Hanna Hentinen (Finland) – *ETC as a tool for an image-oriented therapist – offering insights to the therapeutic factors of photography* (Turku, June 2008)

Mervi and Juha Herranen (Finland) – *Photographs as tools of counselling and coaching* (Turku, February 2011)

Patrik Ikäläinen, Hannele Jasu, Meira Leimu, Tuuli Mäkinen, K. Syrjä, Miina Savolainen, Mika Venhola (Finland) – *Processing gender identity – the interactive process of empowering photography* (Turku, June 2011)

Kristian Jalava (Finland) – *A lifestyle – Magazine as a method to 'get things done'* (Turku, June 2008)

Pirita Juppi (Finland) – *Digital storytelling* (Turku, February 2011)

Minna Juutilainen (Finland) – *Healing from interpersonal trauma with phototherapy* (Turku, February 2011)

Hasse Karlsson (Finland) – *Functional brain imaging (PET, fMRI) in the study of emotions evoked by pictures and films* (Turku, June 2008)

Hasse Karlsson (Finland) – *Phototherapy & neuroscience* (Turku, February 2011)

Tarja Koffert (Finland) – *Photos in depressive patient's psychotherapy* (Turku, June 2008)

Tarja Koffert (Finland) – *Self-portraits, family albums and emotional processing in therapy* (London, October 2010)

Tarja Koffert (Finland) – *Self-portraits and family albums and emotional processing in therapy sessions* (Turku, February 2011)

Alexander Kopytin (Russia) – *Photography and art therapy: possibilities for partnership* (Turku, February 2011)

Leena Koulu, Pirkko Pehunen and Erkka Valovirta (Finland) – *Learning coping skills for atopy* (Turku, June 2008)

Leena Koulu, Pirkko Pehunen (Finland) – *An experiential journey to atopic symptoms – work with children during a rehabilitation course for atopic families* (London, October 2010)

Mari Krappala, Maria Nurmela, Eeva Hannula, Hertta Kiiski and Tiina Palmu (Finland) – *Phototherapeutic methods as part of interartistical processes* (Turku, February 2011)

David Krauss (USA) – *Photo-reminiscence with elderly clients* (Turku, June 2008)

Nirit Lavy Kucik (Israel) – *The power of the current moment – enjoying the unknown as a key element in doing and teaching phototherapy* (Turku, June 2008)

Bodil Lindfors (Finland) – *Written in the body? Unlocking preverbal memories by means of re-enactment phototherapy and body oriented psychotherapy* (Turku, June 2008)

Marita Liulia (Finland) – *Something ancient – Something new: tarot photos as symbols for understanding human life* (Turku, June 2008)

Del Loewenthal (UK) – *Exploring and developing the personal and the professional as the practice of ethics through photography* (Turku, June 2008)

Del Loewenthal (UK) – *Researching phototherapy and therapeutic photography* (London, October 2010)

Del Loewenthal (UK) – *'Talking pictures therapy' as brief counselling in a school setting: a collective case study* (London, October 2010)

Del Loewenthal (UK) – *Researching phototherapy: comparing the use of photographs with standard measures in 'talking pictures therapy'* (Turku,

February 2011)

Maarit Mäkelä and Pirkko Pehunen, Psychoterapist (Finland) – *Gaze, gender and performing body: experiences of play and re-enactment in therapeutic photography* (Turku, June 2008)

Teemu Mäki and Arja Elovirta (Finland) – *Testing your identity and ideals – artist's/pedagogue's/curator's thoughts on the be your enemy project* (Turku, June 2008)

Edward Mamary (USA) – *Our lives photovoice: using photography to explore sexual health of non-gay identified African American men who have sex with men* (Turku, June 2008)

Mira Mamon (Israel) – *Photographer as photo-therapist, photo-therapist as a photographer* (Turku, February 2011)

Rosy Martin (UK) – *Re-enactment phototherapy – memory, identities and unconscious processes* (Turku, June 2008)

Rosy Martin (UK) – *'Look at me!' Representing self: representing ageing. Using phototherapy techniques within a multi-disciplinary research project* (London, October 2010)

Rosy Martin (UK) – *From 'Outrageous Agers' to 'Look at me': Using phototherapy techniques within a multi-disciplinary research project* (Turku, February 2011)

Lyndsey Moon (UK) – *The use of grounded theory in researching photographic responses* (London, October 2010)

Cristina Nuñez (Spain) – *Self-portrait, a powerful tool for self-therapy* (Turku, June 2008)

Cristina Nuñez (Spain) – *The self portrait experience* (Turku, February 2011)

Satu Nurmela (Finland) – *Learning and/or healing with digital storytelling* (Turku,

February 2011)

Netta Norro (Slovenia) – *Reflections on the creative process through self-photography – portraits on overcoming fear of photography* (Turku, February 2011)

Carmine Parrella (Italy) – *Photography as a medium to create innovative sociotherapeutic settings in mental health programs* (Turku, June 2008)

Carmine Parrella (Italy) – *Researching community phototherapy* (London, October 2010)

Carmine Parrella (Italy) – *Phototherapy with mental health clients* (Turku, February 2011)

Olga Perevezentseva (Russia) – *Perevezentseva's "PSYrole" method: a psychological treatment using "planned photographic role-images" for increasing selfunderstanding and psychological growth* (Turku, February 2011)

Maija Perho (Finland) – *Art and culture for well-being* (Turku, February 2011)

José Ramos and Natasha Oliveira (Portugal) – *Phototherapy in a psychiatric day hospital* (Turku, February 2011)

Mimmu Rankanen (Finland) – *Imagine reality – document imagination, photos in expressive arts therapy* (Turku, February 2011)

Rosie Rizq (UK) – *The development of interpretive phenomenological analysis in exploring 'borderline personality disorder' – a case study* (London, October 2010)

Liisa Salmenperä (Finland) – *The use of photo cards* (Turku, February 2011)

Miina Savolainen (Finland) – *Empowering photography* (Turku, June 2008)

Miina Savolainen and Mika Venhola (Finland) – *Processing gender identity – the interactive process of empowering photography* (London, October 2010)

Marja Seppälä (Finland) – *Mun Juttu / My Tale* (Turku, February 2011)

Liisa Seppänen and Ulla Halkola (Finland) – *Just about a woman? – Role of photographs when encountering with a breast-cancer* (Turku, June 2008)

Jan Sitvast (The Netherlands) – *The Photo-instrument: an intervention that mediates the expression of patient experiences in mental health care* (Turku, June 2008)

Jan Sitvast and I. Bogert (The Netherlands) – *Just look at me! An evaluation of an innovative intervention in a psychiatric rehabilitation setting – from recent experiences* (Turku, February 2011)

Mike Simmons (UK) – *Beyond words: creative photographic practice and the interpretation of grief* (Turku, June 2008)

Mike Simmons (UK) – *Pictures from life: an alternate model in bereavement care for children, young people and their families* (Turku, June 2008)

Mike Simmons (UK) – *The creative photographic approach* (London, October 2010)

Jurate Sucylaite (Lithuania) – *A photograph as a visualization of new inner insight in the end of poetry therapy session* (Turku, June 2008)

Astrid Ståhlberg (Sweden) – *PHOTOLANGAGE® A technique of group animation* (Turku, June 2008)

Else-Maj Suolinna (Finland) – *Photographs as an aid in writing your life story – a personal story* (Turku, June 2008)

Josef Timar (Germany) – *'Camera poetica' – evolution of a self-expression photog - raphy project into an interactive multiple media art project – Modified applications for phototherapy and therapeutic photography?* (Turku, June 2008)

Josef Timar and Philipp Martius (Germany) – *Camera poetica* (Turku, February

2011)

Seija Ulkuniemi, Tanja Holmberg (Finland) – *Breaking the frames – histories and other stories about family photography* (Turku, June 2008)

Seija Ulkuniemi and Tanja Holmberg (Finland) – *Getting connected with the past, oneself, and distant peers (classroom teacher education) – creating and sharing photographs in virtual reality* (Turku, February 2011)

Maria Uzoni (The Netherlands) – *TimeLine involving clients' photos changing personal history, processed in a creative art act* (Turku, February 2011)

Andréa Vannucchi and Tarja Lapila (Finland) – *How would i know what is in your mind? Photography as part of interactive communication with elderly people when promoting active and healthy everyday life* (Turku, June 2008)

Andréa Vannucchi and Tarja Lapila (Finland) – *How to know what is in your mind?* (Turku, February 2011)

David Viñuales (Spain) – *Considering the implications of photography in phototherapy* (Turku, February 2011)

Joel Walker (Canada) – *The use of photographic imagery in psychotherapy – a 30 year personal retrospective* (Turku, June 2008)

Lynn Weddle (UK) – *Photography and self-reflection: the being dyslexic project* (Turku, February 2011)

Judy Weiser (Canada) – *Introducing phototherapy and therapeutic photography – An overview to their development during the past three decades* (Turku, June 2008)

Judy Weiser (Canada) – *Who is doing what, where: a review of phototherapy-related practices, people, projects, research and websites around the world* (Turku, February 2011)

Mark Wheeler (UK) – *Photo-psycho-praxis – the psychological aesthetics of making, viewing and talking about photographs* (Turku, June 2008)

Mark Wheeler (UK) – *The smartphone and psychotherapy: paradigm shift in systemic and psychodynamic attachment theory or just an irritating buzz in the pocket* (London, October 2010)

Julia Winckler (UK) – *I had never thought about the time before I was born: working within and beyond the photographic archive with BA Photography students at the University of Brighton* (London, October 2010)

참고문헌

Barthes, R. (1980). *Camera Lucida: Reflections on photography*. New York: Hill & Wang.

Berman, L. (1993). *Beyond the Smile: The therapeutic use of the photograph*. London: Routledge.

Dalley, J. (2008, 1 November). The first prix pictet. *Financial Times*.

Kandel, E. (1998). A new intellectual framework for psychiatry. *American Journal of Psychiatry, 155*, 457–469.

Krauss, D., & Fryrear, J. (Eds.). (1983). *Phototherapy in Mental Health*. Springfield, IL: Charles Thomas.

Loewenthal, D. (2006). Counselling as a practice of ethics: Some implications for therapeutic education. *Philosophical Practice, 2*(3), 1–9.

Loewenthal, D. (2008). Introducing post-existential practice. *Philosophical Practice, 3*(3), 316–321.

Loewenthal, D. (Ed.) (2011). *Post-existentialism and the Psychological Therapies:*

Towards a therapy without foundations. London: Karnac.

Merleau-Ponty, M. (1962). *Phenomenology of Perception*. London: Routledge.

Rogers, C. (1951). *Client-centered Therapy: Its current practice, implications and theory*. London: Constable.

Sontag, S. (1990). *On Photography*. New York: Anchor.

Spence, J. (1986). *Putting Myself in the Picture: A political, personal and photographic autobiography*. London: Camden Press.

Symington, N. (1986). *The Analytic Experience: Lectures from the Tavistock*. London: Free Association Books.

Walker, J. (1986). The use of ambiguous artistic images for enhancing self-awareness in psychotherapy. *Arts in Psychotherapy*, 13(3), 241-248.

Weiser, J. (1999). *Phototherapy Techniques: Exploring the secrets of personal snapshots and family albums* (2nd edn). Vancouver: Photo Therapy Centre.

주디 와이저(Judy Weiser)가 시작한 포괄적인 웹사이트 www.phototherapy-centre.com/home.htm을 참조하라.

CHAPTER 02

치료 경험으로서의 사진

– 울라 할콜라(Ulla Halkola)

사진의 심리치료적 중요성

이 장에서는 사진이 가진 심리치료적 의미를 살펴보려 한다. 사진은 핀란드어로 'valokuva'('빛'과 '이미지'라는 두 단어로 구성)라고 하는데 이것은 이 주제를 살펴보는 데 통찰을 제공한다. '빛'이란 단어에는 생명의 빛뿐만 아니라 그림자와 어두움이란 의미가 있는 반면, '이미지'란 단어는 사람들에게 언어를 기반으로 하는 표현과 상호작용 이전의 의미들을 전달한다. 현재 밝혀진 바로는 유아기 초기와 태아기에 이미 사람들에게는 다른 정신적 이미지, 신체 이미지와 자신들의 존재를 인지하는 감각적 이미지가 존재한다고 한다.

심리치료에서 사진을 사용하는 주요한 목적은 사진이 기억과 감정을 인식하고 표현하는 자극으로 작용하여, 이것이 내담자의 자기이해를 촉진하기 때문이다. 치료에 사용된 사진은 내담자의 정신적 이미지, 신념과 자아기억과 연결된 포괄적 과정에 관한 문제를 내포한다. 사진을 보거나 찍는 행위는 감각, 감정, 기억을 자아내며, 아주 빠르고, 고통스러우며, 놀라운 속성이 될 수 있다. 심리치료에서 사진의 역할은 실용적이다. 실제 기법은 심리치료사의 전문 기술에 근거하고 있으며, 치료사의 구체적인 준거 프레임 내에서 습득한 것이기 때문이다.

사진치료는 다양한 방법으로 정의할 수 있으며, 전문적인 작업에 가장 적합한 방법으로 모든 국가나 문화에서 시행하는 것이 중요하다고 생각한다. 스튜어트Stewart, 크라우스Krauss, 와이저Weiser와 같은 사진치료 개척자들은 사진치료에 관한 다양한 정의를 내렸다. 예를 들면, 스튜어트(1979: 42)는 사진치료를 다음과 같이 정의한다. "훈련된 치료사의 지도에 따라, 사진이나 사진 재료를 사용하여, 고통스러운 심리 증상을 감소시키거나 완화하며, 심리적 성장과 치료 변화를 용이하게 하는 것이다."

그리고 나의 견해로는, 사진치료phototherapy와 치유적 사진 기법therapeutic photography은 아주 유사하며, 훈련된 전문가가 실행해야 한다. 치유적 사진 기법의 대상은 건강 증진, 치유, 재활, 힘을 실어 주는 작업과 자신을 표현하는 것이 될 수도 있지만, 어떤 경우에는 사진과 사진촬영의 힘을 이해하는 건강 전문가(사회, 또는 교육 전문가)가 시행하기도 한다.

이 장 역시 기호학자이며 사회학자인 롤랑 바르트(1980)의 사진 이론에 바탕을 두고 있으며, 최신 뇌 과학에서 대두된 정신역동 및 인지적 구성주의 심리치료 이론에 바탕을 두고 있다. 바르트는 기본 요소들 모두를 고려하며, 감정, 사상, 행위와의 상호 연결을 통해 인간 마음의 경험적 세계를 연구한다. 따라서 무슨 일이 일어났는지, 무엇이 마음을 뒤흔들고 어루만졌는지가 중요하며, 그곳에 '푼크툼'화살처럼 찌르는 것같이 인상적인 사진의 세부. 지극히 주관적임–역자 주이 존재한다. 차례대로, 사람들이 찍고, 보고, 피사체의 역할을 수행하는 것을 관찰하는 것은 흥미롭다. 앞의 바르트의 기능적 분류즉, 찍는 자, 보는 자, 모델이 되는 자 같은–역자 주는 사진치료 방법을 분류하는 데도 적용될 수 있다.

최근 몇 년 동안, 시각을 활용한 심리치료에 대한 새로운 연구가 사진치료뿐만 아니라 정신, 인지신경학, 신경생물학 분야에서 많이 출판되었고, 심리치료에서 이미지의 역할에 대한 연구로 이어져 사진을 매력적인 관점에서 볼 수 있게 되었다.

나의 견해는, 외상과 위기에 대한 치료적 탐색은 개인이 가진 심리적 장애의 근본과 핵심을 이해하는 치료 작업의 중심에 놓여 있다. 장애의 기원을 알기 위해 감정과 경험이 연루된 사건을 알아 가는 것이 치료의 목표가 된다. 그렇게 함으로써 내담자의 정서적 삶과 행동이 스스로에게 이해가 되고, 이러한 이해를 통해 긍정적인 삶의 변화가 가능하게 된다. 어떤 경우에 내담자는 현재 당면한 심리적 위기에 대해 도움을 받고 치료를 받을 수 있지만, 심리치료에서는 주로 유아기 초기, 청소년기 또는 과거의 경험에서 비롯된 외상을 다룬다. 그러므로 치료는 마음의 알려지지 않은 미지의 어두움을 다루는 것으로 간주될 수 있다. 어떻게 사진이 외상을 입은 마음의 구조를 탐색하는 데 빛을 비추고, 치료 과정에서 어떤 기능을 할 수 있을까?

이 과정은 초기 유아기의 경험을 연구하는 것으로 시작된다는 것이 나의 견해이다.

초기 상호작용: 발견되고 수용된 것

심리치료의 역사 안에서 수백 년 전으로 거슬러 올라가면 인간의 마음을 연구하는 데 흥미로운 배경과 마주치게 된다. 20세기 초, 지그문트 프로이트 Sigmund Freud는 정신의학에 혁명을 일으켰는데, 이는 인간의 마음과 정서에 영향을 주는 본능의 가능성이라는 심리적인 깊이의 개념을 더함으로써 가능해졌다. 프로이트는 동 시대의 신경학적 · 생리학적 연구 전통을 해체시켰고, 새로운 '정신역동' 이론을 만들려고 노력하였다. 이 이론에서는 다면적이고 복잡한 모자관계뿐만 아니라 삶과 죽음의 본능이 인간 발달의 중심이 되었다. 21세기에도 여전히 유아기의 인간관계와 상호작용의 중요성은 대부분의 심리치료에서 삶과 삶의 성공에 중요한 토대로 여겨진다. 볼비 Bowlby의 저술에서 기인한 애착 이론은 심리학적 · 진화학적 이론으로, 사람들 사이의 대인관계를 이해하는 데 도움이 되는 설명 체계를 제공한다. 애착 이론가들은 유아가 돌봐 주는 성인과 안정된 관계를 맺을 필요가 있다고 여겼고, 이것이 없다면 사회적이고 정서적인 발달이 정상적으로 일어나지 않는다고 생각했다. 또한 가장 인상적인 것은 새로운 대뇌 촬영 기법을 사용하여 유아기 초기의 대인관계적 상호작용뿐 아니라 그 후의 정서적 발달에 어떻게 뇌가 기능하고 발전하는지를 구체적으로 알 수 있었다는 점이다.

캘리포니아의 신경생물학자이며 정신분석가인 쇼어 Schore(2003)는 인간의 뇌 발달과 정서 발달과 연관하여 여러 집단을 연구한바, 뇌 기능과 관련하여 초기 대인관계적 상호작용과 치료관계를 비교하였다. 쇼어(2003)는 공감적 상호작용이 어린 시절 싹튼 자아와 심리치료에서 싹튼 자아 모두를 발전시킬 수 있다고 주장한다. 이 관점에서 보자면, 사진치료의 효과는 다음 가설에 근거를 두고 있다.

- 사진치료는 치료관계와 치료 동안의 비언어적 의사소통의 중요성을 강조한다.
- 아동기 사진을 살펴봄으로써 의미심장한 방식으로 유년기의 인간관계 및 이와 연관된 기억과 감정을 불러일으킬 수 있다.
- 심리치료에서 사진을 보고 찍음으로써 수용과 돌봄의 결핍(예: 시선 접촉 부족 등)으로 고통받는 내담자에게 임파워링empowering 경험을 촉진하는 것이 가능하다.

사진치료와 사회적 상호작용

인간 행동의 상호작용과 관찰의 중요성에 관해 거울뉴런은 또 다른 단서를 제공한다. 1990년대에 이탈리아의 두뇌학자인 갈레세 등(Gallese et al., 1996)은 기능적 자기공명영상fMRI 장치를 사용하여 인간 두뇌의 '거울 속성'을 발견했으며, 이를 거울뉴런 시스템이라 칭했다. 거울뉴런은 처음에는 원숭이에게서 발견되었지만, 나중에는 인간 두뇌에서도 유사한 뉴런이 발견되었다. 거울뉴런 시스템의 역할은 다른 사람의 목표, 의도, 감정을 이해하는 것이며, 그다음으로는 행동과 정서적 상태에 반응하도록 하는 것이다. 타인의 감정과 의도를 평가하는 것은 관찰을 통해 이뤄진다. 우리는 표정, 자세, 움직임과 눈을 연구하여, 타인의 태도, 의도, 감정에 대한 정보를 얻는다.

리졸라티 등(Rizzolatti et al., 2006)에 의하면, 거울뉴런 시스템 역시 도덕적 감정의 기초가 된다. 인간의 두뇌는 우리의 감정을 타인의 감정에 맞추도록 한다. '누군가가 고통받을 때, 우리의 두뇌는 우리가 고통받도록 한다.' 공감하는 사람은 공감하지 못하는 사람보다 더 자주 타인의 표정과 제스처를 모방한다는 것을 연구를 통해 알 수 있었다. 거울뉴런 시스템과 공감의 관계는 분명하다고 학자들은 주장한다. 결국, 이는 다른 사람의 마음과 감정의 움직임을 자신의 마음 안에서 시뮬레이션하는 것에 관한 문제이다(Hari, 2006). 거울뉴런 시스템 이론은 먼저 이탈리아의 리졸라티에 의해 밝혀졌으나 핀란드의 헤이타넨 등(Heitanen et al., 2008)이 심층적으로 연구하여 치료 과정에서 사진을 사용하는 것에 대한 이론적 토대를 제공해 주었다. 치료에서 사진을 사용하는 것은 사진을 볼 때 나타나는 얼굴 표정을 알아차리고 감정을 이해하는 것에 대한 주의력과 관심으로 사회적 상호작용을 돕고 정서를 확인한다는 것이다. 특히 관찰자는 표정과 손동작에 민감하다. 사진을 보는 것은 감정을 자각하게 하고, 공감을 불러일으키며, 치료에서 학습 과정으로 사용될 수 있다.

사진치료의 관점에서 보면, 표정은 감정의 중요한 지표이다. 연구에 따르면, 일반적으로 사람들은 타인의 얼굴 표정에서 기쁨, 미움, 혐오, 공포, 슬픔과 같은 기본적인 감정을 인지한다(Saarela et al., 2007). 타인에게 감정의 속성을 알리는 것이 중요하기 때문에, 감정과 기분의 표현 사이에는 관계가 존재한다. 얼굴 표정에 관한 연구는 감정에 일반적인 속성이 있다는 것뿐만 아니라 어떻게 관찰자의 정서와 마음 상태가 관찰과 관찰의 회상에 영향을 미치는지를 입증하고 있다(Phelps, 2006). 또한 연구를 통해 우울증으로 고통받는 사람들이 어떻게 부정적인 것에 초점을 맞춰 관찰하고 해석하는지, 그들을 둘러싼 사람과 주변의 세상에 대해 어떻게 낙담하고 우울해하는지에 대해 잠재적으로 알 수 있게 해 준다(Furey et al., 2006). 해석에 영향을 주는 얼굴 표정과 주요 요소에 대한 관찰자들의 경험은 치료적 작업의 관점에서 보자면 특히 흥미로운 것이며, 치료 기간에 주의를 요한다.

Hietanen 등(2008)은 응시의 영향을 측정하고 그것이 어떻게 인간의 동기에 작용하는지 보여 주었다. 이러한 연구는 또한 두 사람 사이에서 시선 회피를 포함한 시선 접촉이 접근-회피 행동을 조정하는 신경계의 기능에 영향을 준다는 것을 입증한다. 한 사람이 다른 이를 똑바로 쳐다보면 그 대상이 접근하도록 준비시키고, 유사하게 시선을 피하면 회피하게 된다.

핀란드의 심리치료사인 타르자 코페르트Tarja Koffert는 심리치료에서 사진을 사용한 개척자 중의 한 명인데, 그녀는 경험을 통하여 자서전의 사진과 자화상 사진을 찍는 것에 강력한 치료 효과가 있다고 주장하였다. 그녀의 견해에 따르면, 얼굴 사진은 우리의 삶을 이해하는 방법과 중요한 사람과의 관계를 우리가 학습하는 데에 중요한 도구이다.

보는 행위: 전기적 사진

심리치료적인 관점에서 보자면, 전기적 사진은 모든 사진 작업 중에서 가장 흥미롭고 중요한 치료적 원천이 된다. 가족 앨범과 스냅사진은 사람의 인생을 이해하는 데에 중요한 재료이다. 사진치료 개척자 중의 한 명으로서 주디 와이저(1999)는 개인의 사진 앨범은 삶의 시각적 일기라고 말한다.

1970년대 후반에 프랑스의 문화, 문학 연구가인 롤랑 바르트는 사진의 이론적 연구의 고전인 저서 『카메라 루시다Camera Lucida』에서 다소 분명한 방법으로 사진의 특별한 속성에 대해 연구하였다. 바르트에 따르면, 다른 이미지와 비교하여 사진을 특별하게 해 주는 것은 사진이 지나온 순간의 구체적인 증거라는 사실이다(Barthes, 1980).

거의 30년 동안, 사진의 특별한 속성을 묘사한 그의 에세이를 통해, 바르트는 다른 학자들이 사진의 고유한 특징을 연구할 동기를 부여했다. 바르트에게서 영감을 받아, 다수의 훌륭한 연구와 논문에서 이 주제사진의 고유한 특징–역자주를 이미 다뤘다는 점을 알고 있지만, 나는 그 주제가 마치 새로운 것처럼 사진의 치료적 사용에 대해 다음과 같은 관점으로 도전하고 탐구할 것이다.

- 사진과 실재reality의 관계
- 사진과 기억memories의 관계
- 사진과 전기적 의미biographical meanings의 관계

사진과 실재의 관계

디지털 시대가 시작되면서, 이전에는 중요했던 사진의 현실적 가치는 약해지고 있다. 예를 들면, 시각문화 연구가인 세파넨Seppänen(2001: 73)이 주장한 대로, 사진의 현실적 가치는 비난받고 있다.

> 이미지는 현실의 반영이 될 수 있고, 현실을 가리고 왜곡할 수 있으며, 부족한 현실을 숨길 수 있다. 그리고 이미지는 현실을 전혀 참고하지 못할 수 있다.

하지만 이러한 비평에도 불구하고 사진은 현실의 어떤 것을 반영한다는 가능성을 부정할 수 없다. 예를 들면, 사진에는 우리가 살아온 삶의 순간을 보존할 수 있다는 사실에서 가족 앨범과 전기적 사진은 여전히 매력적이다(Barthes, 1980). 게다가 더 이상 존재하지 않는 그 순간에 죽음 역시 존재하며, 그 결과 사진은 열망과 향수의 감정을 야기할 수 있다. 바르트(1980)는 사진을 정서적 단계와 기능적 단계로 나누었다. 자신의 경험과 신체적 느낌을 통해 사진을 연구하면서 사진이, 첫째, 행하고, 둘째, 바라보며, 셋째, 대상이 되는 것의 세 가지 행위의 대상이 될 수 있다는 점을 알게 되었다.

사진사는 운영자이며, 사진을 바라보는 사람은 관찰자이고, 촬영된 사람이나 사물은 대상, 스펙트럼이다. 바르트는 사진치료 방법 분류에서 3분할 역시 유용하다는 것을 증명하였다. 바르트의 또 다른 개념은 굉장히 많은 사람들에게 알려져 있다. 그는 사진을 **스투디움**studium과 **푼크툼**punctum으로 분류하여, **스투디움** 사진을 일상적인 사진, 일반적인 관심사의 사진으로 묘사하며, 평균 효과만을 유발하는 사진으로 정의하였다. 관찰자는 사진가의 의도를 알아챈다(그 의도가 알려 주고, 재현하고, 놀라게 하고, 이유를 일으키고, 소통하고, 희망을 불러일으키든 아니든 간에). 하지만 중요한 것은 스투디움 사진은 관찰자의 깊은 정서적 단계를 건드리지 않는다. 다른 한편, **푼크툼** 사진으로, 관찰자는 사진과의 개인적이고 정서적인 관계를 형성한다. 바르트에 의하면, 푼크툼은 화살처럼 발사될 수 있는 힘으로 사진에서 생겨난다. 바르트(1980:

47)가 말한 대로, "푼크툼은 침, 구멍, 먼지, 또는 주사위의 코와 같다……. 사진의 푼크툼은 우리를 자극하는 사건이다."

나의 견해로는, 사진치료적인 관점에서 보자면, 푼크툼 이미지에 대한 바르트의 정의는 두뇌와 기억에 대한 현재의 연구와 함께한다. 푼크툼 이미지를 보면 정서와 기억의 유의미한 조합을 유발하며, 괴로움과 고통을 더 야기할 수 있으며, 과거의 어려운 일들과 연관된 감정을 기억나게 하여 마음의 균형을 혼란케 한다. 푼크툼 이미지는 전기적인 이미지, 신문 이미지, 예술품이나 다른 이미지가 될 수 있고, 촉발된 감정을 통해 종종 친숙하고 감정적인 방법으로 특별히 중요하게 된다.

롤랑 바르트는 그의 어머니가 사망할 무렵 『카메라 루시다』를 저술하였는데, 이때가 사랑하는 사람을 잃게 되는 분기점이 된다. 그는 슬퍼하며, 가족앨범을 보면서 어머니에 대한 연결점을 찾았다.

> 어머니가 돌아가신 아파트에 홀로 남아, 램프 아래에서 어머니의 사진을 하나씩 보면서, 점차 시간을 거슬러 가며 내가 사랑했던 얼굴의 진실을 찾는다. 그리고 나는 찾았다. 그 사진은 아주 오래되었다. 모서리는 앨범에 부착되어서 무뎌졌으며, 세피아 프린트는 바랬고, 우리가 그 당시에 겨울 정원이라 불렀던 유리온실의 작은 나무다리 끝에 같이 서 있는 두 아이들을 그 사진에서 볼 수 있었다.
>
> 어머니는 그 당시에 5세였으며, 어머니의 오빠는 7세였다. 나는 작은 소녀에 대해 연구하였고, 결국 나의 어머니를 다시 발견하였다(Barthes, 1980: 63).

바르트는 어머니의 사진 안에서 그의 시선이 그가 경험하였던 어머니의 친절함과 관용을 보고 있음을 발견하였다. 그는 슬픔 속에서도 겨울정원 사진을 통해 단순한 어머니의 사진으로 보지 않고 진정한 사람으로서의 어머니를 기억할 수 있었다. 하지만 그 사진에서 어머니는 그의 어머니로 나타나지 않았지만, 아이로서의 어머니를 보았으며, 사진을 보는 것은 어머니의 죽음에 대한 그의 경험과 감정을 다스리는 자신의 방식이었다고 바르트는 그의 책에서 말한다.

순간의 증인, 향수의 원천, 정서적 관찰로서의 사진 가치에 대한 바르트의 경험에는 심리치료의 도구로서 사진의 가치를 설명한다. 그는 사진을 통해서 중요한 사람들과 삶의 사건들과의 정서적 관계를 찾을 수 있다고 제안한다.

사진, 기억, 전기적 의미의 관계

자기관찰을 통해 바르트(1980)는 어떻게 정서적으로 중요한 사진이 수많은 이미지의 홍수에서 생겨나 화살처럼 의식을 찌르는지 발견하게 되었다. 푼크툼의 개념은 심리학 연구 분야와 특히 관찰심리학에서 이론적인 지지를 받는데, 생물학적 · 사회적으로 중요한 자극은 자동적으로 인간의 주의를 끌게 된다고 제안된다. 우리의 주의 체계는 다른 정보처리를 희생하면서 효율성을 증가시켜, 우리로 하여금 환경에서 의미 있는 정보를 선택할 수 있게 만든다. 뉴멘마$_{\text{Nummenmaa}}$(2006)는 종의 발달 연구를 기초로 하여, 생존의 관점에서 생물학적으로 중요한 대상은 우리 마음의 지식 체계에서 우선순위를 차지할 것이며, 의식적 노력이 없이도 이 타입의 대상에 주의가 갈 것이라고 가정한다.

사진치료의 기본 개념은 수많은 사진에는 마치 자석처럼 흥미를 일으키는 중요한 사진이 있고, 그 후에 일단 선택되면 그 내용을 토론하고 다양한 방면에서 연구할 것이라는 것이다. 중요한 점은 사진으로 작업하는 것이 언어 묘사에만 제한되지 않고, 사진으로 관련된 작업도 가능하며, 감정으로 유도되는 시간여행을 대부분 촉진한다는 것이다. 전기적인 시간여행에는 자신의 삶을 기억하는 것이 포함된다. 그러므로 전기적인 사진은 말로 하는 회상 이외에도 한 사람의 인생 사건에 대한 지식의 논리적 원천이다. 바르트(1980: 77)가 이전에 '지나간' 그리고 '그것푼크툼은 화살처럼 사진에서 나와서 나를 꿰뚫는다.'라고 사진에 대해 언급했던 통찰은 사진치료에서 간과되어서는 안 되는 과제이다.

사진치료의 관점에서 보자면, 지각과 이전 경험 간의 관계를 '기억과 관련된 특별한 속성, 기억 부호화, 기억 인출'로 언급하는 것은 흥미로운 일이다. 털빙Tulving(1989)의 기억 부호화의 특수성 원리에 따르면, 어떤 사건이 기억에 저장되고 부호화되는 방식이 인출 또한 결정한다. 부호화할 때의 환경과 인출 시의 환경이 유사하면 기억은 더 잘 회상된다.

샥터Schacter(1996)는 이 현상을 그의 책 『기억을 찾아서, 두뇌와 마음과 과거Searching for Memory: The brain, the mind and the past』에서 다음과 같이 설명하고 있다. 기억의 성공적 검색이 기억 단서의 유효성에 따라 달라진다는 사실은 아주 혼란스러운데, 자기지각은 과거를 기억하는 것과 강하게 연관되어 있기 때문이다. 기억을 일으키는 기억 단서를 우리가 우연히 만날 수가 없는데 어떻게 우리가 과거의 모든 사건을 인식할 수 있을까. 우리 자신에 대한 이해를 증가시키기 위해, 잊어버린 사건을 기억하도록 도와주는 단서들을 찾거나 만들어야만 한다. 기억 단서가 없다면, 이 사건들은 사라질 것이다.

위협적인 상황 후의 감정, 기억, 회상

심각한 위기 상황에서, 감정은 활성화되고, 생존하기 위한 인간의 기분과 활동을 제어한다. 더 나아가 효과적인 신체 경보 체계가 위기에 반응하는 능력의 관점에서는 장점이지만, 장기적으로는 인간 영혼에 치명적일 수 있다는 점을 아는 것은 중요하다. 기분을 경험하는 토대는 사람들과 감정적으로 친밀해지는 것을 통해 정서적 상호작용의 초기 단계에서 형성된다(Damasio, 1999).

고통스러운 외상 사건의 특성은 변하지 않은 채로 오랫동안 기억에 남아 있고, 통제 불가능한 감각의 영향에 흔들리기 쉽다. 예를 들어, 시각적 기억이 그렇다. 극도의 외상을 기억하는 것은 세밀한 감각 인식의 회상에서부터 기억이 동일하지 않거나 분열하거나 심지어 사건을 완전히 잊어버리는 것까지 변할 수도 있다. 외상 연구가인 반 데르 콜크Van der Kolk(1989)조차도 외상적 기억이 더 이상 의식되지 않는 범위에서 외상 기억의 온-오프(on-off)적 특성에 대해 언급한다. 문제는 외상적 경험 안에서 사건과 연관된 서로 다른 기억들이 통합되지 않는다는 것이다. 전형적으로 말로 외상을 설명하기 어렵다. 이 경우 경험은 어느 정도까지 캡슐화된 경험으로, 기억 속에서 말로 표현될 수 없거나, 이해될 수 없거나, 한 사람의 인생과 연관될 수 없는 무의식적 정보로 남아 있게 된다. 사건에 접근하는 어려움은 외상후 스트레스 반응과 장애의 핵심 문제이다. 기억처럼, 감정 역시 퍼즐의 한 부분이다. 외상 경험의 기억은 정의할 수 없는 신체적 경험의 한 부분으로 남아 있다. 예를 들면, 그것은 정상적으로는 접촉할 수 없는 공포감이나 혐오감일 수도 있다. 더 심한 경우에는 정신질환으로 이어질 수 있다. 정신의학에서 연관될 수 없고 모아지지 않는 외상 사건의 속성을 해리dissociation라 부른다. 해리는 한 사람의 인생 이야기를 형성하기 위한 의미 있는 실체인 생각, 감정 그리고 기억들을 종합할 수 없는 것이라고 설명할 수 있다. 해리된 기억은 감정의 롤러코스터 혹은 자신의 경험 세계에서 분리되었을 때 안전한 블랙홀이라 말할 수 있다.

심리치료의 관점에서 현재 경험의 영향뿐 아니라 내담자의 외상 경험과 관련되어 블랙홀과 상처가 얼마나 중요한지, 그 속성은 무엇인지를 깨닫는 것은 중요하다. 사진치료는 외상 경험을 성공적으로 처리하는 도구를 제공하고, 외상적 기억이 한 사람의 인생 이야기와 통합될 수 있게 하고, 그리하여 그 사람이 외상을 극복할 수 있음을 믿을 수 있게 된다(Berntsen & Rubin, 2007).

심리치료적 도구로서의 사진

사람들은 심리치료에서 사진을 이용하면서 자신의 상황을 새롭게 이해하게 된다. 나는 스펙트로Spectro 카드라는 사진치료용 사진집을 고안하였다(Halkola & Koffert, 2011). 이 장에서 두 장의 카드(샬럿이라는 내담자가 선택한 [사진 2-1] [사진 2-2])가 제시된바, 후에 델 로웬탈Del Loewenthal이 제7장과 제14장에 상담과 심리치료에서 이 카드의 사용법을 설명할 것이다.

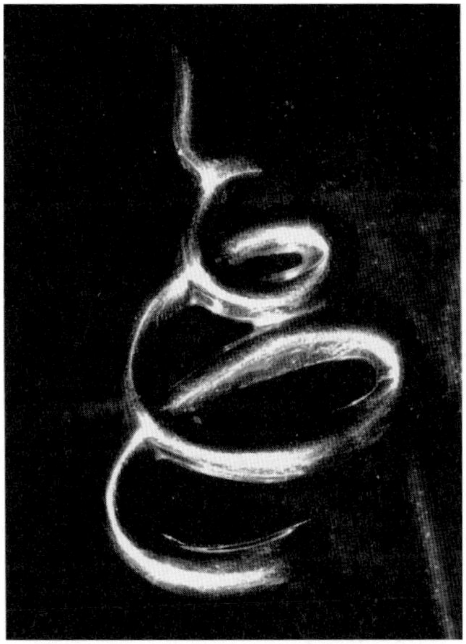

[사진 2-1] 첫 번째 선택한 샬럿 사진 (Halkola)

[사진 2-2] 두 번째 선택한 샬럿 사진 (Halkola)

사진과 사진촬영은 사람들에게 사건을 지각하고 비언어적 수준에서 그것들에 대한 중요성을 인식할 수 있도록 도움을 준다. 둘째로, 사진을 보면서 인생을 이야기하고 회상하는 것은 쉬운데 심지어 어려운 사건에 대해서도 그렇다. 사진은 현실의 일부이지만, 재해석의 여지가 남아 있다. 사진은 '지금 여기'에서 당신을 떼어놓는 순간의 산물이다. 그리고 치료 내에서 사진을 보고, 찍고, 함께 경험한다.

심리치료 과정에서 치료사의 역할은 내담자를 다루고 심리적 과정을 지원하는 것이다. 반영적 접근법은 치료적 관계에서 중요하며, 치료사가 내담자의 상황에 개입하도록 한다. 지속적인 자기관찰, 철저한 자기이해, 전이와 역전이를 아는 능력이 필요하다.

쇼어(2003)는 치료적 관계의 속성을 어린 시절의 애착관계와 비교하였다. 둘 모두 정서적 관계이고, 감정 조절이며, 성장의 요소를 이해하는 과정이다. 쇼어의 2003년도 논문에서는 변화 기제의 본질은 '면-대-면 상호작용'이며, 이러한 변화는 무의식적인 수준에서 일어난다고 말한다. 안전한 환경에서 감정을 표현하고 조절하는 것은 내담자의 자기이해를 돕는다. 전통적인 언어치료와 비교했을 때, 사진의 추가적인 가치는 다음과 같다. 사진은 대화로 하는 치료 회기에 내담자와 치료사가 함께 지각하고 작업할 수 있는 구체적인 대상과 기호를 가져온다. 치료에 사용된 대부분의 사진은 내담자에게 전기적으로 의미 있는 사진이라는 점에서 대단히 중요하다. 치료사는 사진을 통해 치료 바깥에 놓여 있는 내담자의 외부 현실에 대한 실제적인 그림을 얻고, 현실에서 조우하게 되는 혼란의 원인, 즉 푼크툼을 얻게 된다. 이 점에서 사진치료는 내담자가 내면의 정신적 풍경과 내면세계의 반영을 그려 내고 만들어 내는 미술치료와 다르다. 사진치료에는 카메라를 사용하여 외부 현실을 표상한 사진이라는 대상을 활용한다. 하지만 사진에는 사진을 찍는 자의 마음과 선택이 언제나 개입되며, 따라서 사진은 사적 · 개인적 산물이란 점을 염두에 두어야 한다. 사진은 진실을 말하지 않는다. 대신 사진은 상징적 재료이며 함께 이야기하기 좋은 주제로 가득 찬 세상을 열어 준다.

참고문헌

Barthes, R. (1980). *Camera Lucida: Reflections on photography*. New York: Hill & Wang.

Berntsen, D. & Rubin, D. C. (2007). When a trauma becomes a key to identity: Enhanced integration of trauma memories predicts posttraumatic stress disorder symptoms. *Applied Cognitive Psychology, 431*, 417-431.

Damasio, A. R. (1999). *The Feeling of What Happens*. New York: Harcourt.

Furey, M. L., Tanskanen, T., Beauchamp, M., Avikainen, S., Uutela, K., Hari, R., & Haxby, J. V. (2006). Modulation of early and late neural responses to faces and houses by selective attention. *Proceedings of the National Academy of Sciences of the United States of America, 103*, 1065-1070.

Gallese, V., Fadiga, L., Fogassi, L., & Rizzolatti, G. (1996). Action recognition in the premotor cortex. *Brain, 119*, 593-609.

Halkola, U., & Koffert, T. (2011). The many stories of being. In *PHOTOTHERAPYEUROPE: Learning and Healing with Phototherapy-A handbook*. University of Turku: Publications of the Brahea Centre for Training and Development.

Also available at http://phototherapyeurope.utu.fi/photoeurope_handbook.pdf.

Hari, R. (2006). Sosiaalisen vuorovaikutuksen aivoperustasta. Kirjassa Mieli ja Aivot.

Kognitiivisen neurotieteen oppikirja (eds H. Hämäläinen, M. Laine, O. Aaltonen, & A. Revonsuo). *Gummerus, Luku, 2*(8), 399-405.

Hietanen, J. K., Leppänen, J. M., Nummenmaa, L., & Astikainen, P. (2008). Visuospatial attention shifts by gaze and arrow cues: An ERP study. *Brain Research, 1215*, 123-136.

Nummenmaa, L. (2006). Orienting of social attention. Doctoral thesis. University of

Turku, Turun yliopiston julkaisuja, sarja B, osa 292, Turku, Finland.

Phelps, E. A. (2006). Emotion and cognition: Insights from studies of the human amygdala. *Annual Review of Psychology, 57*, 27-53.

Rizzolatti, G., Fogassi, L., & Gallese, V. (2006). Mirrors in the mind. *Scientific American, 295*(5), 54-61.

Saarela, M. V., Hlushchuk, Y., Williams, A. C. de C., Schürmann, M., Kalso, E., & Hari, R. (2007). The compassionate brain: Humans detect intensity of pain from another's face. *Cerebral Cortex, 17*, 230-237.

Schacter, D. L. (1996). *Searching for Memory: The brain, the mind, and the past.* New York: Basic Books.

Schore, A. (2003). *Affect Dysregulation and Disorders of the Self*. London: W.W. Norton & Company.

Seppänen, J. (2001). *Katseen voima. Kohti visuaalista lukutaitoa*. Tampere: Vastapaino.

Stewart, D. (1979). Photo therapy: Theory & practice. *Art Psychotherapy, 6*(1), 41-46.

Tulving, E. (1989). Memory: Performance, knowledge and experience. *European Journal of Cognitive Psychology, 1*, 3-26.

Weiser, J. (1999). *PhotoTherapy Techniques: Exploring the secrets of personal snapshots and family albums*. Vancouver: Phototherapy Centre.

Van der Kolk, B. A. (1989). The compulsion to repeat the trauma: Revictimization, attachment and masochism. *Psychiatric Clinics of North America, 12*, 389-411.

CHAPTER 03

조 스펜스의 카메라 치료: 불행에 대응하는 개인적인 치유 사진

– 테리 데닛(Terry Dennett)

서론: 집단 카메라와 조 스펜스

영국 현대 치유적 사진의 선구자 중 하나지만 아직 세간에 잘 알려지지 않은 인물로는 영국 연극예술 교사인 키스 케네디Keith Kennedy가 있다. 케네디는 1970년대 헨더슨 정신병원에 있으면서 정신장애 환자 대상 '집단 카메라Group Camera' 프로그램을 개발했다. 이어 전문 사진작가 조 스펜스Jo Spence에게 도움을 요청하게 되면서, 스펜스에게 이 기법을 전수하게 되었다. 이 둘의 만남은 조 스펜스 및 추후 각 분야의 그녀의 지지자들이 일구어 낸 영국의 '치유적 사진Therapeutic Photography'의 발전에 핵심적인 사건이었다.

헨더슨 병원과 그 전신

1947년 설립된 헨더슨 병원은 민주주의 정신에 입각한 약물을 쓰지 않는 정신장애 치료의 선두 주자라는 국제적 명성을 급속히 쌓아 갔다. 이는 1946년 조지프 비어러Joseph Bierer가 햄스테드의 사회 정신치료 센터의 초창기 프로그램을 확장시킨 것이다. 조지프 비어러는 공공 정신병원이 고용한 첫 심리치료사였고, 지역사회 및 집단 치료, 회복기 환자의 사회적 모임을 처음 도입하였다. 맥스웰 존스Maxwell Jones(1949~1955)는 헨더슨 병원보다 앞서 서튼의 벨몬트 병원 사회재활 병동에서 '지역사회적 치유'의 개념을 좀 더 심화시켰다. 벨몬트 병원의 독려로 휘틀리Whiteley, 힌셜우드Hinshelwood, 매닝Manning 박사들이 여타 프로그램을 개발하였고 1972년 지역사회 치유협회Association of Therapeutic Communities의 설립이 이루어졌다.

조 스펜스는 누구인가

조 스펜스는 사진작가이자 작가로, 활발하게 워크숍 중심의 활동을 하였고 차후 암 극복 운동가로 활동했다. 짧고 굵은 인생을 살다 간 스펜스는 현대 사진의 다양한 영역에 수많은 지대한 공을 남겼다. 1982년 유방암 진단을 계기로 스펜스는 암 치료를 위한 대안적 프로그램에서 사진을 치유적인 방법으로 활용하였다.

스펜스 자신이 혁신적 인물이 되고자 한 적은 없었다. 단지 자신에게 닥친 문제를 해결하면서 신선한 아이디어를 얻게 되면 이를 나누는 과정에서 의도치 않게 고리타분한 구습을 흔들어 버린, 그리하여 영구히 변화시켜 버린 인물이었다.

스펜스는 수련을 거친 전문 치료자는 아니었지만(절대 그렇게 소개하지도 않았다) 전문 사진 기술, 대체요법 지식과 더불어 영국 영화 학교에서 쌓은 영화와 연극에 대한 폭넓은 이해를 유방암 투병 프로그램에 접목할 수 있었던 점에서 다른 비전문가들보다 좀 더 나은 위치에 있었다. 그녀는 런던에 있는 영국 영화 학교에서 희귀 영화들을 다수 접했고 그중엔 러시아 영화거장 세르게이 에이젠슈타인Sergei Eisenstein, 레프 쿨레쇼프Lev Kuleshov, 지가 베르토프Dziga Vertov의 작품이 있었다. 이들 작품에 쓰인 충돌-연쇄 이미지collision linkage, 1920년 구소련에서 탄생한 스토리텔링에 관한 개념으로, 현실의 사람, 장소, 실제 사건을 이용하여 이야기를 만드는 방법-역자 주와 팩토그래피factography 기법은 이후 사진극 기법의 발전에 영향을 주었다. 영화는 하나의 과정이라는 세르게이 에이젠슈타인의 믿음은 많은 부분 스펜스의 작업 기초가 되었는데, 에이젠슈타인은 이미지 충돌로 관객들을 이끄는 것이 감독이나 사진가가 할 일이라고 하였다. 이는 작품 바깥에서 일어나는 자연스러운 과정이기도 하다.

따라서 의학적 지식이 빈약한 일반인 대부분이 갑작스러운 병마에 무너지는 것과는 달리 스펜스는 질병에 대한 정보를 찾느라 귀중한 시간을 허비하는 대신, 그동안 축적했던 지식을 동원하여 곧장 자기생존 프로그램에 착수했다.

전문 사진가였던 스펜스는 암 극복을 위한 대안적 프로그램에 포함될 사진 매체의 가치를 즉시 깨달았다. 앨범 제작을 즐겨 했던 그녀는 곧 첫 번째

'투병 사진 일기visual illness diary' 작업을 시작했다. 처음부터 사진은 그녀 자신의 치유이자 개인적인 기록이기도 했지만 또한 여성과 장애인 권리를 위해 사용될 중요한 활동 자료로서 신중히 구성되었다. 유방암 수술에서 회복한 이후 이 사진 작업은 다양한 출판물에 소개되었고 '건강의 사진The Picture of Health' (1986)이라는 전시회로도 꾸며져 발길을 모았다.

치유적 무대

스펜스의 사진극photo theatre 작업 도중 우연히 발견한 '치유적 무대therapeutic stage'는 MIT에서 열린 '사진 역사의 재구성Remodeling Photo History' 전시회로 이어졌다. 퇴원 후 스펜스는 수술 전날 밤 자신의 가슴을 찍은 연출 사진들(Spence, 1986: 157 사진 참조)이 치유력이 있음을 우연히 알게 되었다. 이 사진들은 현실 상황의 단순 재연이 아닌 미래에 대한 투사였다. 즉, 이튿날 치료 명목으로 유방을 절제하기로 한 병원을 향해 가슴 소유권을 인증하는 시각적 선언이었던 것이다. 그 후 스펜스는 투병 사진 일기를 위한 기록적 다큐 사진과 더불어 일상에서 치유적 연출 사진을 찍었고, 이는 카메라 앞의 대상에 대한 단순 진술을 보완해 주는 필수 첨부 자료였다.

스펜스는 이렇게 눈으로 본 바와 속으로 느낀 바를 결합시키는 방법을 알았다. 첫날부터 스펜스는 범상치 않은 환자로 알려졌다. 상자 속 가슴 연출 사진을 간호사가 발견한 후부터는 특히 그랬다. 전체 유방이 아닌 종양만 절제할 것을 요구하는 그녀의 고집 때문에 의료진은 스펜스를 시간 낭비만 하는 골치 아픈 환자로 여겼다. 항우울제를 거부하고 명상과 음악치료(나중에는 카메라치료까지)를 택하자 병원 측은 이를 더욱 확신했다. 그녀의 경우처럼 종양이 작을 때는 종양 절제가 유방 절제만큼의 효과가 있다는 것이 10년 뒤 유방암 치료 분야에서 인정된 점은 언급할 필요가 있다(Gottlieb, 2002).

거울치료(Mirror therapy)

스펜스는 거울을 사진치유적 도구로 사용한 극소수의 작가들 중 하나이다. 여러 이유가 있었다. 거울로는 카메라 개입 없이 자신의 눈을 바라볼 수도 있고, 사진 출력까지 기다리지 않아도 됐을 뿐 아니라, 추후 사진 활동 및 연계

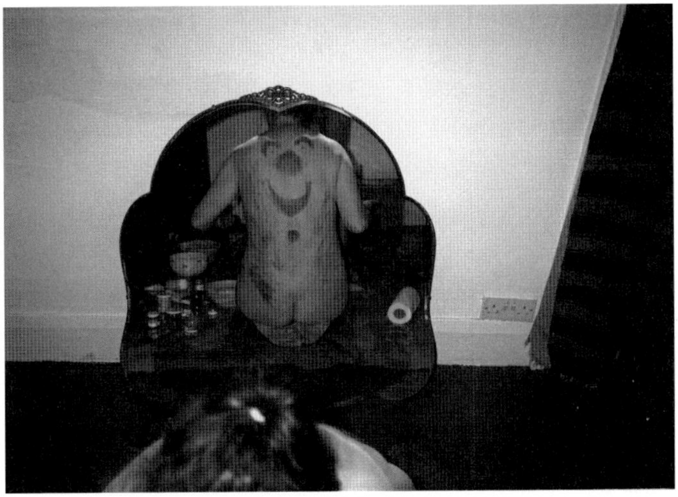

[사진 3-1] 조 스펜스의 거울치료 (Dennett)

프로젝트 시나리오 연출과 리허설이 큰 비용 없이 가능했다. 나아가 거울은 작가의 '성찰적 참여'를 돕는 도구였다. 환자인 동시에 가상 치료자, 자기인 동시에 타인이 될 수 있는 수단인 것이다([사진 3-1]에서 보는 것과 같은 예).

다시 한번, 발병 시점 이전까지 공부를 통해 축적한 지식들은 필요한 때가 되자 값진 재료가 되어 주었다. 그리고 그녀의 죽음 이후로, 쌓아 온 지식과 삶의 경험으로 스스로 병을 이겨 내는 사람들이 배경이나 경험이 부족한 사람보다 실제로 더 잘 극복한다는 사실이 차츰 인식되고 있다.

1970년대 스펜스는 마술적 리얼리즘과 신데렐라 신화를 주제로 한 학위논문을 쓰는 과정에서 거울의 신화적 의미를 탐색했다. 그녀는 다른 세계로 들어가는 관문의 의미로 본 고대의 해석과 오직 거울에 비친 모습만 보고 메두사를 죽여야 하는 그리스의 페르세우스 이야기(유방의 종양을 알게 된 후 처음엔 암에 걸린 가슴을 바라보는 것이 두려웠던 그녀의 경험과 유사한 상징)에 매혹되었다. 그녀의 논문은 또한 아마테라수Amaterasu의 이야기(일본의 태양 여신으로 세상을 다시 밝히기 위해 거울에 의해 동굴 안에서 밖으로 이끌려 나온다)와 루이스 캐럴Lewis Caroll의 『거울 세상의 앨리스Alice Through the Looking Glass』(2003) 속 거울 이야기를 다수 인용했다.

각본 작업

각본 작업Scripting은 치유적 사진 드라마의 기본 구성을 위해 촬영 전에 이루어지는 절차상 기법이다. 이 기법은 칼 해피크Carl Happich(www.themystica.

com/mystica/articles/v/visualization_training.html), 로버트 드세유Robert Desoille(Desoille, 1961; Honeycutt, 2003, 2008)의 기법에서 영감을 받았는데, 이 둘은 치료에 있어 주로 사전에 설정한 장면 및 상징적 원형 이미지를 선호했다. 스펜스는 이를 다소 수정하여 특정 장면 대신 변증법적 개념의 활용을 제시했다. 이렇게 명확한 주제의식하에 스펜스는 자신의 소양과 경험에 기초하여 이미지를 창조하였다. 스펜스의 재작업 과정은 각본이 있는 사진극의 구조화에 필요한 사전 도식 및 사후 논의를 위한 마인드맵이 포함된다.

스펜스는 신체 치료(얼굴 표정 연습)도 각본에 포함시켰고 이는 기본 사진극의 재료를 풍성히 해 준다. 각본은 케네스 버크Kenneth Burke(1969)의 영향도 받았다. 특히 '펜타드'(Pentad, 극작가, 작가, 기자들이 자신 작품의 형식과 구조를 검토하기 위해 활용하는 상황에 대한 5요소로, 행동, 장면, 행위, 행위 주체, 목적을 말한다)와 '드라마티스'(Dramatis, 행위는 드라마를 낳는다. 드라마는 갈등을 낳는다. 갈등은 희생양을 낳는다) 개념을 가져왔다.

각본 작업은 애초 스펜스 자신의 1인 치유를 목적으로 만들어진 것으로 나중의 협력적 사진치료에선 생략되었지만, 노팅엄의 암 환자 집단을 대상으로 2회기에 걸쳐 성공적으로 이 기법을 활용한 적이 있다(Spence, 개인적 대화).

또한 1991년에, 스펜스의 파트너였던 데이비드 로버츠David Roberts의 제안에 따라 에릭 에릭슨Eric Eriksson의 기법을 관계중심 치유적 사진 드라마에 활용했다. 이 작업에도 신체 얼굴 표정 연습이 포함되었다(David Roberts, 개인적 대화).

협력적 사진치료

조 스펜스가 1983년 로지 마틴Rosy Martin과 함께 개발하고 이름 붙인 '협력적 사진치료collaborative photo therapy'는 노팅엄의 암 치료 사진 프로그램의 일부였던 치유적 무대에 1950년 초반 하비 재킨Harvey Jackin(1970)의 동료상담 체계(co-counselling system, 관계 상담, RC라고도 알려짐)를 결합한 것이다. 수련 경험/자격증이 있는 정신건강 치료자의 심리치료와 같은 전통적 상담과는 달리 동료 상담은 정식 치료 영역이 아닌 상호 호혜적 상담으로, 각 참가자가 돌아가며 상담자와 내담자가 되는 형식이다. 스펜스와 마틴은 동료 상담을 재작업하여 사진 찍는 자 대 앉아 있는 자/내담자 간 통상적 관계를 재평가하였다. 앉아 있는 자는 창조적 감독이 되는 동시에 사진가는 치료자로 격상된다. 카메라 기술은 단순 조작 정도면 된다. 각 회기가 끝날 때마다 서로 역할을 바꾸어 사진가 역할을 한 자는 창조적 감독이 된다. 그리고 참여자들은 그들의 회기를 온전히 창조하는 감독의 권한과 이후 만들어진 회기의 영상에 대한 소유권을 갖게 된다.

작업 과정에서 찍은 사진들을 출판할 때 스펜스와 마틴은 '이중 저작자 표기'(예: '조 스펜스, 로지 마틴과 협력 작업')를 처음 사용하여 협력적 관계를 명시했고 이들의 치유적 사진 작업(therapeutic photographic work, 처음엔 '사진치료'라고 불렸지만)은 다多저자 표기로 영화 작업과 한층 유사해졌다.

스펜스의 저서 『나를 사진 속에 넣기: 정치적이고도 개인적인 사진 자서전Putting Myself in the Picture: A political, personal and photographic autobiography』(1986)은 이런 기법

들을 다루어 영국의 사진과 미디어 전공생들의 큰 관심을 끌었다. 그러나 협력 작업, 집단 작업이라는 쉽지 않은 도전을 하는 학생은 많지 않다. 아직 영국 대학들은 개인별 성적과 시험 체계가 널리 통용되고 있기 때문인 것으로 보인다.

글상자 3-1

스펜스의 메모: 자화상치료에서의 거울 재작업

탈감각화—감정 해소—긴장된 신체언어 변화시키기—낡은 이미지를 좀 다른 것으로 리모델링—얼굴과 몸이 '아니요'라고 할 때 '예'라고 말하기—바라보기—마음이 보지 말라고 할 때—잘려진 '유방'을 보기
시각적인 개념 바꾸기—의존적이고 자기연민적인 피해자가 아닌—긍정적 '생존자'로—'암 전투 영웅'—메달도 몇 개 걸어 주고—군인 모자도???—지난날 사람들은 전쟁 영웅을 우러러보지 않았는가—하지만 요즘엔 안 그렇다!!!!!

- **생각해 볼 가치**:

'**거울**'은 무심하다 평가하지도, 인간적이지도 않다—그 앞에서 내가 무슨 짓을 해도—사람처럼 비판하지 못한다—거울은 '엄마'도 '아빠'도 아니다—거울 사진들은 자기연출의 내밀한 쇼—내가 원해서 타인을 들여놓기 이전엔 오로지 나만을 위한 것
'**거울 이미지**'는 나중에 다른 사람이 보도록 저장이 안 된다—그래서 아무 간섭 없이 안전하며 최대한 자신을 노출한 쇼/표현?—홀로 회기를 준비하며 나약해질 때 특히 중요하다??? 용기가 필요할 때—홀로 현실을 마주할 용기가 항상 있는가/있을 것인가?? 거울 이미지는 살아 움직이는 실시간 이미지의 반영이다—하지만 현실 시간처럼 쉽게 사라진다—자동 저장이 없다—기억의–불완전한–흔적 말고는.
'부활의 사진가'—시체 강탈자가 아니고—사진을 **'찍는'** 것이 아닌 현실의 재구성.

'카메라 작업'은 실시간의 단면을 밀봉한다—그러나 문화라는 인공향유로 염한 시신인 것——————종잇조각인 사진—사람들은 왜 그걸 잊을까—따라서 사진가로서 우리의 임무는 이 시신들을 부활시키는 것이다—우리의 카메라로 맞닥뜨린 살아 있는 본질을 종이 위에 형태로 기호화하기 위해 '예술'을 사용한다——

서로 공유하는 의사소통 과정이 존재함에 신께 감사드린다——이것이 없었다면 우린 어떻게 했을까—서로 공유된 동일한 문화적 코드 없이 그 누가 우리의 이미지와 의도를 진정하게 읽을 수 있을 것인가?

거울 이미지—부분 자아—그림자 자기—진짜처럼 보이는—시공간을 이동하지만 반사된 환영(幻影)으로만—내가 꾸민 상황이나 연출한 리허설 이미지 또한 시각적 실제를 위해 선택하는 다른 것—의상—분장—모두 실제처럼 보이는—못지않게 현실적이지만—거울 안에선 모두 환영이다.

거울과 카메라—카메라에 조명 릴리즈 설치해서 쓸 만한 사진 얻기—처음엔 거울 리허설로 시작하고—사진 없이—오로지 보기만—그다음엔 사진을 많이, 보는 것은 적게————

'생존을 위한 거울치료' 각본: 엘리자베스 퀴블러-로스(Elisabeth Kübler-Ross)의 영향—거울 표현 연습을 결합한 뒤 이어서 거울 사진극

각본 시퀀스

불신 / 부인: 분노 / 후회: 우울의 수용에 대한 협상:

얼굴 표현: 불신 / 부인 / 분노 / 후회

사진극: 우울의 수용에 대한 협상

사진 촬영 전에 최소 5분 이상 각본 리허설

감사의 말

이 장을 준비하는 데 있어 조언과 도움을 주었던 런던 웰 스프링 서점의 고故 넬슨 윌비Nelson Wilbey에게 각별한 감사의 말을 전한다.

참고문헌

Burke, K. (1969). *A Grammar of Motives*. Berkeley, CA: University of California Press.

Carroll, L. (2003). *Through the Looking Glass and What Alice Found There*. London: Puffin Classics.

Desoille, R. (1961). *Théorie et pratique du rêve-éveillé dirigé*. Geneva: Le Mont-Blanc.

Gottlieb, S. (2002). Lumpectomy is as effective as mastectomy for breast cancer. *BMJ, 325*, 921.

Happich, C. Available from: www.themystica.com/mystica/articles/v/visualization_training.html (accessed 30 December 2011).

Honeycutt, J. M. (2003). *Imagined Interactions: Daydreaming about communication*. Cresskill, NJ: Hampton Press.

Honeycutt, J. M. (Ed.) (2008). *Imagine That: Studies in imagined interaction*. Cresskill, NJ: Hampton Press.

Spence, J. (1986). *Putting Myself in the Picture: A political personal and photographic autobiography*. London: Camden Press.

관련 문헌

[조 스펜스 및 그녀의 작업 관련]

Dennett, T. (1983). *Re-modelling Photo History* (exhibition catalogue). Massachusetts: Massachusetts Institute of Technology.

Dennett, T. (1992). *Real Stories: The 'Crisis Project: Scenes of the Crime'* (exhibition catalogue). Odense, Denmark: Museet for Fotokunst.

Dennett, T. (1994). Notes of 'The Final Project: A photofantasy and phototherapeutic exploration of life and death' (unpublished manuscript). London: Jo Spence Memorial Archive.

Dennett, T. (1995). Jo Spence 1934-1992: An afterword and a warning (unpublished manuscript). London: Jo Spence Memorial Archive.

Dennett, T. (2001). The wounded photographer: The genesis of Jo Spence's 'camera therapy'. *Afterimage, 29*(3), 26-27.

Dennett, T. (2005). *Jo Spence: 'Beyond the Family Album' and other projects* (exhibition catalogue). Belfast: Exposed Photography.

Evans, J. (Ed.) (1997). *The Camerawork Essays. Context and meaning in photography*. London: Rivers Oram Press.

Hagiwara, H. (Ed.) (2005). *Jo Spence Autobiographical Photography*. Osaka: Shinsuisha Press.

Hevey, D. (1989). Liberty, equality, disability. *Ten, 8*(35), 2-15.

Hirsch, M. (1997). *Family Frames: Photography, narrative, and postmemory*. Cambridge: Harvard University Press.

Martin, R. (1990). Dirty linen: Photo therapy, memory, and identity. *Ten, 8*(37), 1-10.

Salomon-Godeau, A. (1987). Review of *Putting Myself in the Picture. Art in America*, July, 25.

Spence, J. (1976). *The Politics of Photography*. London: Camerawork.

Spence, J. (1978-79). What do people do all day? Class and gender in images of women. *Screen Education, 29*, Winter, 9-45.

Spence, J. (1980). Beyond the family album. *Ten, 8*(4), 21-23.

Spence, J. (1980). Self-portraits. *Ten, 8*(4), Spring.

Spence, J. (1981). Cultural sniper. *Ten, 8*(2), 9-25.

Spence, J. (1981). The sign as a site of class struggle: Reflections on works by John Heartfield. *Block, 5*, 2-13.

Spence, J. (1983). Confronting cancer. *City Limits, 22*, July, 4.

Spence, J. (1983). War photos: The home front (unpublished lecture for Polytechnic of Central London). London. Date unknown-collection Jo Spence Memorial Archive.

Spence, J. (1984). Public images/private functions: Reflections on high street practice. *Ten, 8*(13), 7-17.

Spence, J. (1986). Body beautiful or body in crisis? *OpenMind, 21*, 10-14.

Spence, J. (1986). Photo therapy. *Venue, 14*(101), 48-49.

Spence, J. (1986). *Putting Myself in the Picture: A political, personal and photographic autobiography*. London: Camden Press.

Spence, J. (1986). The picture of health. *Spare Rib, 163*, 19-24.

Spence, J. (1986). The picture of health: Part 2. *Spare Rib, 165*, 20-25.

Spence, J. (1987). Putting yourself in the picture. *Women Live, 2*, 12-16.

Spence, J. (1987). Things my father never taught me. *Ten, 8*(25), 24-25.

Spence, J. (1988). Notes on photo therapy sessions between Valerie Walkerdine and myself (unpublished manuscript). London: Jo Spence Memorial Archive.

Spence, J. (1989). Disrupting the silence: The daughter's story. *Women Artists Slide Library Journal, 29*, 14–17.

Spence, J. (1989). Notes after photo therapy session with Tim (unpublished manuscript). London: Jo Spence Memorial Archive, April.

Spence, J. (1990). 'No, I can't do that, my Consultant wouldn't like it'. In *Silent Health: Women, health, and representation* (pp. 75–90). London: Camerawork.

Spence, J. (1990). Could do better . . . *Variant, 8*, 27–32.

Spence, J. (1990). Identity and cultural production: Or, on deciding to become the subject of our own histories rather than the object of somebody else's. *Views: The Journal of Photography in New England, 11*(3), Summer, 8–11.

Spence, J. (1991). Soap, family album work, and hope. In: Spence, J. and Holland, P. (Eds), *Family Snaps: The meanings of domestic photography* (pp. 200–207). London: Virago Press.

Spence, J. (1991). *Unbecoming Mothers: A daughter's view* (exhibition catalogue curated by Sue Isherwood and John Solomon). Bristol: Watershed Media, 25–28.

Spence, J. (1995). *Cultural Sniping: The art of transgression*. London: Routledge.

Spence, J., & Dennett, T. (1976). Photography, ideology and education. *Screen Education, 21*, 85–96.

Spence, J., & Dennett, T. (1977). Remodelling photo-history: An afterword on a recent exhibition. *Screen Education, 23*(1), May/June, 85–86.

Spence, J., & Dennett, T. (1982). Remodelling photo history. *Ten, 8*(9), 34–38.

Spence, J., & Dennett, T. (1992). The crisis project: Scenes of the crime. *Katalog, 4*, 49–51.

Spence, J., & Grover, J. Z. (1991). The artist and illness: Cultural burn-out/holistic health. *Artpaper*. In Spence (1995) *Cultural Sniping* (pp. 212-217). London: Routledge.

Spence, J., & Hevey, D. (1992). Cancer and the marks of struggle (interview with Jo Spence). In Hevey, D. (Ed.), *The Creatures That Time Forgot: Photography and disability imagery* (pp. 120-133). London: Routledge.

Spence, J., & Holland, P. (1991). *Family Snaps: Meanings of domestic photography*. London: Virago Press.

Spence, J., & Solomon, J. (1991). *What Can a Woman Do with a Camera?* London: Scarlet Press.

Spence, J., Brackx, A., & Marcolis, A. (1978). Facing up to myself. *Spare Rib, 68*, 6-9.

Spence, J., Evans, D., Dennett, T., & Gohl, S. (1980). *Photography/Politics: One*. London: Photography Workshop.

Spence, J., Holland, P., & Watney, S. (1987). *Photography/Politics: Two*. London: Comedia/Photography Workshop.

Spence, J. with Martin, R., Murray, M., & Stanjo, Y. (1985). *The Picture of Health* (Cockpit Gallery exhibition catalogue). London: Photography Workshop.

Wakakuwa, M., & Kasahara, M. (1991). *Exploring the Unknown Self: Self portraits of contemporary women* (exhibition catalogue). Tokyo: Tokyo Metropolitan Culture Foundation/Metropolitan Museum of Photography.

Weiser, J. (1983). Using photographs in therapy with people who are 'different'. In D. A. Krauss & J. L. Fryrear (Eds.), *Phototherapy in Mental Health* (pp. 174-199). Springfield, IL: Charles C. Thomas.

Weiser, J. (1988). PhotoTherapy: Using snapshots and photo-interactions in therapy with youth. In C. Schaefer (Ed.), *Innovative Interventions in Child and Adolescent Therapy* (pp. 339-376). New York: Wiley.

Weiser, J. (1990). Grover wrong about 'phototherapists' Spence and Martin. *Afterimage, 18*(4), 2.

Weiser, J. (1990). 'More than meets the eye': Using ordinary snapshots as tools for therapy. In T. Laidlaw, C. Malmo & Associates (Eds), *Healing Voices: Feminist approaches to therapy with women* (pp. 83-117). San Francisco, CA: Jossey-Bass.

Weiser, J. (1993; 1999, 2nd edition). *PhotoTherapy Techniques: Exploring the secrets of personal snapshots and family albums*. Vancouver: PhotoTherapy Centre Press.

Weiser, J. (2001). PhotoTherapy techniques: Using clients' personal snapshots and family photos as counseling and therapy tools (invited feature article in 'Special Double Issue: *Media Art as/in Therapy*'). *Afterimage: The Journal of Media Arts and Cultural Criticism, 29*(3) (Nov./Dec.), 10-15.

Weiser, J. (2005). Remembering Jo Spence: A brief personal and professional memoir. In H. Hagiwara (Ed.), *Jo Spence Autobiographical Photography* (pp. 240-248). Osaka: Shinsuisha Press.

Weiser, J. (2008). PhotoTherapy and Therapeutic Photography: Similarities and differences. Available from: www.phototherapy-centre.com/comparisons.htm#Comp2 (accessed 2 June 2008).

Wilson, S. (1996-97). White Metonymy: A discussion around Jo Spence and Terry Dennett's colonization. *Third Text*, 37, Winter, 3-16.

[투병일기와 시각적 표현 관련]

Bell, S. (1999). Narratives and lives: Women's health politics and the diagnosis of cancer for DES daughters. *Narrative Inquiry, 9*(2), 347-389.

Bell, S. (2002). Photo images: Jo Spence's narratives of living with illness. *Health, 6*(1), 5-30.

Bell, S. (2006). Living with breast cancer in text and image: Making art to make sense (special issue on 'Embodiment'). *Qualitative Research in Psychology, 3*(1), 31-44.

Bell, S., & Radley, A. (2007). Artworks, collective experience, and claims for social justice: The case of women living with breast cancer. *Sociology of Health and Illness, 29*(3), 366-390.

Einat, A. (2007). *The Invading Body: Reading illness autobiographies*. Charlottesville, VA: University of Virginia Press.

Gilman, S. (1977). *The Face of Madness: Hugh W. Diamond and the rise of psychiatric photography*. Secaucus, NJ: Citadel Press [reissue of: (1976) New York: Brunner/Mazel].

Gilman, S. (1982). *Seeing the Insane*. New York: John Wiley.

Gilman, S. (1991). *Disease and Representation: Images of illness from madness to AIDS* (2nd edn). Ithaca, NY: Cornell University Press.

Gilman, S. (1995). *Picturing Health and Illness: Images of difference*. Baltimore, MD: Johns Hopkins University Press.

Radley, A. (2009). Works of Illness: Narrative, picturing and the social response to serious illness. Ganesh Nagar, India: Inkman Press.

CHAPTER

04

사진, 전화 그리고 판타지

– 마크 휠러(Mark Wheeler)

이 장에서는 기존의 카메라로 생성된 이미지뿐 아니라 다양한 곳에서 생성되고 저장된 이미지들, 즉 휴대폰, 기타 모바일 영상 생성 장치, SNS, 온라인 갤러리와 아웃사이더 아트 그림들미술 교육을 받지 않은 이들이 미술제도 바깥에서 창작을 하는 것. 캐나다의 모드 루이스의 로컬 그림들, 조현병 환자의 그림 등–역자 주의 상호 연관된 기능들을 논의함으로써 사진치료의 영역을 더 넓히려 한다. 더 나아가 이 장에서는 이러한 활동을 신경생물학과 정신분석적 관점뿐 아니라 예술사적인 관점에서 검토하는 것을 목표로 한다.

인간의 상호연관성human interconnctedness이 인간이란 존재의 요구를 충족시키기 위해 지속적으로 진화한 것처럼, 인간의 발명은 그 유용성과 관계없이 진화의 열망에 맞추어 새로운 기술을 계속해서 만들어 내었다. 아름다움을 느끼고 싶어서 이미지를 만들고, 전송하고, 업로드하는 사람들은 마음에서 우러나 이러한 행동들을 선택한다. 이것이 전 세계에서 널리 퍼지고 있는 아웃사이더 아트의 실체이다. 이는 관찰자, 연구자 및 평론가들이 어떤 합의에 도달하기 훨씬 이전에, 인간이 무엇을 어떻게 상호 연결하는지의 한 가지 예가 되었다.

이 장의 글(사진, 전화 그리고 판타지)은 친근한 국내 사진, 예술 사진, 미술사, 미술치료, 신경과학과 심리미학psychological aesthetics, 예술이 만들어지거나 예술에서 아름다움을 느끼는 심리 과정을 연구하는 학문-역자 주에 의지한다. 이 장에서는 사람들이 휴대폰과 온라인 갤러리를 통해 이미지를 제작하고 저장하고 감상하는 심리에 대한 통찰과 이들이 어떻게 치료 과정에 영향을 미치는지에 대한 통찰을 제공하고자 한다.

실제 사진이 있든지 없든지에 상관없이 사진치료는 내담자들과 대화를 나누는 사진치료사, 상담자 그리고 기타 전문가들에 의해 실행되는 어떤 것이다. 이러한 사진치료에 대한 믿을 수 없을 정도로 단순한 정의는, 내담자와 사진을 찍고 보는 행위들뿐 아니라, 내담자와 치료자가 함께 인화된 사진을 건네주고 건네받고 찢고 훼손하는 그 이상의 무엇으로, 사진치료의 지평과 깊이를 넓힌다. 이제 치료사들은 인화된 사진보다는 휴대폰 속 사진 모음집에서 사진을 볼 가능성이 더 많아지게 되었다.

세 개의 f로 두운을 맞춘 '사진, 전화 그리고 판타지fotos, fones & fantasies'란 문구는 스마트폰과 같은 모바일 장치 내에 보관되어 있거나 네트워크로 연결되고 퍼 나르는 사진과 이미지에 대해 생각해 보기 위해 고안된 개념이다.

- Fotos(사진): 스마트폰 센서, 스크린 또는 무선 네트워크에 직간접적으로 중계되는 빛, 사진의 구조, 필름을 찍는 개별 광자, CCD나 CMOS 센서, 또는 시청자의 망막을 가리킨다.
- Fones(전화): 모바일 전화기 그 자체와휴대폰, 시청각이 모두 가능한 음성, 영상 녹화 장치를 가리킨다.
- Fantasies(판타지): 미적 경험의 심리학, 사진 이미지와 함께 매일 접하는 현상학, 휴대폰과 사진 보관함 사이의 상상적 관계를 포함한다.

심리학을 통해 우리가 예술에 대해 알 수 있는 것보다 예술을 통해 심리학에 대해 더 많은 것을 알 수 있다. 더 일찍이 더 명백히 그러했다. 특히 최근에는 SNS에서 스마트폰 사진과 온라인 디스플레이가 광범위하게 사용되고 있다.

종이에 인쇄되었거나, 스크린에 투영되었거나, 액자틀 안에 있거나, 휴대용 장치(디지털카메라, 스마트폰, 디지털 사진액자 등)의 화면에 나타났거나, 휴대폰이든 SNS든 다양한 사진과 만날 때, 그 원재료는 방금 새로 깎은 양털과 다르지 않다. 그것은 아무렇게나 자라난 미세한 양모 다발과 같다. 그것들은 너무 얽혀 있어서 다른 가닥들 사이에서 사라져 버려 어떤 개별 가닥도 식별하거나 추적할 수 없다. 이 유용한 재료를 풀려고 한다면 실을 감기 전에 실타래를 가지런히 하고 빗질해야 한다. 이러한 실타래, 즉 다양한 사진과의 만남은 스마트폰 및 온라인 갤러리 이미지를 포함한 모든 사진을 만들고 보는 심리에 대한 통찰력을 제공한다. 더 나아가 이 실타래(사진들)들이 어떤 패턴으로 직조되면 치료에 커다란 기여와 효과를 가져오게 된다.

불행하게도 단지 검사를 위해 이 실타래들(사진들)을 가지런하게 만들고 분리하면, 그것들의 원래 관계가 뒤바뀌어 우리가 검토하려는 바로 그것에 손상을 주게 된다. 여기에는 치료 맥락 바깥에서 종종 존재하는 차원뿐 아니라 말하기, 이미지의 선택, 제시된 이미지, 관찰한 이미지, 분명하거나 내포된 이해, 알려진 연결성, 안 알려진 연결성, 연결성의 판타지, 전이와 역전이(이미지에 들어 있건 없건 간에)도 포함되어 있다. 치료실 안에서 이러한 다양한 가닥은 동시에 작용하여 치료적 파워를 촉진하고 담아낸다. 그러므로 실타래를 가지런히 하고 빗질하고 방적한 후에, 우리가 치료에 유용한 이해를 얻기 원한다면 이들 실타래를 일관성 있는 직물로 다시 짜 내야 한다사진들을 어떤 방식으로 통찰력 있게 재구조화해야 한다는 뜻–역자 주.

예술 안의 심리학을 이해하는 것은 심리학 안의 예술을 이해하는 데에도 동일하게 적용된다. 대상을 만들고, 소비하고 보려는 인간의 욕구는 동굴 벽화와 장식된 용기의 지문부터 마이 스페이스, 플리커, 페이스북의 전자 지문에 이르기까지 수천 년 동안 흔적을 남겼다. 이렇게 만들고 보는 경험은 '심리미학'이란 용어로 설명할 수 있다.

> '심리미학psychological aesthetics'이란 '선, 색, 손놀림handling, 화면 구도 같은 미술 그 자체의 질적 측면(미학적인 측면)'과 '그러한 요소가 관객에게 미치는 내적인 영향(심리적인 영향)' 간의 관계를 말한다.
>
> (Maclagan, 2002: 7)

모든 사진은 디지털 이미지든 (과거 필름 방식의) 습식 인화 사진이든, 출력된 이미지든 프로젝터로 보이는 사진이든 아니면 가상 이미지든 간에, 그것의 심리미학은 사진을 활용한 심리치료 상황 속에서 '사진-심리치료-실습 Photo-Psycho-Praxis'이라는 용어로 묘사되어 왔다(Wheeler, 2008, 2009). 치료실에서 사진이 명확하게 인식 내지 인지되든 그렇지 않든, '휴대폰 네트워크, 3G, 월드와이드웹, 소셜 네트워크, 온라인 갤러리 같은 어디나 존재하는 인터넷 환경에 우리가 필연적으로 노출되는 순간', 그 이상의 차원이 '존재'하게 된다. (패러데이 새장 속에서 상담 작업을 하지 않는 한) 위에 언급된 모든 것을 동시에 전달해 주는 무선 전파가 상담실 안의 공기 속으로 스며든다. 불과 몇 그램 무게의 실리콘 및 리튬이온 전지만 있으면, 휴대폰은 그런 신비한 전파 암호들을 해독하여 우리 앞에 (사진 형태로) 내놓을 수 있다([사진 4-1] 참조).

[사진 4-1] 21세기 휴대폰 사용자 (Wheeler)

그러한 전파 암호들, 그리고 누구의 스마트폰 메모리 속에든 '어떤 사진'이 저장되어 있다는 사실은 일반적으로 우리의 상담 작업을 초월한 형이상학적 구조superstructure로 존재하는데, 따라서 그러한 형이상학적 구조는 내담자-치료사 대면encounter 상황 속에서 상담 작업을 판타지로 채워 줄 수도 있다.

맥락

이러한 각각의 이미지들이 국내의 사진 환경을 통합하고, 이제 우리의 사진 경험의 많은 부분이 외부적 환경과 공공 예술적 맥락에서 나타난다. 상담실 내부에서의 이미지 공유 작업이 예술협회의 아트북이나 갤러리에 있는 사진보다 더욱 폭넓은 확산 효과를 낼 수 있다. 이러한 중심을 벗어난 사진 만들기는 우리 스스로 예술작품을 만들고 감상할 수 있는 최소한의 도구를 갖출 능력을 기득권 예술가 집단으로부터 되찾게 해 줄지도 모른다. 그러나 '그러한 맥락'과 '사진 이미지의 미학적 측면' 모두 이제는 심리치료사들이 진지하게 고민해 봐야 할 필요가 있다.

> 이런 의미에서 '미학'은 그림(혹은 사진)의 재료적 특성에 바탕을 두어야 하며, 아름답거나 추하다거나 하는 미추beauty의 판단이나 진실에 대한 판단 같은 '추상적 판단'에 근거를 두어서는 안 된다.
>
> (MacLagan, 2002; 7)

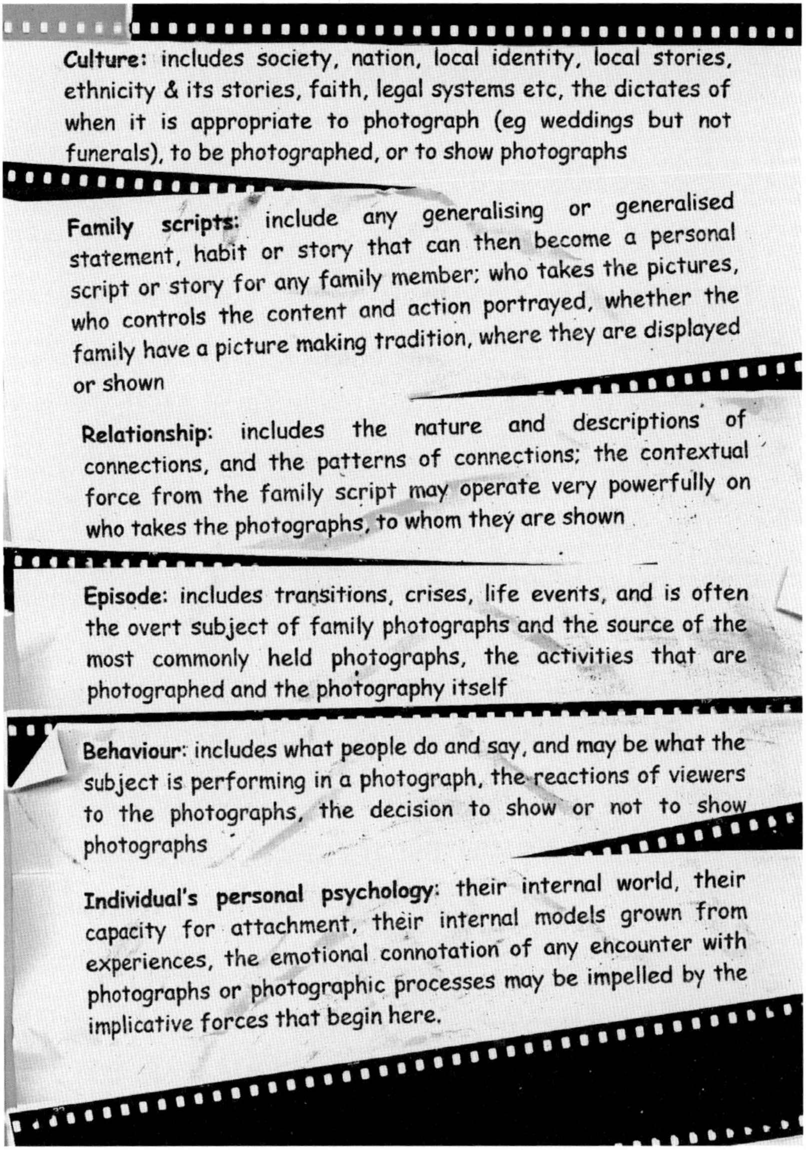

Culture: includes society, nation, local identity, local stories, ethnicity & its stories, faith, legal systems etc, the dictates of when it is appropriate to photograph (eg weddings but not funerals), to be photographed, or to show photographs

Family scripts: include any generalising or generalised statement, habit or story that can then become a personal script or story for any family member; who takes the pictures, who controls the content and action portrayed, whether the family have a picture making tradition, where they are displayed or shown

Relationship: includes the nature and descriptions of connections, and the patterns of connections; the contextual force from the family script may operate very powerfully on who takes the photographs, to whom they are shown

Episode: includes transitions, crises, life events, and is often the overt subject of family photographs and the source of the most commonly held photographs, the activities that are photographed and the photography itself

Behaviour: includes what people do and say, and may be what the subject is performing in a photograph, the reactions of viewers to the photographs, the decision to show or not to show photographs

Individual's personal psychology: their internal world, their capacity for attachment, their internal models grown from experiences, the emotional connotation of any encounter with photographs or photographic processes may be impelled by the implicative forces that begin here.

[사진 4-2] 사진 맥락 (Wheeler)

심리치료실에서든 갤러리에서든 사진과의 만남encounter이 거의 필연적으로 생애 초기 경험이 담긴 가족 앨범에서 시작되듯이(Wheeler, 1992, 2004, 2008), 디지털 사진 촬영 체험도 가족 상황에서 시작된다. 우리의 생애 최초 사진은 대부분의 경우 새로 태어난 아기를 자랑스러워하는 부모님이 찍어 준 사진일 텐데, 가족 앨범에 사진을 보관하는 것은 십여 년 넘게 가장 흔한 형태의 저장 방식이었지만, 현재는 가급적 빨리 많은 사람이 볼 수 있게 촬영 즉시 SNS에 포스팅하는 방식으로 대체되고 있다.

분만실에서 2세 출생을 자랑스러워하는 애기 아빠가 공들여 찍은 최초의 아기 사진을 필두로 하여, 우리의 삶은 적절한 맥락의 미학적 요소들aesthetic로 기록되어 있다. 그러한 사진의 제작 및 감상과 관련된 심리치료 과정은 '치유적 사진, 사진치료, 미술치료'와 '가족 사진 촬영' 사이의 경계 구역에 위치해 있다.

(명함판 사진에서부터 지갑 속 스냅 사진까지) 가족 사진의 유사성likeness 속에는 디지털카메라보다 한 세기 이상이나 앞선 문화적 역사가 내재되어 있다. 19세기의 가족 사진 촬영은 위험한 독성 물질을 다루는 기술을 요했기 때문에, 매우 전문적으로 행해질 수밖에 없었다. 1902년, 그 유명한 조지 이스트먼George Eastman의 '코닥' 카메라 출시로 인해, 숙련된 기술이 없던 아마추어들도 큰돈을 들이지 않고도 가족 사진 작업에 활발히 참여할 수 있게 되었다. 정신분석학 역사의 흐름과 함께 흘러온 사진의 역사인 것이다. 도서 및 광고 사진의 엄청난 확대로 인해 정신분석 같은 새로운 심리학 사상들이 인쇄 매체를 통해 동시다발적으로 퍼져 나갔으며, 이와 동시에 그전까지 사람들이 몰랐던 세상이 알려지게 되었다. 전 세계를 찍은 사진들은 엄청난 거리를 여

행할 기회나 수단이 없던 대부분의 사람을 사진이라는 매체를 통해 연결해 주었는데, 이것은 현재도 그렇긴 하다. 그러므로 우리가 세상에 대해 알고 있는 개별적인 지식은 직접 경험이라기보다는 150년 이상에 걸친, 사진을 통한 간접 경험에 기인한다고 볼 수 있다. 심지어 오늘날에도, 자기가 사는 곳 바깥 세상에 대한 경험은 대부분 사진에 의존한다고 볼 수 있다. 따라서 여러 세대에 걸쳐 '객관적인 외부 세계'와 '주관적으로 촬영된 사진' 사이의 연결고리connection에 익숙해진 채로 시간이 흘러왔던 것이며, 결국 우리는 '현실의 덫reality trap'에 걸리게 된다. 이러한 현실의 덫은 자신의 눈을 (카메라를 장착한) 사진사의 어깨와 나란히 위치시키기만 하면, (사진사가 렌즈를 통해 보고 있는 것과) 똑같은 것을 볼 수 있다는 환상fantasy에 기인한다.

가족 사진 촬영은 SNS에 사진을 올리기만 하면 어디서든 볼 수 있는 (유비쿼터스) 상황이기에, 사진과 사진 그 자체의 환상적인 '현실의 덫'(또는 '현실 격차')을 강화시키고, 심지어 현실에 틈을 제공할 수도 있다. 또한 스마트폰에서 즉석 사진을 찍기 위해 화면에서 촬영 현장의 기하학적 구조와 피상적으로 아주 유사한 것을 보는 것은 현실의 덫을 강화하게 된다. 게다가 SNS에 업로드된 사진에 바로 댓글을 달거나 '좋아요'를 눌러 주는 것은 원본 사진 촬영자의 현실의 덫을 더욱 강화시켜 주는 꼴이 된다.

온라인 또는 소셜 네트워크 업로드를 위한 '디지털 이미지 제작 및 감상'은 갤러리나 미술품 수집가의 벽에 전시된 예술사진 같은 '원본 사진 제작 및 감상'과 겹쳐지는 부분이 있다. 즉, 어떤 이미지가 다른 사람의 눈에는, 다른 사람의 화면에서는 어떻게 보일지를 고민하는 의식적 · 무의식적 차원이 존재한다는 것이다. 영국의 미술치료사 상당수는 예술가로서 먼저 훈련을 받았고, 사적인 공간에서 이미지를 다루는 치료사가 되기 전에 자신의 작품이 전시회에 걸리기를 기대하고 살았다. 그러한 전문가로서의 이력은 온라인에 포스팅할 목적으로 제작되는 가족 사진 트렌드와 대비되는데, 따라서 치료사들은 일반인과 달리 '자의식이 강한 이미지 제작자'라고 간주하는 것이 오히려 나을지 모른다.

데이비드 로지David Lodge는 『의식 그리고 소설Consciousness and the Novel』(2002)에서 심리학 자체가 심리학에 통찰력을 제공하는 측면보다 문학이 심리학에 통찰력을 제공하는 측면이 훨씬 더 크다고 주장했다. 이 말을 입증하기로 하듯 서점에 동시에 등장된 책이 조나단 코Jonathan Coe(2007)의 소설 『비가 내리기 전The Rain Before It Falls』였다. 코의 소설은 그의 가족 앨범과 관련된 가공의 이야기에서 영감을 얻은 것이다. 코의 소설은 기존에 알려진 심리학적 분석뿐만 아니라 적어도 우리 자신과 사진과의 관계에 대한 정보를 제공해 준다. 코(2008)는 가족 사진과 그 자신과의 관계를 다음과 같이 묘사한다.

> 우리 가족의 현존하는 역사는 온통 사진들로 구성되어 있다. …… 모두 사진들뿐이다.

이러한 관계의 깊이와 강도는 『비가 내리기 전』의 저술에 영감을 주었으며, 저술 과정에 대하여 그는 다음과 같이 설명한다.

> 가족 사진들은 1940년대 중반 즈음에 비로소 의미를 갖기 시작하는데, 이것이 바로 내가 『비가 내리기 전』의 초반부를 그 시대로 설정한 이유이다.

코는 그 책 속의 구어적인 묘사, 이미지들이 내러티브의 촉매로 작용하는 메커니즘, 그리고 그러한 내러티브를 전달하기 위해 사용된 단어들에 있어서 사진이 어느 정도로 필수적인지 증명하기 위해 『비가 내리기 전』에 나오는 예들을 활용하였다. 요즘 가장 폭넓게 사용되는 미술 도구이자 가족 사진 촬영 도구는 아마도 카메라가 내장된 모바일 휴대폰일 것이다. 따라서 휴대폰 촬영이라는 행위는, 이제 온라인 갤러리에서든 치료사의 상담실에서든 원래의 의미 그 이상으로 간주되고 있다.

21세기의 아동치료 또는 가족치료(예: 아동 · 청소년 심리건강 지원 서비스, CAMHS) 내담자는 (20세기 말의 특징인) 낡은 구두 박스 속에 보관된 사진보다는 휴대폰 화면을 통해 사진을 제시할 가능성이 더 크다. 이제 내담자와 치료사는, 치료실 반대편에서 (서로 마주보고) 한 번에 한 장씩 직접 사진을 전달하는 것이 아니라, 작은 휴대폰 화면을 들여다보면서 나란히 앉아야 할 것이고, 이에 따라 내담자와 치료사 간의 역동이 구조적으로 바뀔 수도 있다.

많은 사람이 이러한 공유 방식에 익숙해진다면 보다 편안한 공간적인 관계가 이루어지게 된다. 이것은 또한 '치료사의 시선'과 '치료사의 응시에 대한 내담자의 경험'도 변화시킬 수 있다. 이러한 응시가 휴대폰 화면 속 이미지를 매개로 이루어질 수도 있지만, 이를 통해 또 다른 형태의 해석들을 추론할 수도 있다.

휴대폰 사진 촬영을 자주 반복함에 따라 그 예술적 표현 도구(휴대폰)에 더욱 친숙함이 녹아들게 될 것이다. 그러나 숙련된 장인 기술을 가진 전문 사진사라면 대부분의 경우 (전문 카메라라는) 특별한 장치로 촬영 기술을 연습하기 때문에, 본인 카메라(의 본체 및 렌즈)에 대해 휴대폰 카메라 조작자의 친숙함과 동일한 정도의 친숙함은 느끼지 않을 수도 있을 것이다.

그러한 사진은 정서적인 또는 심리적인 과정을 포함하거나 매개하는데, 그것이 일차적으로 내용 자체의 문제인지, (내용이) 명시적이냐 암시적이냐의 문제인지, 아니면 피사체의 형태 그 자체의 문제인지 궁금해하는 질문들이 촉발된다. 따라서 기호학적 분석에서의 '명시-암시 구별법'은 (사진치료에 있어서는) 다음과 같이 고쳐 써야 할 필요가 있다.

- 명시적으로 표현하다denote
- 암시적으로 표현하다connote
- 과장하여 표현하다emote

맥스 코즐로프Max Kozloff(1978: 99)는 사진을 활용한 대면 작업encounter의 영향력에 대해 다음과 같이 숙고한 바 있다.

> 스틸 사진은 '시간에 따라 변동하는temporal' 매체도 아니고즉, 동영상도 아니고-역자 주 자유롭게 창작된 매체도 아니기 때문에즉, 예술작품으로서의 그림도 아니기 때문에-역자 주, 우리가 관찰자로서 사진을 볼 때에, 영화를 보거나 그림을 감상할 때보다 현실적으로든physically 상상적으로든imaginatively 훨씬 덜 전지적omniscient이게 된다.

특히 사진이 작은 휴대폰 화면에 즉각적으로 보일 때, 관찰자는 데생 작품이나 채색된 그림을 대하는 방식으로 사진에 반응하지는 않는다. 관찰자는 방심한다. 마치 자신의 문화 필터예술작품을 충분한 시간을 두고 감상한 후 작품의 내용 중에서 유의미한 요소와 무의미한 요소를 선별하여 작품의 진정한 의미를 재해석하는 능력-역자 주가 사라진 듯이, 마치 휴대폰 화면 속의 추억 속에 즉각적으로 반응하듯이. 문화 필터의 위와 같은 결핍은 "이건 그저 그런 '사진'인데"라는 표현보다는 "이건 그저 그래"와 같은 보다 일상적인 표현 속에서 강화된다.

'사진 속 진실'에 대한 잘못된 신념들(mythology): 미술작품에서부터 페이스북에 이르기까지

> 진실은 사진사의 의도에 의해 제한되고 지배된다.
>
> (Blakemore, 2008)

'사진 속 진실'이라는 신화와 사진 속의 '거의 완벽에 가까운 게슈탈트에 대한 환상'은 피사체에 반복적으로 노출되고 피사체의 사진을 찍는 국내 상황에서 나온다. 관람자는 사진 속 원래의 광경과 아무 관련이 없음에도 불구하고, 신문 속 사진이든 갤러리 속 사진이든 '사진=진실'이라는 잘못된 신념들이 널리 퍼져 있다. 이러한 사실은 인터넷에 기반을 둔 이미지가 제시되는 방식에도 주목하게 만든다. 웹 서퍼들은 어떤 상황에서 어떻게 사진이 찍혔는지에 대해 아무것도 모른다. 관람자는 동일한 웹사이트 어딘가에 존재하는 이미지들까지 포함하여, 이전에 만났던 사진과의 대면 경험을 끌어들인다. 때론 사진에 자막이 붙어 있기도 하지만, 대부분의 경우 (해당 사진과 관련 없는) 다른 이미지와 검색어들로 도배된 웹페이지는 진실이 뒤집혀져 있는 정반대의 상황이다. 달리 말하면, 하나의 웹페이지에 있는 인접한 사진들이 서로 모순된 것처럼 보일 때, 이들 사진은 사진을 바라봤을 때 느끼는 주관적인 느낌, 즉 현상학적 측면을 무의식적으로 약화시킨다. 예를 들어, 검색 엔진의 예측 불허의 변화나 블로그에 업로드되는 사진들의 변화무쌍함 때문에, '멋진 케이크'란 자막이 붙은 케이크 사진이 만약 자동차 충돌 장면을 담은 사진 옆에 나란히 전시된다면, 사진 촬영자는 관객의 제대로 된 반응을 기대할 수 없을 것이다. 따라서 사진 앞뒤의 연속성, 그리고 사진 프레임 외부의 시간적 연속성에 대한 일반적인 환상은 해당 사진과 관련이 없는, 다른 사진에서 퍼온 페이스북 또는 블로그 댓글에 의해 깨져 버리고 만다.

사진과 함께해 온 우리의 문화사는 모든 유형의 사진 이미지와의 만남에 매우 강력한 힘을 부여함으로써 사진치료 및 치유적 사진에 대한 동기를 부여해 주었다. 그리고 우리 반응의 기본적인 역학관계들이 상호 연결될 수 있도록 도움을 주었다. '현실의 덫'은 그러한 만남에 매우 강력한 힘을 부여해 주는 '기본' 메커니즘으로 간주될 수 있으며, '현실 격차'는 판타지를 활용하는 이러한 메커니즘(현실의 덫)이 표현력이 풍부한 매체인 사진에 강력한 힘을 부여할 수 있도록, 그리고 사진치료에서의 역할을 제대로 성취할 수 있도록 윤활유 역할을 해 준다. 사진 이미지의 속성 측면에서 볼 때, 그것(현실의 덫)으로 하여금 (다른 인공물에도 일상적으로 적용되곤 하는) 우리 각자의 문화 필터를 피해 갈 수 있게 해 주는 요소는 무엇인가? 조 스펜스Jo Spence(1984)는 (그녀가 자신의 유방암 경험과 정서적 반응 그리고 치료 경험에 집중된 치료 작업을 보여 주는 동안 사진의 내용이 명백히 정서적으로 부담스럽거나 아니면 모호성을 띨지라도) '관찰자 반응의 강도'가 표현력이 풍부한 물체인 '사진의 효용을 강화'

한다고 주장하였다.

현실의 덫, 현실 격차 모두 의식적인 지성에 호소하는, 사진의 완벽에 가까울 정도의 형태(게슈탈트)에 대한 환상에 의존하는데(Wheeler, 2004), 아마도 가장 최근의 이미지가 스마트폰 화면에 보이는 순간처럼 말이다. 그러한 환상은 사진이 치료 공간에서 다른 매체보다 덜 효과적threatening이라는 착각에 잠시 빠져들게 할 수도 있지만, 치료사는 종종 사진이 더욱 강력한 매체가 될 수 있다는 사실을 인식해야 한다.

사진과 마음–뇌

사진 및 사진의 활용에 관한 무의식적인 과정을 다루는 책은 출판된 적이 거의 없지만, 사진과 외부 현실 간의 연결고리에 대한 착각illusion은 '개별 사진 속에 대뇌 변연계의 반응을 자극하는 잠재력이 있음'을 암시하기도 한다. 대뇌 변연계는 외부 자극에 대한 정서적 반응과 연관된, 따라서 사진치료와도 매우 관련성이 높은, 그리고 진화론적으로 볼 때에는 보다 초기의 뇌 외부 영역으로 구성되어 있다. 사람들이 사진을 찍어서 감상하기를 바라는 이유는 '사진 속에 그 매체에 특유한 심리치료적 특징이 오롯이 담겨 있기 때문'이라고 보는 것이 정확할 것이다.

크라우스와 와이저(Krauss & Weiser, 2009: 83)는 기존의 나의 주장을 다음과 같이 잘 요약하였다.

휠러는 이미지는 현실 자체가 아니라는 점(현실의 덫)에 주목하되, 이미지의 잠재력을 설명하는 데 일조하기 위해, 우리가 사진 이미지로부터 잠시 거리를 두고 생물학적 연결 통로, 문화적 적응 그리고 개인적 현상에 눈을 돌릴 수 있게끔 도와준다. 그 결과, 3차원의 현실이 화면 픽셀(디지털 사진의 경우)이나 할로겐 또는 색염료(필름 사진의 경우)를 통해 2차원으로 표현되는 것을 봄으로써 대뇌 변연계가 활성화되는 순간 '지금-여기'에서 현실적인 무언가가 일어나고 있다는 사실을 납득시키게 된다.

신경과학 그리고 신생 분야인 신경정신분석학의 발전으로 인해 자율신경계와 예술 활동 간의 연결고리를 찾는 것이 가능하게 되었다. 크라우스와 와이저(2009: 83)는 다음 내용을 덧붙인다.

휠러는 일생 동안 제작된 사진에 대한 사람들의 체험, 그리고 그 역사적인 사진에 대한 사람들의 관찰에 근거하여, 사진이 특정 시점에 특정 지점에서 보일 수 있는 물리적 현실의 특정 측면을 정확하게 표현한다고 믿는 '현실의 덫'의 포로가 될 수 있다는 사실에 주목한다. 결과적으로 이것은 촬영자의 조작을 통해 창출된 이미지가 관찰 가능한 사물의 사실적 표현이라고 믿는 '현실 격차'로 귀결된다. 그는 "세상에 대한 개인적인 지식이 150년도 넘는 기간에 직접 경험에 의해서보다는 사진에 의해 축적되어 왔다."라고 주장한다.

그는 또한 다음과 같은 경우에 발생하는 오류에 대해 지적한다. 신경과학자들은 마치 그들이 (엄마나 아기 사진 같은) 사진 표면에 묘사된 내용과의 (일차적인) 연결고리를 매개하지 않은 채, 망설임 없이 사진을 사용하고서는 행복해하는 것처럼 보인다. …… 그러고 나서는 그 엄마나 아기가 MRI 기계의 커다란 도넛 모양 통로를 통과하는 순간 마치 그들이 실험 주체와 함께 존재하기라도 했던 것처럼 결과를 해석해 버리는 오류를 범한다.

또한 크라우스는 또 다른 형태로 존재할지 모르는 '현실 격차'를 설명한다.

전기화학적 전달물질이 눈과 시신경으로부터 대뇌 변연계로 정보를 전달해 주는 신경 고리의 일부분인 '시냅스 틈새'(상상력을 촉진해 주는 짧은 통로), 그리고 전술한 '맹점blind spot' 모두, 현실의 3차원적 표현이든 2차원적 표현이든 이것들(사진)에 대한 유사한 감성적 반응visceral response을 강화해 줄 수 있다[이것은 뇌 연구자들이 왜 실제 사람의 뇌 대신 이러한 인공물(MRI 기계 및 MRI 촬영 사진)을 사용하는지에 대한 하나의 설명이 될 수 있겠다].

(Krauss & Weiser, 2009: 83)

예를 들어, 뉴저지 러트거즈 대학교의 인류학자 헬렌 피셔Helen Fisher 박사(2002)는 이성관계 애착romantic attachment의 생물학적 근거에 대해 탐구했다. 피셔 박사의 연구팀은 최근 이성에게 홀딱 반한 경험이 있는 대학생 18명의 뇌 사진을 분석 중인데, 그것은 가장 사랑하는 사람을 바라보는 순간 찍힌 뇌 사진으로서 3천 장이 넘는다(『Los Angeles Times』, 2002. 12. 16). 그리고 유니버시티 컬리지 런던에서 비슷한 연구를 진행했던 바텔스Bartels와 제키Zeki(2000, 2004)는 한 연구에서 로맨틱한 이성 친구의 사진을, 다른 연구에서 자녀의 사진을 피실험자에게 보여 주고, MRI 촬영을 통해 그들의 두뇌 활동을 관찰했다. 그 두 가지 사진에 대한 두뇌 반응의 패턴이 단순히 친한 친구의 사진을 볼 때 나타나는 두뇌 반응 패턴과 두드러지게 다르다는 결론을 얻었다. 연구자들은 연인 사진을 볼 때의 MRI 사진이 그 외의 사람이나 사물 사진을 볼 때의 MRI 사진과 차이가 있음을 관찰할 수 있었는데, 그러한 차이는 반복적이어서 예측 가능한 것이며, 이는 사진이 실제 사람이나 사물과 싱크로율 100프로인 완벽한 대용물로 기능할 것이라고 자연스럽게 예상되기 때문이다. 연구자들은, 사진에 표현된 피사체가 MRI 스캐너 속에 있었을 경우를 가정하여 (반응을 촉발할 것으로) 예상되는 정도만큼 사진이 피사체로부터 나오는 반응을 촉발한다고 하였다.

전기화학적 두뇌 영역을 통해 위와 같이 관찰된 신경 통로는 100년 전에 정신분석 모델에 의해 은유적 영역이라고 묘사된 영역을 통해 '모호한 유사성analogous resemblance'을 '은유적 통로metaphorical traffic'로 전달한다. 신경과학 모델은 연구주제 자극제subject stimulus이자 측정 도구이기도 한 사진술에 의존해 온 것이다.

다큐멘터리 사진작가 유진 스미스Eugene Smith(2008)는 심리치료적 맥락과 너무나도 관련성이 깊은, '사진의 정서적 촉매로서의 측면'을 간명하게 요약했다.

> 잘해야 가끔씩이긴 하지만, 사진은 때로는 '작은 목소리'가 되어 (한 장짜리 사진이든 한 묶음의 사진이든) 우리의 '감각sense'을 '인식awareness'으로 전환시켜 주는 유인책이 될 수 있다. 많은 부분이 관찰자가 누구냐에 달려 있다. 어떤 경우에는 사진이 사고의 촉매제가 될 수 있을 정도로 충분한 감정을 불러일으킬 수 있다.

종이에 표현된 2차원 사진이 문화적으로 강화된 실타래cultrurally reinforced thread라고 함은 진실 아닌 진실이다. 뿐만 아니라 그것은 종종 간과되곤 하는 '자기강화 헤게모니'로서 담론 속에 반복적으로 나타난다.

> 사진은 사실 '빈약한 매체poor thing'일 수 있다. 사진은 한 사람의, 한 가정의 평생을 통해 오만 가지의 순간 중에서 '특정 한 순간'만을 포착할 수 있다동영상처럼 연속된 장면을 포착할 수 없다는 의미-역자 주. 이런 속성을 가진 사진이지만, 지금 나는 가슴에 손을 얹고 여러분에게 다음과 같은 내용을 선포하고자 한다. …… 사진은, 적어도 내 생각으론, 잊혀 가는 추억들에 대한 증거를 제공해 주는 매우 가치 있는 것이라 말하고 싶다. 사진은, 내가 기억하는 것들(내가 기억하는 것들의 상당 부분)이 실제로 일어났으며, 환상 속의 추억이나 망상 혹은 단순한 상상이 아닌 '사실에 대한 증거'이다.
>
> (Coe, 2007: 38-39)

휴대폰이나 소셜 네트워크상에 나타나는 이미지들은 전통 심리분석과 현대 심리치료를, 뿐만 아니라 심리치료와 신경과학을 하나의 구심점으로 모아 주는 역할을 한다. 두뇌 속에 일어나는 다양한 관계의 효과에 대해 출간된 적이 있는 연구 결과에 근거한, 심리치료의 신경과학적 묘사(e.g. Schore, 1994; Panksepp, 1999; Kaplan-Solms and Solm, 2002; Cozolino, 2002; Wilkinson, 2006; 2010)에 의하면, 머릿속에 떠오르는 이미지들의 효과에 대한 기술은 다음과 같다.

사진의 그와 같은 불가사의한 용도는 정서적인 의미뿐만 아니라 마술적인 의미도 알게 모르게 내재되어 있음을 보여 준다. 그러한 활용은 또 다른 현실과 접촉하려는 또는 또 다른 현실로 빠져들려는 시도라고 볼 수 있다.

(Sontag, 1997: 16)

특정 순간이 지나가 과거가 되어 버렸다는 사실은 사진 고유의 속성인 '페이소스'정서적 호소력 내지 연민-역자 주를 불러일으킨다. 그 순간은 카메라 폰의 그 작은 화면 속에 남도록 촬영 버튼이 눌러지기 겨우 몇 초 전의 순간이지만, 결코 되돌릴 수는 없다. 대신, 그 작은 이미지는 그 이미지와 만나는 심리치료 실습을 통해 '그 순간이 과거로 되돌려질 수도 있다는 판타지' 속으로 우리를 초대한다. 물론 그 되돌림은 가상이기는 하지만 말이다(특히 관찰자가 촬영자가 아니거나 원본 네거티브 필름 또는 원본 디지털 파일이 생성될 때 없었던 사람이라면 더더욱 그러하다). 손탁(Sontag, 1977: 15)은 다음과 같은 사실을 강조한다.

모든 사진은 '죽음의 상징memento mori'이 될 수 있다. 사진을 찍는다는 것은 또 다른 사람의(또는 사물의) 사멸mortality, 나약함vulnerability, 쉽게 흔들림mutability에 참여하는 것이다.

그러므로 사진 속에는, 우리가 의식적으로는 인식하지 못하지만, 무의식적으로 이미지 제작에 투자하게끔 해 주는 요소 또는 차원이 포함되어 있을지 모른다. 촬영 기술에 엄청 익숙해지면 그것이 가능할 수도 있다. 5×4 규격의 존 시스템일반적으로 흑백사진을 말하는데, 구체적으로 살펴보면 완전 검정(zone 0)에서 완전 흰색(zone

10)까지 10개의 '존'으로 나누어 농도 조절을 함으로써 사진 속 중요 요소의 명암 상태의 노출을 읽어 내어 최종 인화에 반영할 명도를 결정하는 방식. 1930년대 후반 앤설 애덤스(Ansel Adams)가 체계화한 것으로, 초창기에는 흑백사진에만 적용되었으나, 현재 컬러사진에도 적용 및 활용되고 있다–역자 주이 흑백사진 촬영가에게 그러한 것만큼이나 휴대폰 카메라 사용자에게도 그러하다.

> 그런 의미에서, 어떤 사진이든, 표현 행위로서의 사진 촬영에 고유한 속성인, '의문점'과 '모호성'을 알게 모르게 포함하고 있다.
>
> (Clarke, 1997: 7)

에렌츠바이크Ehrenzweig(1967)는 창조적인 3단계 과정에 대해 정의를 내렸는데, 이것들은 스마트폰 이미지 실습 시 효과적으로 적용될 수 있다. 그가 '투사projection'라고 정의한 첫 번째 단계, '광란의 바다Manic oceanic'라고 정의한 두 번째 단계, '타협 국면Compromise phase'으로 정의한 세 번째 단계가 바로 그것인데, 이 단계에는 업로드 편집, 미니 애니메이션 창작, 블로그 포스팅을 포함할 수도 있다. 마지막 단계에서 이미지 메이커들은 이미지를 확장 가능하거나 어느 정도 볼 수 있도록 조정한다. 마치 대상관계 이론에서 나오는 '우울자리'depressive position, 편집–분열적 자리에 뒤이어 나타나는 주요한 발달 단계로서, 이 단계에서 대상에 대한 사랑과 증오, 대상의 '좋은' 측면과 '나쁜' 측면, 대상의 다른 부분적 표상들(즉, '구강기적' 어머니와 '성기기적' 어머니), 그리고 외적 현실과 심리내적 현실 또는 환상의 통합이 이루어진다. 프로이트의 단계로 보면 '구강기'에 해당한다–역자 주에 있는 사람들이 그러하듯 환상과 현실이 통합된다.

세 단계 모두 최종 예술작품의 구조로 구체화되는데, 소셜 네트워크 사이트 전시 및 이에 대한 미학적 상상도 포함한다. 스마트폰 사용자가 사진치료 실습 현장에서 이미지를 업로드할 때에 노트북 컴퓨터 모니터 위의 그 웹페이지가 다른 관찰자에게는 어떻게 보일 것인가? 그러한 구체화는 그저 촬영 기술을 배운다고 해서 되는 것이 아니라 기계 자체에 친숙해질 때 가능하게 되는 것이며, 이것은 디지털 사진작가나 휴대폰 사진작가나 마찬가지이다.

> 그것은 도제식 훈련이라기보다는 '실습'이자 '체험'이며, 무의식적 행동 및 정서의 외부적 표출을 가능케 하는, 의외의 본능적인 투자instinctual investment가 될 수도 있다.
>
> (Booth, 1983: 9-21)

현실이든 상상이든 온라인 사진관람 커뮤니티가 '가족이나 원 문화, 또는 실제로 존재하는 사람들로부터 나오는 힘'만큼이나 강력한 맥락적 힘을 부여할 수도 있음을 감안할 때, 스마트폰의 '연결적 속성'은 맥락을 바꿔 버릴 수도 있다. 번햄Burnham(1986)이 묘사했던 그 모델이 직접적인 면대면 접촉의 집단적 영향력 없이도 여전히 적용될 수 있는가?

1960대에 행해진 스탠리 밀그램Stanley Milgram의 실험(Milgram Experiment, 2011)에서, 피실험자들은 자신이 실제 피실험자라고 믿는 사람들한테 고통을 가하라는 주문을 받았다. 실험자로부터 그렇게 하라고 지시받았을 때, 그들 중 50%가 자신이 사뭇 다른 형태의 실험에 참가하고 있다고 믿으면서, (실제로는 거짓으로 연기하는 사람에 불과했던) 피실험자들에게 고통을 가한 바 있다.

> 금세기의 사회심리학은 다음과 같은 중요한 교훈을 시사한다. 어떻게 행동할지를

결정하는 것은 많은 경우 그가 어떤 유형의 사람인지가 아니라 그가 어떤 유형의 상황에 처해 있는지에 달려 있음을 본인 스스로 발견하게 된다.

(Milgram, 1974: 205)

통제 집단 실험 연구 중에 가상의 사회적 압력으로부터 비슷한 정도의 영향력이 발생하는지 조사한 것이 전연 없는데, 그러한 실험은 매우 비윤리적일 수 있다. 실제로 초기에 행해졌던 실험들은 현대 기준에 의하면 윤리적으로 심각한 결점이 있다.

결론

휴대폰이나 소셜 네트워크에 저장된 이미지는 존재 그 자체로서 (그것이 공공연히 인식되었든 아니든) 치료사의 상담실에서 지대한 영향력을 미치게 된다. 내담자는 자기 휴대폰 속의 네트워크에 대해 환상을 가질 수도 있고, 치료사의 주머니나 핸드백에 있을지 모르는 치료사 휴대폰 속의 네트워크에 대해 환상을 가질 수도 있다.

이러한 만남은 심리학적으로 복잡하고 중요하며, 마치 정신분석학의 초기 발달 단계에서 사람들이 역전이를 잘 이해하지 못했던 것처럼, 현재도 거의 이해되지 않고 있다. 사진과의 모든 만남은 가족 문제로 시작하는 수많은 상황에서 도출되는 전제 조건을 포함하면서도 뉴스, 다큐멘터리 그리고 예술사적 · 문화사적 차원까지도 총망라한다. 이것을 더 간단히 몇 마디 말로 줄여

본다면, 동시에 존재하는 실 가닥과 실타래를 서로 분리하여 그것들을 개별 낱실 상태로 놔두는 것을 의미한다동시에 얼키설키 존재하던, 서로 다른 내용을 담고 있는 사진들을 분리하여 개별 사진 그 자체로 존재하게 하는 것을 의미–역자 주. 이에 따라 각각의 실가닥과 실타래는 분리된 별개의 이야기처럼 보이기 시작한다. 그러나 이와 같은 서로 다른 이야기들의 '동시적인 존재'는 특히 심리치료 상황에서 스마트폰 이미지와 소셜 네트워크 이미지에 탄력과 힘을 부여한다.

스마트폰과 디지털 이미지는 인지된 외부 세계와의 기하학적 관계를 즉각적으로 강화시키는 속성을 갖고 있기 때문에 현실의 덫을 더욱더 강화할지도 모른다. 한편, 그것은 문화 맥락적인 힘이 됨과 동시에(Wheeler & Stein, 2004; 사진치료 맥락의 예시로는 [사진 4–2] 참조), 또한 평생 동안 반복되면서 한 개인에게 있어 알게 모르게 느껴지는 은연중의 힘이 되기도 한다. 일상의 만남, 그리고 디지털(스마트폰) 사진 촬영 및 네트워킹을 활용한 상담 실습을 통해 이러한 힘이 강화될 수 있다. 그러한 개념들이 이 장에서 새롭게 나타난 것은 '치료실 내에서의 사진과의 만남'에 연유한다. 조나단 코가 자신의 저서 『비가 내리기 전』에서 분명히 묘사한 것처럼, '이미지 그 자체'와 '이미지에 대한 우리의 경험'은 그러한 주장을 뒷받침하는 가장 강력한 증거이다.

출력된 개별 사진은 '사진 제작 시의 정서적 상태를 무의식적으로 매개하는 능력'에 대한 신중한 분석을 요청할 수도 있다. 다층적인 맥락 속에서 스마트폰 이미지가 차지하는 위상은 그러한 맥락을 더욱 넓게 확장하는 것에 대하여 신중히 고려해 볼 것을 요구한다. 사진들이 만약 사진작가의 어깨 옆에 서 있었다면 시청자들도 사진작가가 보는 것을 똑같이 볼 수 있다는 환상을 불러일으키는 것처럼, SNS에 업로드되어 공유된 이미지는 사진 속에 묘사된 사건이 실제로 존재하고 있는 것 같은 환상을 불러일으킬 수 있다. 이것은 촬영 즉시 볼 수 있고, 스마트폰 사진을 반복적으로 찍는 활동을 통해 강화될 수 있다.

아날로그 사진이든 디지털 사진이든 '어떤 사진을 본다는 것'은, 사진의 형태와 내용에 들인 핵심적인 노력뿐 아니라 그 사진과의 만남에 특유한 '정서적인 반응을 끌어낸다는 것'이다. 이러한 과정은 모두 스마트폰 사진을 제작할 때는 물론 관찰할 때에도 존재하며, 치료사나 내담자의 휴대폰 속에 있는 상상된 판타지적 이미지에 대해 고려해 볼 때에도 똑같이 존재한다.

사진촬영 장치란 필름 카메라, 그리고 숨어 있다가 사진으로 뚜렷이 현상되어 나오는 사진 속 내용은 물론, 이것을 훨씬 넘어서서 디지털 이미지, 스마트폰 이미지, 하드 드라이브의 가상공간 속에 저장된 이미지, 웹 페이지상의 이미지를 모두 포함한다. 이것은 사진치료 및 치유적 사진이라는 맥락 속에서 연구됨으로써 더욱 확대될 수도 있다. 내담자의 이야기는 이러한 이미지들에 의해 풍부해질 수도 있다. 인쇄된 사진(과의 만남이라는 문화적 맥락)뿐만 아니라, 휴대폰과 소셜 네트워크상의 사진까지 포함시킬 때, 또 다른 무의식적이고 함축적인 힘이 작용할 수도 있다.

사진에 의해 촉발된 내담자와 대화(상담)를 수행하는 사진치료사의 치료 실습은, 사진이 치료 현장에 실존하든 아니든아날로그 사진이든 디지털 사진이든–역자 주 사진을 제작하여 관찰하는 심리치료적 미학에 의해 '사진–심리치료–실습 Photo–Psycho–Praxis'이라는 용어로 알려져 있다. 스마트폰과 (그들의 활동 무대인) 소셜 네트워크 속의 이미지와 맞물려, 그러한 대화는 (분명히 인식되지 않는 경우의) 여타 사고 능력을 능가할 수도 있는 '판타지'를 더욱 많이 창출해 낸다.

이와 동등하게, 사진과의 만남이라는 촉매는 훨씬 더 엄청난 정도로 (내담자의) 반응을 촉진할 수도 있다.

앤설 애덤스Ansel Adams는 80년도 더 전에, '명백한 형태 및 내용이라는 개념을 초월하여 존재하는 사진'에 대해 예견하면서, 우리가 '사진적 전이photo-graphic transference'로 간주하는 것에 대해 정의를 내린 바 있다.

> 사진이 어떻게 보이는지는 잊어버려라. 어떻게 느껴지는가?
>
> (Ansel Adams, 1927: Booth, 1983: 10 재인용)

참고문헌

Bartels, A., & Zeki, S. (2000). The neural basis of romantic love, *NeuroReport, 11*, 3829-3834.

Bartels, A., & Zeki, S. (2004). The neural correlates of maternal and romantic love, *NeuroImage, 21*, 1155-1166.

Blakemore, J. (2008). Interviewed by Mark Wheeler, 26 April 2008, recording transcript.

Booth, P. (1983). *Master Photographers*. London: Macmillan.

Burnham, J. (1986). *Family Therapy: First steps towards a systemic approach*. London: Routledge.

Clarke, G. (1997). *The Photograph*. Oxford: Oxford University Press.

Coe, J. (2007). *The Rain Before It Falls*. London: Viking.

Coe, J. (2008). Email exchanges with Mark Wheeler, 19 May 2008, author's record.

Cozolino, L. (2002). *The Neuroscience of Psychotherapy: Building and rebuilding the human brain*. London: W.W. Norton.

Ehrenzweig, A. (1967). *The Hidden Order of Art*. London: Phoenix Press.

Fisher, H. (2002). Neuroendocrinology Letters. Reported in *Los Angeles Times*, 16 December 2002.

Kaplan-Solms, K., & Solms, M. (2002). *Clinical Studies in Neuro-psychoanalysis: Introduction to a depth psychology*. London: Karnac.

Kozloff, M. (1978). *Photography and Fascination*. New York: Addison House.

Krauss, D., & Weiser, J. (2009). Picturing phototherapy and therapeutic photography: commentary on articles arising from the 2008 international conference in Finland, *European Journal of Psychotherapy and Counselling, 11*(1), 77-99.

Lodge, D. (2002). *Consciousness and the Novel*. London: Secker & Warburg.

MacLagan, D. (2002). *Psychological Aesthetics: Painting, feeling and making sense*. London: Jessica Kingsley.

Panksepp, J. (1999). Emotions as viewed by psychoanalysis and neuro-science: An exercise in consilience. *Neuro-Psychoanalysis, 1*, 15-38.

Milgram, S. (1974). *Obedience to Authority: An experimental view*. New York: HarperCollins.

Milgram Experiment (2011). The Milgram Obedience Experiment. Available from: http://psychology.about.com/od/historyofpsychology/a/milgram.htm (accessed 6 January 2011).

Schore, A. N. (1994). *Affect Regulation and the Origin of the Self: The neurobiology of emotional development*. Hillsdale, NJ: Lawrence Erlbaum.

Smith, W. E. (2008). W. Eugene Smith. Available from: www.magnumphotos.com/Archive/C.aspx?VP=XSpecific_MAG.PhotographerDetail_VPage&l1=0&pid=2

K7O3R139C2T&nm=W%2E%20Eugene%20Smith (accessed 4 January 2008).

Sontag, S. (1977). *On Photography*. New York: Dell.

Spence, J. (1984). In conversation with the author.

Wheeler, M. (1992). Phototherapy: The use of photographs in art therapy. Unpublished Dip. Art Therapy dissertation, University of Sheffield, University of Sheffield Medical Library.

Wheeler, M. (2004). Photography, fantasy and fine print encounters: An exploration of making and viewing. Dissertation held by Royal Photographic Society, Bath.

Wheeler, M. (2008). Photo-Psycho-Praxis. Text of plenary address to European Symposium on Phototherapy. Available from: http://phototherapy.org.uk/pdf/photo-psycho-praxis-2009.pdf (accessed 1 January 2011).

Wheeler, M. (2009). Photo-Psycho-Praxis, *European Journal of Psychotherapy, Counselling & Health, 11*(1), 63-76.

Wheeler, M., & Stein, N. (2004). Photo Context Levels, image for review of Judy Weiser's Derby Workshop, available from author.

Wilkinson, M. (2006). *Coming into Mind, the Mind-Brain Relationship: A Jungian clinical perspective*. London: Routledge.

Wilkinson, M. (2010). *Changing Minds in Therapy: Emotion, attachment, trauma and neurobiology*. New York and London: W.W. Norton.

CHAPTER 05

사진 창작 기법: 작품 창작을 통한 이해와 치유

– 마이크 시먼스(Mike Simmons)

서론

상황과 감정을 해석하는 이미지의 힘은 예술의 기본 전제이다.

(Bradley et al., 2001: 7)

1969년, 나는 세상 다른 모든 이들과 함께 닐 암스트롱Neil Armstrong이 달에 첫 발을 내딛는 장면을 TV 화면을 통해 경이롭게 지켜보았다. 이 '작은 한 걸음'은 인간 도전의 정점이자 첨단기술의 최고봉이었다. 달나라 개척자들을 포착한 사진들은 사진 역사 중 가장 기념비적 이미지가 되었고, 기존 카메라와 필름으로 (개조는 했을지라도) 그 사진들을 찍었다는 사실은 왠지 모르게 흐뭇했다.

암스트롱이 달 표면에 상륙하는 TV 생중계 화면은 마치 유령처럼 희미했다. 어둡고 흐릿하게만 보였던 화면이, 생각해 보면 매혹적이고 상징적이었던 이유는 무엇이었을까? 아마 140년 전 처음 등장했던 어떠한 이미지와 유사한 위엄이 서려 있었던 것 같다(Niépce, ca. 1827).

카메라 옵스큐라camera obscura의 신기루 같은 이미지를 영구 저장하고 고정시킬 수 있는 화학적 처리 과정이 19세기에 개발되면서, 인류는 현실 세계의 복사본을 처음으로 손에 쥐게 되었다. 사진은 우리를 둘러싼 사물을 측정하는 지표가 되었고, 이 새로운 표현 기제는 가히 혁명적이었다.

호기심 많은 11세 소년이었던 1969년 무렵, 나는 사진을 찍기 시작했다. 당시엔 물려받은 역사적 유물과 곧 세상을 휩쓸 변화에 전혀 무지한 상태였다. 사진 역사 전반에 걸쳐 변화는 고유한 특성이었다. 기술은 지속적으로 발전했고, 더 중요하게는 사진의 기능도 변화했다.

기록 증거라는 사진의 본질은 여전히 주요 특성이지만, 디지털 기술의 발전으로 사진을 경험하고 읽는 방식이 바뀌면서 사진의 가치 중심도 바뀌게 되었다.

1991년 캘리포니아 비벌리힐스에서 열린 디지털 월드 콘퍼런스에서 멕시코 출신 사진작가 페드로 메이어Pedro Meyer는 컴퓨터를 사용한 획기적인 멀티미디어 사진 다큐멘터리인 〈기억하기 위해 나는 찍는다I Photograph to Remember〉(Meyer, 1991)의 첫 시사회를 가졌다. 음성 및 음악 트랙과 함께 흑백 스틸 사진 슬라이드로 꾸며진 이 작품은 작가 가족의 내밀한 이야기를 담았고, 부모님의 죽음에 대한 감동적인 이야기와 함께 '사랑과 애도의 의식'의 시간을 통해 관객 각자에게도 개별적 시간을 마련해 주었다(Berman, 2001: 52).

당시 이 작품은, 빈틈없는 정확성을 연상시키는 기계 기술이 정서적 인간 경험을 위한 플랫폼이 될 수 있음을 보여 주었다(Stein, 2006).

그로부터 20년이 흘러 컴퓨터는 비즈니스 영역뿐 아니라 한 사람의 개인적 · 사회적 영역 모두에서 일종의 현상이 되었다. 사진 및 렌즈 기기 분야에서는 이제 특수 장비, 지식, 기술의 제약이 없어져 훨씬 다양한 재료를 쉽게 가져다 쓸 수 있다. 이러한 발전으로 더 많은 사람이 관심을 갖게 되었고, 창작과 자기표현의 기회가 증가했다.

나는 개인의 사별과 슬픔 경험에 대한 지식과 이해를 넓혀 건강과 웰빙을 증진시키는 데 디지털 기술을 활용하기 위해 지난 10년간 사진 연습과 연구를 해 왔다. 나의 경험, 그리고 자신들의 개인적 이야기를 함께 나누었던 사람들을 통해 나는 누군가의 죽음으로 인한 충격이 살아남은 이의 삶에 미치는 영향을 검토했다.

개인적인 이야기는 경험을 수용하고, 의미를 창조하고 타인과 소통하는 장이 된다(Ellis & Bochner, 1992; Skultan, 1998; Walter, 1999). 메이어는 다음과 같이 썼다.

> 요즈음 나는 여섯 살 난 우리 아이 덕분에 축복의 나날을 보내고 있다. 부모님은 아이가 태어나기 전에 돌아가셨기 때문에 미처 못 만나고 가셨지만, 아이는 언젠가 이 작품을 가족 앨범으로 여기리란 생각을 많이 한다.
>
> (Meyer, 2001: 3)

프랑스의 예술가 크리스티앙 볼탄스키Christian Boltanski는 예술가로서의 자신의 직분을 이야기꾼에 비유한 적이 있다. 역사적 인물의 거창한 이야기가 아닌, 그가 '자잘한 기억'이라고 부르는, 개인 내면에 축적되어 한 인간을 이루는 지식을 읊어 주기 때문이다(Boltanski: Moure, 1996: 108 인용).

각자 다른 개인의 이야기들은 시각적으로 제시될 경우 한 개인의 범주를 넘어서는 가치를 지니게 된다. 이미지 창조 과정에서 축적된 주관적 경험은 상호주관적 경험으로 확장된다. 타인과 작업하게 되면서 상호주관적 경험은 더 크고 사회적인 중요한 맥락 속에서 '논의의 초점'이 된다(Case & Dalley, 1992: 1).

사진 원작을 창작하는 사진 창작 기법은 개인의 경험을 재구성 및 재검토하는 기회가 되며, 그 과정에서 발생한 정서적 거리로 인해 창작자는 자신의 경험과 새로운 방식으로 연결된다. 정서적 거리는 더욱 균형적이고 정확한 시각으로 경험을 이해하고, 그에 함축된 의미를 음미하도록 돕는 도구이다. 사진 창작 기법은 건강 관련 영역에서 "치유적 변화"(Dalley, 1984: xii)를 돕는 웰빙 증진에 필요한 기법으로 응용되었다. 이어 이 창조적 과정의 원리를 통찰한 몇몇 내용을 소개한다.

사진, 기억, 의미

경험에 연결되고 그 경험을 탐색하는 방법으로 나는 사진을 택했다. 이는 어릴 적 아버지를 여읜 충격이 그 후 꾸준히 내 삶을 어떻게 빚어 왔는지 이해해야 할 필요성에서 비롯됐다. 성인으로서 나는 내 머리 속의 것들을 '눈으로 보고' '형체도 없이 재빨리 사라지는 기억'을 붙잡기 위해 나의 기억에 유물론적 실제성을 부여해 보고 싶었다(Meyer, 2001: 3).

1975년 1월 14일.

나는 교칙에 어긋나는 바지를 입고 갔다가 다시 집으로 되돌려보내졌다.

조회시간에 교감 선생님은 나를 뚫어질 듯 노려보았다. 난 아침 10시쯤 집에 도착했다. 솔직히, 반항아가 된 듯한 기분에 살짝 들뜨기도 했다. 새로 전학 간 학교였는데 6학년은 교복을 입지 않는다고 했다. 하지만 교칙이 또 바뀌었다고 해서 너무 억울했다.

집에 도착하고 얼마 안 돼 경찰이 문 앞에 서 있었다.

작년 10월 아버지는 허리 때문에 병원에 입원하셨다. 탄광 광부들은 디스크 탈출로 고생했고, 뼈를 견인하는 데 몇 주씩 걸리기도 했다. 깁스를 하고 크리스마스에 퇴원한 아버지는 휴가가 끝나자 또다시 입원했다.

엄마와 나는 버스를 기다리고 있었다.

우리는 안내받은 담당 간호사실에서 잠시 대기했다. 출입문에 난 철망이 덮인 작은 젖빛 유리창광택을 없앤 유리창–역자 주을 통해 간호사의 하얀 가운이 이상하게 비틀어져 보인 것이 기억난다.

병원에서 마지막 임종을 보겠냐고 물어보았다. 하지만 나는 가지 않았다.

그날 나의 일기는 다음과 같이 시작한다. "오늘 아침 10시쯤 아버지가 돌아가셨다." 허리 때문에 돌아가신 것이 아니고, 폐암이 척추로 전이되었기 때문이라고 했다. 평온하게 가셨다고 간호사가 말했다.

중세에는 심장을 기억의 상징으로 여겼고(Carruthers, 1990), 우리가 물리적 세계와 맺는 관계에 따라 기억의 형태가 달라진다고 했다(Radley, 1990). "죽음으로 인해 집안의 개인적인 물건들이 다르게 느껴지면서" 죽은 뒤 사람들이 남긴 "어떤 것들"은 "의식의 수면 위로 부상한다"(Gibson, 2008: 1).

여기 액자에 담긴 마을 시계탑 사진이 있다. 겨울이라 땅은 눈으로 덮여 있다. 또 솜이불 위 낡은 포켓시계 사진이 있다. 시계는 그보다 살짝 큰 둥근 양철통 안에 들어 있다. 시계판은 누렇게 바랬고, 유리뚜껑은 헐거워졌다. 두 여성이 나란히 걷고 있는 흑백 가족 사진도 있다. 군인같이 똑같이 맞춘 보폭에서 둘의 관계가 친밀하다는 것을 알 수 있다. 맑은 날 그들의 그림자를 따라가면 맨 아래 흰 여백에 '브라이들링튼 1965'라는 글귀가 있다. 또 여기엔 붉은색 가죽 표지로 된 책의 섬세한 사진이 있다. 엉겅퀴 무늬와 1768이란 날짜가 금박으로 곱게 새겨져 있다.

이 기억의 흔적들은 더 큰 예술작품의 일부가 된다. 그 예술작품은 특별 제작한 이미지, 개인 소유 사진, 적절히 편집한 가족 사진, 실제의 사물이 복합

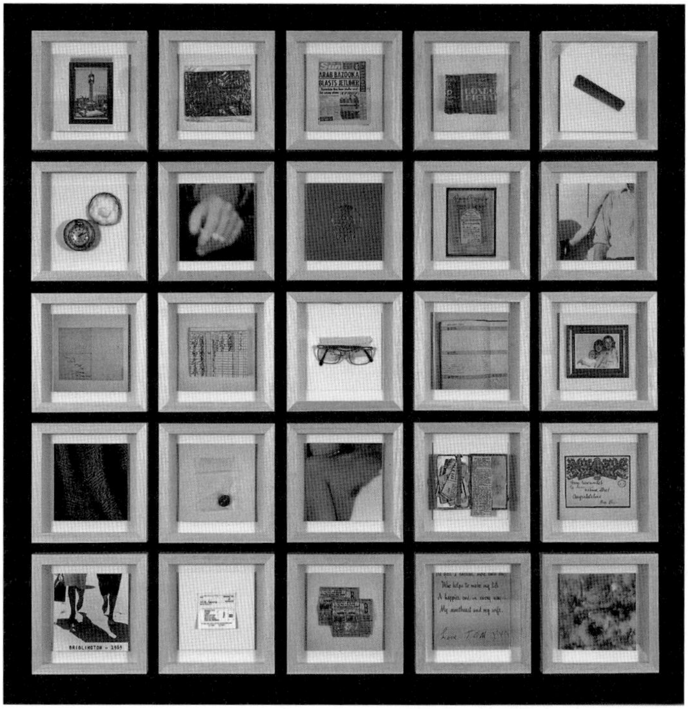

[사진 5-1] 사진, 기억, 의미 (Mike Simmons)

된 것이다(Simmons, 2000). 그것들을 액자에 담으면 사적인 것이 공적인 것이 되었다([사진 5-1] 참조).

나는 마을 시계가 있던 곳을 알고 그 지리적 중요성도 안다. 주머니 시계가 누구 것이었는지 왜 그렇게 보관되어 있는지 안다. 나는 이 두 여성이 누구인지 알고 가죽 책과 이들의 관계도 안다. 그러나 이 정보들을 명백히 드러내 줄 그 어떤 단서도 사진엔 없다. 있을 이유도 없다.

본래의 맥락과 분리된 사진은 크기, 장소, 소유자와 상관없이 이질적인 요소들을 한데 묶어 주게 된다. 사진들을 병치하여 새로운 연합을 만든다. 사진들은 내면의 정서 상태를 서로 이어 주는 메타포가 되고, 물질 세계 속 형태를 부여한다. 기호와 상징들은 개인의 단적인 해석이란 경직성에서 벗어나 다양한 해석을 유발하고 활성화시키면서 타인도 창조적 과정에 참여할 기회를 만든다. 단지 사진을 '보는' 것이 아닌, 사진을 '들여다볼' 때 우리는 확인하고, 관계하고, 감동받을 수 있다. 이성적 "관람자"(Viola, 2003: 2)가 아닌, 감성적 '참여자'로서 한 장의 사진을 경험하는 것이다. 전시회 후기의 한 의견(Simmons & Hind, 2001)에서 이를 다음과 같이 설명하고 있다.

> 사진, 너는 우리에게 스쳐 가는 것의 중요함을 보여 주었고, 우리의 현상 유지 상태를 깨는 충격을 주었다. 너는 우리로 하여금 우리의 유한성과 창조성을 생각해 보게 하였다.
>
> (Hart, 2001: 9)

아무도 집에 없다: 죽음, 관계, 사회적 맥락

> 이해란 경험에 내재된 것이 아니라, 현재도 진행되는 연속적인 경험을 경험해야 비로소 얻어진다.
>
> (Ellis & Bochner, 1992: 98)

사진 원작의 창작은 전향적인 과정으로, 자기성찰과 자기평가, 타인과 함께한 창조 결과물에 대한, 창조 과정을 알리기 위한 논의가 포함된다. 사별로 인한 부정적 정서 경험은 슬픔과 분노가 중심이 되는데, 서로 겹치고 공명하는 역사, 기억, 자서전적 이야기 속에서 이 감정들은 재배치되며, 과거 경험은 현재에서 재음미되고 재해석되며 뚜렷이 표현된다.

이러한 활동에 참여하는 일은 생존자와 죽음의 경험 간 관계를 이해하거나 정의할 때 낙관성이나 충만감과 같은 긍정적 정서 유발에 중요한 역할을 수행한다. 프레드릭슨Fredrickson은 다음과 같이 관찰했다.

> 현상적 · 긍정적 감정은 어떤 특정 사건의 부정적 여파를 완화시키면서 사람들로 하여금 좀 더 넓은 맥락에서 자신의 삶 속에 그 사건들을 들여놓도록 돕는다.
>
> (Fredrickson, 2004: 1371)

우리 삶에서 중요한 사람의 죽음으로 인한 변화들은 그 사람의 영구한 부재뿐 아니라 관련된 사회적 역할까지 이어진다(Silverman, 2000). 버먼Berman은 다음과 같이 적고 있다.

> 엄마의 죽음으로 우리도 함께 죽어 갔다. 엄마와 딸들. 우리라고 부를 만한 것들은 모두 변했다. 엄마가 이를 두고 떠났기에, 엄마가 우리를 두고 떠났기에, 엄마가 우리와 함께한 것들을 두고 떠났기에.
>
> (Berman, 2001: 52)

〈아무도 집에 없다No One Home〉(Simmons, 2005)는 죽음의 사회적 맥락을 다룬다. 이 작품은 미끄러지기 쉬운 기억의 경계선을 살펴보고 사별과 슬픔으로 뒤흔들린 정서와 신체 상태를 회복시키는 데 있어 사물의 중요한 역할을 알아본다. 엄마의 죽음 후 집의 풍광을 배경으로, '집'이라는 좀 더 포괄적인 개념과 관련된, 서로 연관되면서 서로 대안이 되는 관점을 다룬다. 하나는 사람들, 물건들, 공간과 맺는 관계와 관련 습관에서 오는 익숙함과 친밀함을 표현한 외적인 관점이다. 다른 하나는 앞서의 외부적 힘을 통해 인식되는, 안정감, 편안함, 소속감 속에서 내면적으로 표현되는 정서적 관점이다.

'내 마음은 항상 그곳에'란 표현처럼, 집은 개인적으로 중요한 관계를 상징한다. '집'에 대한 생각이 어떠하든, 집은 실제와 상상의 다양한 요소가 융합된, 안정감의 상징으로 남아 있다. 가까운 가족 구성원의 죽음으로 이는 저해되기도 하며, 남은 사람들은 낯설고 어려운 상황을 맞는다.

집에 있는 당신의 침대에서 이른 아침 새벽녘 엄마는 수면 중 고요히 돌아가셨고, 기억의 문지방을 소리 없이 넘으셨다. 정확히 같은 순간 소리 없이, 집 또한 추억이 되면서 반세기 가까이 지속되었던 가정생활은 마감되었다. 엄마의 시신에 이어 집도 차례로 처리해야 했고, 공식적인 처분과 매매가 시작되었다.

잡을 수 없는 것을 붙잡기 위해 나는 집을 사진으로 남기기 시작했다. 장례식 후 두 달 동안 나는 매주 집에 들러 사소한 것들까지 기록하기 위해, 이 장소와 물리적 관계를 유지하기 위해, 집이 의미했던 불변성을 보존하기 위해, 이곳에서 창조된 역사를 보존하기 위해 애썼다. 사진 과정은 죽어 버린 집의 변화와 부패를 막기 위한 상징적 향유를 바르는 작업이 되어 갔다. 사진들은 일상적 느낌을 주었지만, 집 안의 현실은 감정적으로 매우 다르게 느껴졌고, 눈으로 보는 장면과 가슴에 느껴지는 것 사이의 괴리는 이 작업의 핵심이 되었다.

디지털 사진 몽타주 4개로 구성된 〈아무도 집에 없다〉는 변화를 위한 메타포이다. 집의 정갈하고 단정한 물리적 풍경을 담은 이 작품은 일반적 사별의 경험을 재창조한 작업으로, 거울의 반사상, 문에 난 빈틈, 벽에 걸린 그림자 등에서 고인의 흔적을 기대하고 고대하는, "오랜 시간이 지나도 여전히 그들이 걸어 들어오리라 생각하는" 마음을 그린다(Skevington, 2003: 3).

이 철저한 정밀검토 행위는 결국 '아무도 집에 없다'는 깨달음으로 점차 이어지도록 의도된 것이었다. 관람하는 자는 갑자기 낯설어진 개인적 공간을 지켜보며 침범당한 느낌을 받게 된다. 집 안의 내용물들이 해체되는 과정에서 고인이 남긴 물건이 주는 고인의 내밀한 삶의 측면이 드러나면서 일어나는 불안감은 남겨진 자들이 흔히 공통적으로 겪는 경험이다(Hallam & Hockey, 2001).

기억의 전통적이고 보편적인 상징인 가족 앨범의 초상사진들은 마냥 좋았던 시절을 생생히 되살린다. 디지털로 반투명해진 초상사진들은 집 안의 풍경 이미지 위를 부유한다. 익숙한 얼굴의 낯설어진 시선은 긴장감과 불편함을 준다. 물건의 세부적 사항을 담은 사진들로 자전적 정보는 한층 두터워지며 과거는 현재로 연결된다.

상실로 인한 고통 이후 정서적 균형의 회복은 정신적 · 육체적 건강과 웰빙에 있어 매우 중요하다. 상실을 겪은 자가 어느 정도 일상을 되찾으려면 "삶의 정서적 궤적에서 죽은 자를 위치시킬 적절한 지점"을 찾기 위해 앞으로 나아가야 한다(Worden, 1991:16).

사진 창작 기법은 이러한 변화를 위한 촉매제가 되어 상실을 겪은 자가 상실의 새로운 의미를 창조하도록 돕는다. 상실 경험을 긍정적으로 평가함으로써 살아남은 사람들은 "상처받은" 사람들이 아닌, "회복하는" 사람들이 된다는 연구가 있다(Riches, 2002: 8).

희망과 절망 사이

> 삶의 흔적을 냉동한 사진은 살아온 삶과 떠나가는 죽음 모두를 기리기에 적절한 물건일 것이다.
>
> (Liss, 1998:6)

사진은 처음부터 죽음과 불편한 관계에 있었다(Hobson, 1995). 19세기 유럽과 미국의 장례식에서는 사후 모습을 담은 초상사진을 찍는 풍습이 있었고(Burns, 1990; Ruby, 1995) 이는 슬픔의 초점을 잡아 주었다. 링크먼Linkman은 이를 다음과 같이 적고 있다.

> 죽은 자의 평안을 담은 초상사진은 고통스럽거나 비극적인 죽음이 남긴 비통한 감정을 덜어 준다. '좋게' 죽은 이의 초상사진은 본받아야 할 사례로 여겨진다.
>
> (Linkman, 2005: 49)

기억을 만들 인생이 거의 없거나 전무한 유아 사망일 경우 죽은 자의 이미지가 갖는 가치는 최고가 된다. 영국의 한 산부인과 병동에서는 출생 직후 한 달도 안 돼 세상을 떠나야 했던 아기들의 폴라로이드 사진을 수년 동안 제공하고 있으며(Bourne & Lewis, 1991) 더 종합적인 서비스를 제공하는 병원도 있다(Meredith, 2000; Hochberg, 2011). 이런 사진들은 "애도 과정을 돕는 사진 이미지의 중요성"을 잘 보여 주고 있다(Meredith, 2000: 161).

영국에서는 임산부의 약 25%가 24주가 되기 전 유산을 한다(Miscarriage Association, 2006). 1992년 영국 사산아 정의 조례에서는 모체에서 독립하여 자궁 밖에서 생존 가능한 태아의 발달적 연령을 24주로 지정했다. 24주 이전 사망은 "가족의 죽음으로 여겨지지 않을 때가 있으며"(Lovell, 1997: 29), 이는 산부인과적 관리, 법적 고려(사망증명서가 필요치 않다), 사회적 인식에 직접적으로 영향을 준다.

대부분의 남녀는 수정의 순간부터 생명체라고 생각하고 그에 맞춰 모든 계획, 기대, 행동을 한다. 임신 중 어느 시기에 유산하든, '세상에 흔적을 남겼고, 또한 알고 있던 사람들의 기억 속 한편을 차지했던 생명'의 상실이란 동일한 의미를 지니게 된다(Lovell, 1997: 35).

〈희망과 절망 사이Between Hope and Despair〉(Simmons, 2006)에서는 뱃속 아기의 이른 죽음을 내 가족 경험의 관점에서 탐색하고 그와 같은 상황에서 각자에게 고유한 개인의 경험을 강조하려고 했다. 연구에 따르면 남자, 여자, 아이가 애도하는 방식은 서로 다르다고 한다. 여성은 남성보다 더 깊이 슬픔에 잠기어 내성적이 되는 반면, 남성들은 얼마 되지 않아 사회 참여 행동을 적극적으로 한다(Strobe & Schut, 1995; Thompson, 1997). 아이들은 연령에 따라, 죽은 자와의 생전 관계에 따라 슬픔에 대한 반응이 다르다(Job & Frances, 2004).

산부인과 병동에서 그날을 찍은 사진들이 이야기의 기본 뼈대가 되었다. 이 사진들은 사건의 증거이면서도 사진의 핵심 특성인 기록의 자료로도 활용되었다. 메이어는 다음과 같이 고찰했다.

> 당시의 감정이 나로 하여금 어느 한 순간 자세히 떠올리는 것을 용납하지 않았음을 충분히 알고 있다. 사진 덕분에 진정 나는 많은 순간 한 장 한 장씩 포착된 나의 경험으로 돌아갈 수 있었다.
>
> (Meyer, 2001: 3)

〈희망과 절망 사이〉(Simmons, 2006)에서는 아내 겸 어머니, 남편 겸 아버지, 아들 겸 형제와 같은 상호 연계적인 가족 역할을 살펴보고, 이 친밀한 관계들을 더 포괄적인 사회적 맥락에 비추어 본다. 또한 삶의 일반적 기대와 궁극적 경험에서 벗어난 조기 사산이란 현실적 문제를 관리, 법제화하는 전문가 사회를 되짚어 본다. 이 복잡한 관계는 경계선의 개념하에 다뤄진다. 각자는 계속 이어지는 이야기의 일부가 되면서도 상대 입장의 완전한 이해는 불가능한 관계이기도 한 것이다.

〈희망과 절망 사이〉는 두폭화두 개의 나무판에 경첩을 달아 마치 책처럼 그린 그림–역자 주 6점으로 구성되어 사후死後 사진을 비롯한 병원 사진 및 별도 연출 사진과 창작시로 되어 있다. 시는 시각적 구성을 한층 확장시키며 심장 고동 소리를 상징하는 운율은 작품에 일정한 리듬을 부여한다. 이들 요소가 아우러져 육체와 감정 사이, 개인적 사별 경험과 공적 사별 경험 간 갈등과 모순을 드러낸다.

시는 다음과 같다.

희망과 절망 사이,
상처와 회복 사이,
편견과 공정 사이,

미녀와 야수 사이,
죄인과 목사 사이,
기근과 풍년 사이,

관심과 무관심 사이,
수용과 거부 사이,
상처와 보호 사이,

사랑과 욕정 사이,
육체와 먼지 사이,
의심과 신뢰 사이,

진실과 거짓 사이,
평화와 도전 사이,
삶과 죽음 사이,

아버지와 어머니 사이,
자매와 형제 사이,

나와 남 사이.

그 일이 생긴 지 6년 만에 제작된 이 사진 창작품을 통해 우리는 한 가족의 입장에서 상실과 슬픔의 경험, 한때 프로이트가 '마음속 깊은 곳, 치유되지 못할 정도로 깊숙한 자기애적 상처'라고 적었던, 결코 완전히 해결되지는 못할 경험을 되돌아볼 수 있었다(Freud: Jones, 1957: 20 인용). 창작 작업을 통해 하나의 가족으로서 우리는 죽은 아이를 삶이라는 더 넓은 관점에 통합할 수 있었고, 새 가족 앨범을 만드는 과정에서 서로의 감정을 되짚어 보며 카타르시스를 얻었다.

삶에서 온 사진들

> 오늘날 서양에서는 최소 1명 이상이 죽은 자를 기억하고 슬퍼하지만 막상 고인의 기억을 서로 나눌 시간은 거의 없다.
>
> (Vitebsky, 1993: 259)

아동과 청소년은 상실과 슬픔을 겪으면서 고립되기도 하는데, 넓은 관점에서 이는 사회적 고립으로 이어질 수 있다. 아동의 슬픔은 자주 오해되거나 무시되며, 이는 다시 아이의 대인관계 능력과 자존감에 상당한 영향을 미친다(Job & Frances, 2004). 가족들은 죽음을 둘러싼 감정들을 나누는 일을 어려워하기도 한다.

'삶에서 온 사진들Pictures from Life'은 가족의 사별을 겪은 아동과 청소년(주로 8~16세) 및 이들의 가족을 위해 특별히 제작한 사진 워크숍 프로그램이다. 이 프로그램은 관련 기관의 협력하에 예술 및 임상 분야에서 자격을 갖춘 숙련된 전문가 팀으로 구성되며, 링컨셔 지역 아동복지기금 서비스 분과인 '사별 아동 프로젝트'와 함께 개발되었다. 영국 예술위원회의 재정적 지원을 받아 5세 아동 소집단(10명)을 대상으로 링컨셔 외곽의 한 학교에서 진행한 시범 프로그램에서는 가장 넓은 의미에서의 사별과 슬픔에 초점을 맞추었다.

프로그램의 실제적 적용과 관련하여 다음의 요소가 평가되었다.

- 학제 간 협력 방식으로 구성된 프로젝트 팀의 응집성과 효율
- 참가자들의 기술과 정보 향상, 프로젝트 주제에 대한 인식 증진
- 다양한 배경, 성별, 경험을 지닌 참가자들 간 연대감, 협동, 사회적 의사소통의 집단 역동
- 전달성, 창작 작품, 경험의 질적 수준
- 재현성

시범 프로그램은 모든 평가 영역에서 확실히 성공적이었고, 이 분야에서 학제 간 협력 체제가 효율적이고 가치 있는 모델임을 증명했다.

영국 외의 국가에서 이미 운영 중인 상담중심 지원 프로그램들은 사진 창작이나 학제 간 협력 요소에 대한 고려가 적은 편이다. '삶에서 온 사진들'은 이런 종류의 프로그램으로서는 링컨셔 최초였고, 다음과 같은 값진 결실들을 다수 맺었다.

- 현존하는 상담과 지원 집단에 있어 대안적 프로그램이 될 가능성
- 아동에게는 일생 동안 간직할 수 있는 의미 있는 고차원적 사진 예술작품을 창작하는 색다른 기회가 되며, 창작한 예술작품은 가족들이 고인과 맺는 지속적인 끈이 됨
- 가족 내 관계 탐색, 의사소통 기술, 감정 표현과 이해 증진 및 향상을 위한 안전한 치료적 기법

'삶에서 온 사진들'의 첫 워크숍은 일주일 동안 진행되었고, 이후 사별아동 프로젝트 코디네이터로 연계되었다. 참가자들은 의사소통/행동의 변화를 동반한 어려움을 겪고 있었다. 4개 가족이 8~12세의 아동 6명과 함께 참여하였다.

워크숍에서 긍정적이고 창의적인 자기표현을 격려하자, 아동과 청소년들은 애도의 과정을 건강하게 경험하면서 사별의 경험을 인정하고 이를 일상에 수용하게 되었다. 사진작품 창작을 통해 '삶에서 온 사진들'([사진 5-2] 참조)은 새롭고 창의적인 방식으로 애도를 표현하는 방법을 알게 되었고, 가족들이 서로 대화하고 이해하는 장이 마련되었다. 부모나 양육자는 아이들의 슬픔이 자신들의 경험과는 상당히 다르다는 것을 알게 되었다고 재차 보고했다. 각자의 이야기를 만들고 이를 다른 이와 공유하는 작업에서 사람들은 자신의 생각을 축복하고, 기억에 의미를 부여하고, "완결된 삶이 주는 중요한 의미"를 인식하면서 고인과 새로운 지속적 관계를 형성하게 된다(Riches & Dawson, 1998: 133). 아동과 청소년은 창작의 과정을 통해 감정과 표현 간의 불일치가 줄고 자기가치감이 증진되는데, 이 효과는 그들의 삶에 걸쳐 꾸

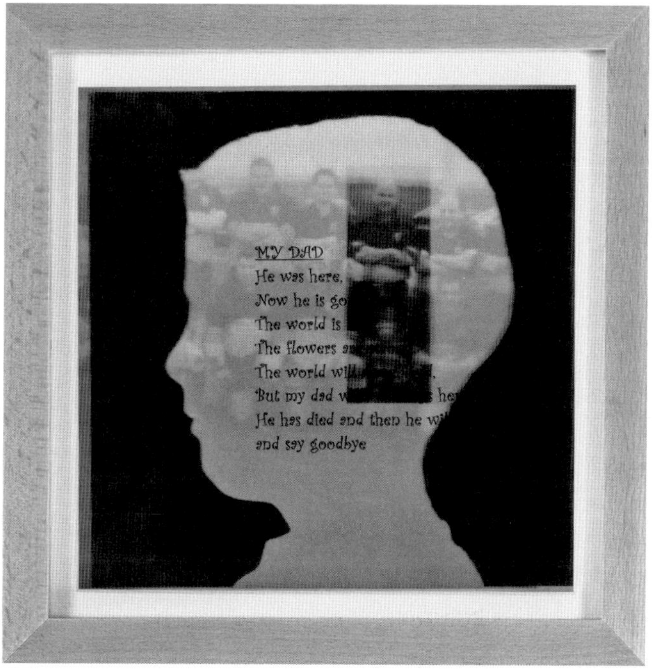

[사진 5-2] '삶에서 온 사진들' 워크숍 작품 (Mike Simmons)

준히 지속되기도 한다(Aspinwall, 2001; Fredrickson & Joiner, 2002, Fredrickson, 2004). 후속 워크숍이 진행되었고, '삶에서 온 사진들'은 하나의 '신호탄'적 프로그램으로 알려지게 되었다(Willis, 2005). 상대적으로 적은 인원이긴 했지만, 참여자 중 추가 지원이나 사후 작업을 요청한 사람이 하나도 없었다는 점은 고무적이다. 아동과 가족의 피드백을 통해 사진 창작 기법은 사별 이후 심리적 건강 증진에 중대한 기여를 할 수 있다는 점이 입증되었다.

결론

죽음은 남겨진 사람들의 삶을 뒤흔들어 놓는다. 남겨진 자들은 개인사에서 비롯되는 감정을 소중히 여기고 수용함으로써 새로운 시작을 꾀해야 하는 입장이 된다. "애도의 목적과 과정"에서는 정서적 균형의 회복과 개인적 · 사회적 역할의 재정의가 핵심이 된다(Walter, 1996: 8).

이 장에서는 인간 경험을 탐색하고 이해하는 데 있어 핵심적 전략으로 사진 창작 기법의 실제적 적용에 관련된 내용을 소개하였다. 사진 작업을 통해 기억과 감정을 연결하고 물리적 세계에서 창작자가 부여한 의미를 담은 사진작품을 창조하는 과정을 살펴보았다. 개인적이고 건강에 관련한 맥락에서 사진 창작 기법을 활용한 사례를 살펴보았고, 창작 행위가 감정의 긍정적 변화를 배양하고 개인의 웰빙 증진에 촉진제가 되는 과정을 보여 주었다.

창조성은 모두에게 내재되어 있고, 우리는 이를 꺼내어 발휘할 수 있다. 우리는 창조적 존재로 살아갈 수 있다. 사진 창작 기법을 통해 우리 각자에게 중요한 것들을 한데 묶어 생각과 감정을 창의적으로 해석하고 표현할 수 있고, 우리의 경험과 새로운 관계를 맺을 수 있다.

참고문헌

Aspinwall, L. G. (2001). Dealing with adversity: Self-regulation, coping, adaptation and health. In A. Tessar & N. Schwartz (Eds.), *The Blackwell Handbook of*

Social Psychology, vol. 1 (Intra-individual processes) (pp. 591-614). Malden, MA: Blackwell.

Berman, K. (2001). Elements of the month of our dying. In *n. paradoxa* vol. 7. London: K.T. Press.

Bourne, S., & Lewis, E. (1991). Perinatal bereavement: A milestone and some new dangers. *British Medical Journal, 302*, 1167-1168.

Bradley, F., Brown, K., & Nairne, A. (2001). *Trauma*. An exhibition organised by the Hayward Gallery, London for the Arts Council England in collaboration with Dundee Contemporary Arts [exhibition catalogue]. Hayward Gallery, London, Arts Council England, Dundee Contemporary Arts.

Burns, S. B. (1990). *Sleeping Beauty: Memorial photography in America*. Los Angeles, CA: Twelvetrees Press.

Carruthers, M. J. (1990). *The Book of Memory: A study in memory in medieval culture*. Cambridge: Cambridge University Press.

Case, C., & Dalley, T. (1992). *The Handbook of Art Therapy*. East Sussex and Philadelphia, PA: Brunner-Routledge.

Dalley, T. (Ed.) (1984). *Art as Therapy*. London: Routledge.

Ellis, C., & Bochner, A. P. (1992). Telling and performing personal stories. In C. Ellis & G. M. Flaherty (Eds.), *Investigating Subjectivity: Research on lived experience* (pp. 79-101). London: Sage.

Fredrickson, B. L. (2004). The broaden-and-build-theory of positive emotions. In *Philosophical Transactions of the Royal Society of London*. Series B, Biological Sciences (pp. 1367-1378). London: The Royal Society.

Fredrickson, B. L., & Joiner, S. (2002). Positive emotions trigger upward spirals towards wellbeing. *Psychological Science, 13*, 172-175.

Gibson, M. (2008). *Objects of the Dead: Mourning and memory in everyday life*. Carlton, Victoria: Melbourne University Press

Hallam, E., & Hockey, J. (2001). Death, *Memory & Material Culture*. Oxford: Berg.

Hart, D.A. (2001). *Our Fathers' Childhood Loss and Memory* [exhibition comments book] (personal communication, 23 May 2001).

Hobson, G. (1995). A horrible exhibition. In *The Dead* [exhibition catalogue] Bradford National Museum of Photography, Film and Television.

Hochberg, T. (2011). Moments held-photographing perinatal loss. In *The Lancet.com, 377*(9774), 1310-1311. Available from: www.thelancet.com/journals/lancet/issue/vol377no9774/PIIS01406736%2811%29X6016--6 (accessed 16 April 2011).

Job, N., & Francis, G. (2004). *Childhood Bereavement: Developing the curriculum and pastoral support*. London: National Children's Bureau.

Jones, E. (1957). *The Life and Works of Sigmund Freud*. Vol. 3. New York: Basic Books.

Linkman, A. (2005). Taken from life: Post-mortem portraiture in Britain 1860-1910. *Mortality, 10*, Supplement, 49.

Liss, A. (1998). *Trespassing Through Shadows: Memory, photography, and the Holocaust*. Minneapolis, MN: University of Minnesota Press.

Lovell, A. (1997). Death at the beginning of life. In D. Field, J. Hockey & N. Small (Eds.), *Death, Gender and Ethnicity*. London: Routledge.

Meredith, R. (2000). The photography of neonatal bereavement at Wythenshawe Hospital. *The Journal of Audiovisual Media in Medicine, 23*(4), 161-164.

Meyer, P. (1991). *I Photograph to Remember*. CD-ROM, Los Angeles, Voyager Co. Available at: www.zonezero.com/exposiciones/fotografos/fotografio/

(accessed 28 February 2011).

Meyer, P. (2001). . . . *some background thoughts*. Available at http://zonezero.com/exposiciones/fotografos/fotografio/work.html (accessed 28 February 2011).

Moure, G. (1996). *Christian Boltanski: Advent and other times*. Barcelona: Edicoines Poligrafa S.A.

Niépce, J. N. (c.1827). *View from his Window at Le Gras*. [Heliograph] Gernsheim Collection, Harry Ransom Center, University of Texas, Austin.

Radley, A. (1990). Artifacts, memory and a sense of the past. In D. Middleton & D. Edwards (Eds.), *Collective Remembering*. London: Sage.

Riches, G. (2002). *Our Fathers: Childhood loss and memory* [exhibition catalogue]. Lincoln: Simmons & Hind.

Riches, G., & Dawson, P. (1998). Lost children, living memories: The role of photographs in processes of grief and adjustment among bereaved parents. *Death Studies, 22*, 121-140.

Ruby, J. (1995). *Secure the Shadow: Death and photography in America*. Cambridge, MA: The MIT Press.

Silverman, P. R. (2000). Research, clinical practice, and the human experience: Putting the pieces together. *Death Studies, 24*, 468-469.

Simmons, M. (2000). *Photography, Memory and Meaning* [photographic composite installation] (Collection of the artist).

Simmons, M. (2005). *No One Home* [digital photomontage] (Collection of the artist). Available from: www.dmu.ac.uk/research/aad/research-projects/photography-bereavement-grief/noh1.jsp (accessed 28 February 2011).

Simmons, M. (2006). *Between Hope and Despair* [digital photomontage] (Collection of the artist).

Simmons, M., & Hind, B. (2001). *Photography, Memory and Meaning, 2000* [photographic composite installation]. Our Fathers' Childhood loss and Memory exhibition. Derby, The Atrium Derby University hosted by Multi-Faith Centre, May.

Skevington, T. (2003). *Conversations*. Video interview by Mike Simmons [mini dvd tape]. Interviewed at participant's home 21 October 2003. Transcript with author.

Skultan, V. (1998). *The Testimony of Lives: Narrative and memory in post-Soviet Latvia*. London: Routledge.

Stein, B. (2006). *I Photograph to Remember moves to the iPod*. Available from: www.futureofthebook.org/blog/archives/2006/09/i_photograph_to_remember_moves.html (accessed 28 February 2011).

Strobe, M., & Schut, H. (1995). The dual process model of coping with loss. Paper presented at the International Work Group on Death, Dying and Bereavement, St Catherine's College, Oxford, 26-29 June.

The Miscarriage Association: Acknowledging pregnancy loss (2006). *Men and Miscarriage* [brochure], MM/02/06, The Miscarriage Association, Wakefield, West Yorkshire.

Thompson, N. (1997). Masculinity and loss. In D. Field, J. Hockey & N. Small (Eds.), *Death, Gender and Ethnicity*. London: Routledge.

Viola, B. (2003). De profundis. *Art Review, 1*(11), 2.

Vitebsky, P. (1993). *Dialogues with the Dead: The discussion of mortality among the Sora of Eastern India*. Cambridge: Cambridge University Press.

Walter, T. (1996). A new model of grief: Bereavement and biography. *Mortality,*

1(1), 7-25.

Walter, T. (1999). *On Bereavement: The culture of grief*. Buckingham: Open University Press.

Willis, S. (2005). *Picture from Life Seminar* [Chair's statement]. Lincoln Cathedral Centre, Lincoln, 7 March.

Worden, J. W. (1991). *Grief Counselling and Grief Therapy*. London: Routledge.

PART 2

다양한 실제에서의 사진 사용

CHAPTER
06

이미지에 살다: 사진, 치료 그리고 재연치료[1]

– 로지 마틴(Rosy Martin)

서론

우리는 시각적 이미지가 판치는 서유럽 문화에서 살고 있다. 사진 이미지는 우리 주위에 얼마든지 있다. 신문, 잡지, 광고판, 인터넷, 그리고 움직이는

1) 이 에세이는 다음에서 다루는 논점을 이끌어 내고 발전시킨다.

Martin, R. (1996). You (never) can tell: Phototherapy, memory and subjectivity. *Blackflash, 14*(3), 4-8.

Martin, R. (1997). Looking and reflecting: Returning the gaze, re-enacting memories and imagining the future through phototherapy. In Hogan, S. (Ed.), *Feminist approaches to art therapy*. London and New York: Routledge, 150-176.

Martin, R. (2001). The performative body: Phototherapy and re-enactment. *Afterimage, 29*(3), 17-20.

이미지를 포함한다면, 텔레비전, 영화, 비디오, 컴퓨터 게임까지 말이다. 디지털 매체의 발전은 대다수 사람이 휴대폰의 필수 부품으로서 카메라까지 항상 가지고 다니게 만드는 결과를 낳았다. 컴퓨터 내에서 미디어의 전통적인 경계는 무너졌고, 정보를 디지털화하는 설비와 합병되었으며, 원본과 샘플 모두의 이미지와 소리를 쉽게 결합한다. 개인은 자신들의 작업을 웹사이트에 게시할 수 있고, 전 세계의 인터넷 사용자들에게 알릴 수도 있다.

개인 홈페이지와 블로그뿐만 아니라 페이스북과 같은 소셜 네트워크 사이트, 유튜브와 같은 비디오 공유 사이트, 플리커와 같은 사진 공유 사이트에서는 이전에는 상상할 수 없었던, 가족, 친구, 청중과 이미지를 공유할 수 있는 기회를 제공한다. 디지털 기술은 이미지, 텍스트, 음성을 통해 쉽게 소통할 수 있는 방법을 제공한다. 이것이 오랫동안 기다려 온 이미지의 민주화인가?

문화 현상으로서, 그렇다면 이것이 인간의 더 근원적인 욕구에 대해 말하는가? 이것이 보여지고, 듣고, 가지려는 욕구, 청중을 몰고 다니고, 주목받길 원하는 욕구를 나타내는 것인가? 아니면 자기애적인 사회의 반영인가? 한 가지 측면에서 스펙터클을 원하는 구경거리 문화(Debord, 1967)는 기생적인 관음증을 조장할 수 있다(채널 4의 〈빅 브라더Big Brother〉라는 프로그램에서는 '투신' 자살하려는 젊은이 주변에 모여든 군중을 위한 무대를 마련한 것으로 알려졌다. BBC News, 2008. 10. 3.). 하지만 이러한 시각적 언어를 효과적으로 사용하는 치료적 접근도 있다.

사진과 치료법

치료적 관계 내에서 사진이 사용될 수 있는 수많은 방법이 있다. 1970년대에 미국과 캐나다의 치료사(특히 데이비드 크라우스David Krauss, 주디 와이저Judy Weiser, 조엘 워커Joel Walker)는 상담의 도구로서 사진을 사용하기 시작하였다(Krauss & Fryrear, 1983). 사진은 내담자가 투사하고 반영할 수 있는 다양한 의미를 지닌 매끄러운 표면을 제공하고, 수많은 잠재적인 이야기를 담고 있다. 어떤 사람이 특정한 시점에 특정한 이미지에 어떻게 반응하느냐 하는 것은 내담자의 무의식에 대한 단서를 제공할 수도 있다. 의사소통의 통로와 촉매로 사진을 사용하면서, 능숙하게 경청하고 개방형으로 질문할 줄 아는 치료자는 내담자로 하여금 자신의 마음을 분명히 표현하고, 의식을 가지며, 세상과 가치 체계를 보는 자신만의 방식을 성찰하도록 도울 수 있다.

찾아낸 이미지(Found image)

찾아낸 이미지는 치료에서 사진을 사용하는 데 유용한 원천이 될 수 있다. 찾아낸 이미지는 익명이며 탈맥락화되어 있다는 장점을 가지고 있다. 이 점이 훨씬 더 자유로운 해석을 가능하게 하는데, 개인사를 털어놓는 것에 대해 잠재적인 갈등을 겪거나 긴 침묵이 유발되지 않기 때문이다. 나는 워크숍에서 일부 다큐멘터리 이미지와 함께, 오래된 가족 앨범 사진을 내담자들이 골라서 사용하게 한다. 나는 이것을 펼쳐 놓고 내담자들에게 생각하지 말고 빨리 끌리는 사진 하나를 고르게 한다. 내담자들은 선택한 사진을 사용하여 이야기하기 시작하고, 이미지의 공간에 들어감으로써 사진 안에 있는 사람을 동일시하여 일인칭으로 말하고, 그로써 제공된 상상적인 공간에서 살 수 있게 한다. 나는 이러한 스토리텔링 안에서 의뢰인들이 자신의 역사나 가족사로부터 무의식적으로 어떤 끌림이 있다는 것을 관찰하였다.

찾아낸 이미지는 사진의 서술적인 잠재력을 보여 주고 어떻게 모든 사진이 일종의 소설인지를 입증하도록 사용될 수 있다. 선택된 순간으로서, 일상이란 연속에서 편집된 것으로서 혹은 카메라에서 고도로 구조화된 제시물로서, 시각적 영역에서 프레임화된 추출물로서 모든 사진은 구성적인 것이다.

대안적인 시각적 일기(Alternative visual diaries)

의뢰인이 촬영한 사진은 내담자가 깊이 묻어 둔 개인적인 걱정에 대한 생각과 감정을 통찰할 수 있게 만든다. 지역 사진사들은 평범한 일상생활을 간단히 문서화하기 위해 참가자들에게 카메라를 빌려 주는 관행을 오랫동안 이어 왔다(Dewdney & Lister, 1988). 이는 젊은이들의 정체성과 공동체 의식(www.photoVoice.org 참조)에 대해 함께 작업할 때와 소외된 집단과 작업할 때 특히 유익하다(Mandel & Lemus, 2008). 디지털카메라는 사진 촬영을 단순하게 만들었다. 참가자들에게 정확하고 간결하게 설명해 주는 것이 중요하고, 사람들이 너무 많이 촬영하는 경향이 있기 때문에, 그들이 감당할 수 있는 정도로 편집하도록 하는 것도 중요하다. 나는 '포토 98 프로젝트'의 일환으로 배틀리의 한 여자중학교에서 예술가 거주민들을 위한 디지털 정체성 강좌를 개발하였다(Shepherd, 1998). 포토샵 같은 이미지를 조작할 수 있는 소프트웨어를 사용하여, 가족 앨범 이미지, 자기지향적 초상화, 찾아낸 이미지를 대안적인 시각적 일기와 결합하여 자기탐구를 시행한다. 이러한 이미지들을 선택하고 층층이 쌓을 때 복잡하게 뒤섞인 '디지털 정체성'을 만들 수 있다. 전통적인 미술치료에서 만든 이미지를 사용할 때처럼 이 역시 치료 과정에 초점이 될 수 있다.

가족 앨범

가족 앨범에는 자서전적인 스토리텔링의 풍부한 원천이 있다. 가족들 간의 관계와 초기 경험이 어떻게 개인에게 계속해서 영향을 주는지 탐구하는 데 가족 앨범을 활용할 수 있다. 가족 앨범에는 다수의 사진작가와 사진 전문가가 해석한 대로, 사진의 작은 역사가 펼쳐지고 다양한 장르가 포함된다(Spence, 1986). 우리 각자는 우리가 물려받은 이미지만을 가지고 있다. 왜냐하면 가족 사진들은 우리가 성장함에 따라 변화하는 자기의 이미지와 연약한 기억의 뼈대를 제공하기 때문이다. 소중하게도 가족이 죽고 나면 그들의 사진은 회상의 수단이 된다. 그러나 전통적인 가족 앨범은 대다수 이상적인 관점에서 만들어진다(Spence & Holland, 1991). 앨범을 만드는 사람들은 편집을 통해 앨범 속 사진들을 통제한다. 주로 엄마의 경우, 그녀가 얼마나 가족들을 잘 보살폈는지에 관한 증거를 제공하고 싶은 무의식으로 인해 이 사진은 더 좋아하고 저 사진은 더 싫어하게 된다. 이곳에서 가족의 삶 내부에 존재하는 갈등과 권력투쟁은 억눌려져 있다. 홍보물 같은 전통적인 가족 앨범의 기능은 성공에 대한 확인, 축하, 축제일, 휴일, 내부 조화와 단란함을 확언하고, 통일된 앞면을 세상에 제공하며, 가족 구성원 사이를 중재하는 것이다. 가족 앨범은 공식적으로 만들어진 관례들을 사용하여 당연하게 여겨지며 도처에 존재한다. 심지어 광고 캠페인 안에서 철저하게 재구성되어 우리에게 팔린다. 디지털 조작을 사용하는 영상 회사는 '찢겨지고 분리된 기억에 대해 매끄럽고, 영구적이며, 안심할 수 있는 해결책' '마침내 모인 여러분의 모든 가족' '표면상의 완벽함'을 제공함으로써, 심지어 '여러분의 전남편, 전 부인 또는 전 애인의 흔적을 없애는' 기회와 '탁월한 생각'을 제거할 기회를 제공하여(Fleet Imaging, 1996) 가족 앨범의 신화를 '증가'시킨다.

사람들이 디지털카메라를 사용하여 더 많은 범위의 활동을 기록하고 더 많은 사진을 촬영하고 있음에도 불구하고, 삭제 버튼은 내담자의 '이상ideal'을 추구하기 위해 더욱 설득력 있는 즉각적인 편집 기능을 제공하고 있다. 내가 우려하고 있는 것은 이러한 편집 과정이 마치 오래된 앨범에서 발견한 사진의 무의식을 억압하는 것처럼, 이미지를 조작하여 일부 실수, 일탈, 변덕을 지울 것이라는 점이다.

재연치료

재연치료re-enactment phototherapy는 고故 조 스펜스Jo Spence와 협력하여(Martin & Spence, 1985; Spence, 1986) 1983년부터 내가 진전시켜 오고 있고, 계속해서 개발해 온 방법론이다. 우리의 혁신은 치료관계 내에서 수행적인 재연을 통해 새로운 사진적 표현을 이룩한 것이었다. 조 스펜스와 나는 공동 상담교육 과정에 참가하였을 때 만났다. 세 번째 시간에 우리는 서로 번갈아 가며 교환하여 상담을 하는 시간을 가졌다. 우리는 감추거나 부인했던 우리의 정체성을 탐색하기 위해 옷을 입고 역할 놀이를 하고 그 결과를 촬영하는 생각을 떠올렸다. 작년에 형성된 치료관계의 안전성과 신뢰 내에서 우리가 했던 것처럼 서로를 번갈아 촬영하였다. 우리의 초기 작품 중 일부에서, 우리는 오래된 가족 앨범을 출발점으로 사용하였다. 하지만 이는 단순한 복제 행위가 아니었다. 결정적으로, 회기의 구조를 세우고 그 과정의 다양한 감정을 탐색하기 위해 사전 상담에서 알게 된 것을 사용하였다. 우리는 이렇게 공개된 이미지를 만들고 보는 감정을 작업함으로써 함께 실험적이고 창조적인 방법으로 작업하였고, 치료적 틀을 유지하였다. 우리는 곧 아주 강력한 기술을 찾았다는 것을 깨닫게 되었다.

초창기 작업은 어떤 결핍 때문에 촉발되었다. 우리 가족 앨범은 사진이 없거나(제2차 세계대전을 거쳐서 필름을 구할 수 없었다) 그나마 몇 장 남아 있는 사진은 아이가 부모를 위해 포즈를 취한 것뿐이었다. 이 작업(재연치료)은 개인 정체성의 다면적인 측면을 복합적으로 이해하기 위해 자서전을 쓰면서 생겨났다. 우리는 우리 삶을 재현했던 기존의 전형적인 시각적 이미지들을 해체하고, 중년의 여성 노동자로서 우리를 표상화할 수 있는 지배적인 매체가 아예 없거나, 너무 부족하며, 표현이 진부한 한계를 절실히 깨닫게 되었다.

> 당신은 이미지를 제외하고 자기 스스로를 직접 볼 수 없는 유일한 사람이다. …… 특히 심지어는 여러분 자신의 신체조차도 그러하다. 그리고 그 이미지의 목록

때문에 비난받고 있다.

(Barthes, 1977: 36)

우리는 너무 오랫동안 우리의 역사로 인식되어 온, 타인 인생을 단순화시키고 신화적으로 만드는 '은폐 기억screen memory' 보다 불쾌한 추억을 은폐하기 위해 회상하는 어린 시절의 기억을 뜻하며 그 내용은 사실과 다를 수도 있다–역자 주[2]의 너머를 보기 위해, 사진치료 기법을 사용하였다. 마치 소설 시리즈처럼 자신을 탐구함으로써 삶의 레퍼토리를 확장할 수 있었다. 우리는 '우리 두 사람의 관점에서' 정서적 공감과 더불어 지나간 추억 및 핵심 시나리오를 재연해 본 후 가능한 미래를 상상해 봄으로써 우리네 이야기 속의 복잡성과 모순성을 볼 수 있게 해 줄 방법을 탐색하고 논의하기 시작했다. 우리는 사진사/치료사, 주인공/내담자의 역할을 바꿔 가면서 협력적으로 작업하였다. 사진치료 실습 과정에서, 우리는 개인적인 것도 정치적인 관점에서 검토해 보는 일에 전념하였다. 침묵을 강요받아 별것 아닌 것으로 치부되어 버렸던, 우리의 '묻혀 버린 과거'를 드러내어 보이게 하는 것이 우리의 목표였다. 예를 들어, 노동자 계급 여성들, 그리고 조의 사례에 나오는 암에 걸린 채 살아가는 누군가처럼. 우리는 그것들을 단지 개인적인 고통으로 간주하기보다는 (하나의 본보기로서) 개인에 대한 제도적인 시선과 사회구조적인 문제로 보았다. 우리는 일상의 드라마 속에 존재하는 (개인) 정체성 형성에 영향을 미치는 심리사회적 구조를 강조했다.

조의 죽음 이후에, 나는 이 방식을 더욱더 발전시켜 나갔다. 더 이상 역할

---

2) 출처: YBM All in All English-Korean Dictionary

교대 및 공동 상담사 방식으로는 작업하지 않았으나, 치료사로서의 역할에 집중하여 치료사로서 트레이닝을 해 나갔다. 치료사와 내담자 모두의 자리를 점해 보는 것이 어떤 느낌을 주는지에 대해 깨달은 바를 활용할 뿐만 아니라, 내담자와의 작업 과정을 신중하게 분석하면서 그러한 방법론을 공식화해 나갔다. 내가 공식 계약서를 사용했고 (내담자와의 관계에) 분명한 선을 그었기에, 내담자는 적절히 지지받고 수용되었다. 나는 심리치료 슈퍼비전을 정규적으로 받고 있으므로, 늘 존재해 왔고 치료 회기에서도 종종 활발하게 수행되는 전이와 역전이를 어떤 방식으로 활용하여 작업할지에 대해서도 훨씬 더 명확하게 인식하게 되었다. 나는 이러한 방법론을 공유하고 가르치기 위해 다양한 경험적 워크숍을 개발하여 운영 중에 있다(www.rosymartin.info).

재연치료는 볼 수 있는 과정visible process, 변화change, 전환transformation을 만들어 내는 것과 관련이 된다. 이러한 과정은 문젯거리나 오래된 트라우마의 원인으로 되돌아가 그것을 재연한 후, 새로운 엔딩, 새로운 가능성, 가시적인 존재가 될 수 있는 새로운 방법을 만들어 냄으로써 가능해진다. 이것은 매우 강력한 활동으로서 깊고, 어둡고, 어려운 문제를 다뤄 주며, 이를 통해 상담의 시작과 종결 모두에 있어서 내담자를 지지하고 수용하게 된다.

정체성 형성과 바라봄

마틴(1997, 2012)의 글에서 논의된 바와 같이, 바라봄the gaze이라는 개념은 '정체성이라는 것이 미러링을 통해서 어떻게 형성되는가?'에 대해 각자 색다른 견해를 표방했던 위니컷Winnicott, 라캉Lacan, 푸코Foucault와 같은 이론가에 의해 검증되어 왔다. 이러한 바라봄은 때로는 사랑스럽거나 자애로울 수도 있지만, 종종 거슬리거나 감시의 눈길로 보일 수도 있다. 따라서 우리에게 미러링된 수많은 파편(사진) 속에서, 처음에는 무의식적으로 영아기 때와 같지만, 그 후 언어와 문화를 습득하여 다양한 사회적 담론의 주체가 되어 감에 따라 개인 정체성의 다양한 측면이 구성된다.

'충분히 좋은 어머니good enough mother'는 아기의 바라봄에 기꺼이 자신의 얼굴을 내어 주며, 아기의 반응을 되비쳐 준다. "내가 인식되는 것처럼 보이는 순간, 나는 존재한다. 이제 나는 보고, 바라볼 여유가 있다. 이제 나는 창의적으로 보고, 내가 지각한 것을 또한 이해한다."(Winnicott, 1971: 134)

그러나 엄마가 자신의 투사적 동일시에 사로잡혀 자신이 받았던 결핍된 모성에 대한 절망감, 체념, 분노 같은 감정을 되비쳐 준다면, 아기는 '엄마 그 자체'가 아니라 '부정적인 모습으로 되비쳐지는 엄마'를 발견하게 된다. 그렇게 되면, 아기는 자신의 기분이나 감정이 아닌 엄마의 기분과 감정을 예측하고 그에 반응하는 법을 배워야만 할 것이다(Winnicott, 1971; Ernst, 1987).

라캉(1977)은 '거울 단계'란 것을 이론화했는데, 이는 아동이 '성역할 주체성'과 '상징적 질서 속의 위치'를 획득하기 시작하는 단계이다. 어린이는 거울을 바라보면서, 거울에 비친 자신을 온전한 형태(게슈탈트), 통합된 존재, 완벽한 외부 이미지로 잘못 인식하게 된다. '객관적인 시각적 형태'와 '주관적으로 인식한 현실' 간의 불일치는 이미지가 '말 그대로 이미지 그 자체', 그리고 '이상화된 표현'이라는 두 가지 차원으로 존재함을 의미하는데, 그것이 아동에게 여전히 결핍되어 있는 통합성unity과 완전성mastery을 제시해 줄 수 있기 때문이다. 거울 단계는 원래 형태의 자아에 대한 이상화된 표현과 그에 대한 동일시 및 그에 대한 의존성을 촉진해 준다.

치유적 바라봄

자화상 사진치료에서는 전통적인 권력관계와 달리 사진사/치료사의 바라봄은 상대방을 통제하려 하지도 않고 객관화하려 하지도 않는다. 모델/감독으로서 내담자는 자신이 어떤 방식으로 표현될지에 대해 결정권을 갖고 있다. 이것을 가능케 하는 것은 사진사/치료사의 의무이다. 과거 사진을 찍히는 경험을 사생활 침해라고, 또는 심지어 모욕적이라고 느꼈던 내담자의 경우라면, 색다른 차원의 경험을 해 보도록 하는 것이 특히 중요하다. 이러한 내담자를 위해 나는 그들로 하여금 카메라 앞에서 편안함을 느끼게 하고, 그들이 어떤 이미지를 원하는지 분명히 하는 것에 온 상담 시간을 다 할애하였다. 사진치료 회기에서 내담자는 상담 현장에서 보여지는 것이 무엇인가에 대한 자신의 반응을 되비쳐 주는 치유적 바라봄을 제공받는데, 이것은 충분히 좋은 어머니의 바라봄과 유사한 것이다. 이러한 바라봄은 안전, 신뢰, 수용이라는 맥락에서 제공된다. 치료사는 증인, 옹호자, 양육자로서 행동한다. 또한 내담자 스스로 자기성찰을 한다면, 격려와 허용이 존재하게 된다. 그렇게 될 때, 이것은 내담자가 모든 유형의 정서를 탐색해 볼 수 있는 수용적인 환경을 제공하게 된다.

이러한 작업은 디지털 사진술이 도래하기 전에 개발된 것이다. 나는 여전히 시간적 지연이라는 제한사진 촬영과 인쇄 사이에 상당한 시간적 간격이 벌어지는 것–역자 주 속에서 작업하기를 선호한다. 내담자를 위해 필요한 이미지를 만들어 보라고 내담자에게 요청할 때에 신뢰, 심지어 양보가 가장 중요하다. 재연치료 과정 동안 디지털카메라를 갖고 있기 때문에 찍은 사진을 다시 보고 훑어보게 된다면, 그 순간에 일어나고 있는 맥락의 흐름을 방해할 수 있다. 이것은 내담자로 하여금 지나치게 자기를 의식하게 만들어 비판적인 거리두기를 조장할 수도 있다. 그렇지만 치료 회기 초기에 이미지가 어떻게 보이는지, 이미지가 마음속에 어떻게 그려지는지 확인해 보는 정도라면 이는 매우 유용한 작업이 될 수 있다.

연기 수행(Performativity)

사진은 모방적인 매체이므로 적절한 옷과 소품을 찾아내는 것은 내담자를 위한 상담 과정에서 중요한 부분이며, (그렇게 하고자 하는) 의지 그 자체만으로도 여러 감정을 불러일으킨다. 사진치료 회기를 위한 무대 세팅은 배경 벽지로 꾸며진, 한정된contained 공간 속에서 연극이 행해질 물리적인 환경을 창조해 낸다. 분명 사이코드라마와 만나는 지점이 존재한다. 그러나 이것은 (치료사–내담자) 양자관계이지 집단 활동이 아니며, 모든 초점은 내담자에게 맞춰진다. 사진치료 회기에서, 내담자는 역할에 따라 연기하고, 치료사는 양자관계에 입각하여 내담자의 상대방 역할을 연기함으로써 내담자의 연기가 원활하게 되게끔 해 준다. 역할 배분의 세부 사항, 그리고 내담자가 자신의 감정과 보다 밀접하게 교류할 수 있도록 해 줄 적절한 대사 내용은 이전 상담 회기에서 결정된다. 내담자는 역동성 내에서라면 상반된 권력적 위치(예: 부모/자녀, 교사/학생, 권력을 가진 자/권력을 못 가진 자)에 따른 역할 연기 변경이 가능하다. 치료사는 내담자가 자신의 감정과 보다 밀접하게 교류할 수 있도록 (어느 쪽 역할이 적절한지에 따라) 반대편 역할을 맡을 수 있다. 이것은 연기를 포함하는데, 예를 들어 부모의 감시하는 시선, 비판적인 제도적 시선, 그리고 역할에 따른 연기의 촬영이 그것이다. 역할에 따라 연기하고 역할이 바뀌기도 하는 '역할 연기 역동성'은 치유적 바라봄을 통해 제공되는 안전감$_{security}$과 도전$_{challenge}$ 속에 내재되어 있다.

재연치료는 연기하는 신체를 가시적인 것으로 만들어 준다. 사진치료 세션은 사진 이미지 자체를 포착하는 것보다는, 그러한 과정이 일어나도록, '발생하도록' 촉진해 주는 것에 관한 것이다. 그것은 내담자 자신, 그리고 이전에 존재하던 시각적 표현물(사진)을 참고하기도 하고 그것에 도전장을 내밀기도 하는, 시각적 언어의 의도적인 활용을 위한 무대라고 볼 수 있다. 따라서 이러한 작업은 '정체성 자체'를 '폭로$_{reveal}$'하는 것이라기보다는 '정체성의 구성 요소들'을 '보이게끔' 해 주는 작업이라 할 것이다.

구현과 전환(Embodiment and transformation)

이것은 신체를 많이 활용하는 작업 방식인데, 이 방식을 통해 신체는 감정을 표현한다. 선택된 역할에 따라 연기가 시작되고, '지금-여기'에서 시나리오가 상연된다. 감정을 실은 스토리들이 하나씩 벗겨질 때마다, 신체는 제스처와 움직임을 통해 자신이 알고 있는 것들을 말한다. 몸의 유창함은 그대로 기록된다. 내담자는 자신이 다루고 싶어 하는 문젯거리와 개인사들을 구체화한다. 기존에 억눌려 있던, 얼어붙은 다양한 정서가 '지금-여기'에서 재경험되는 순간, 그러고 나서 전환 단계로 이동하는 순간, '권력적 위치의 이동'과 '카타르시스적인 감정의 방출'이 존재한다. '전환'이라는 측면은 변화를 위한 잠재력이라는 이미지를 창출하기 위해 요청되는데, 예를 들면 자아의 발견, 그리고 처벌적인 초자아에 대항하기 위한 자아의 내적인 보살핌 같은 것이다. 이것은 사진치료 과정에 있어서 매우 중요한데, 괴로움을 가중시킬 수 있는 과거의 고통을 표현하기 위해서뿐만 아니라 반대편 존재권력을 가진 상대편 위치-역자 주가 될 수 있는 가능성을 제공하고 상상해 보기 위해서도 그러하다.

연극

사진치료 회기는 성인 연극의 세련되고 제한된 형태로 묘사될 수 있다. 그것은 내면의 심리적인 현실도 아니고, 그렇다고 해서 외부 세계도 아니지만, 치료사에 의해 유지되는, 일종의 잠정적이고 실험적인 그리고 자연스럽고 창조적인 공간이라 할 수 있다. 아동이 바라는 것들과 그들의 공포감을 유형적으로 표현하고자 옷과 다양한 소품을 모아 문제가 되는 시나리오를 재연하는 판타지-연극 방식과 분명 공통점이 존재한다.

> (사진치료) 연기는 신뢰를 의미하며, [처음 맡은 역할이 무엇이든] 아기 역할과 엄

마 역할 사이의 잠재적인 공간을 차지한다. 연기는 고도의 불안으로 빠져들게 하는 순간조차도 만족스러울 수밖에 없으며…… 본질적으로 흥미진진하고 손에 땀을 쥐게 한다 [어떤 것이 주관적인 것이며, 어떤 것이 객관적으로 인식되는 것인지, 그 둘 사이의 상호작용 때문에]…… 연기하는 순간, 아이든 성인이든 자연스럽게 창의적이 된다. …… 개인이 자기 자신을 발견하게 되는 것은 오로지 창의적이 되는 순간뿐이다.

(Winnicott, 1971: 60-1, 63)

사례 히스토리 예시: S와의 작업

이것은 각 회기가 끝난 직후에 만들어진 나의 사례 노트에서 발췌하여 편집한 것이다. S는 어린 시절의 생생한 기억으로 되돌아갈 수 있었는데, 직장 상사의 권위주의 및 권력의 남용을 상담관계 속에서 탐색해 보는 작업을 통해서였다. 빈정대는 말투를 채찍처럼 사용했던 가학적인 교사는 체벌 시 몽둥이를 사용했으며, 자신이 담당한 학생들의 몸과 마음속에 권위주의를 팍팍 쑤셔 넣었다. 반면, 어린 학생이었던 S는 윌리엄 워즈워스William Wordsworth의 시 '수선화'('한 조각 구름처럼 외로이 방황했네')를 암송하는 데 계속해서 실패했고, 방과 후 교실에 남아 공포에 떨며 취약해졌다. S가 말했다. "그 인간은 영문학에 대한 나의 애정을 앗아갔어요." S가 워즈워스 시집을 들고 상담 회기에 왔을 때, 나는 '옳거니, 우리에겐 시나리오가 있지.'라고 생각했다. 그러고 나서 우리는 그가 그 사건을 어느 정도로 가시화하길 원하는지에 대해 논의했다. S는 자신이 교사 역할을 맡아 볼 필요가 있다고 제안했는데, 이는 정말 대단히 좋은 아이디어였다. 왜냐하면 나는 무엇이 상담 회기를 생동감 있게 해 주는지 알고 있었기 때문이다. 그리고 이러한 제안이 내담자에게서 나와서 훨씬 더 좋았다. S가 말했다. "수선화는 제 영혼의 상징이에요. 예전엔 그 꽃을 좋아하지 않았고요, 지난주에 처음으로 몇 송이 사 봤어요." 그는 심리치료 회기를 위해서 그 시를 외웠으며, 수선화 몇 상자와 아동스러운 의상을 가져왔고, 치료 작업에 필요한 소품들을 책임지기로 했다. 나는 옷가게에 전시된 마네킹과 교사처럼 보이도록 하는 졸업 가운을 제공했다. 그는 학생복으로 갈아입고 타이를 맨 후, 머리를 헝클어트리고 나서 안경을 썼다. 학생 역할을 맡는 과정을 시작한 것이다.

[사진 6-1] '독재자' (사진가/치료자: Rosy Martin, 주인공/내담자: S)

재연 시간 동안, 의도적인 포즈에 의하지 않고 있는 그대로의 상황에 따라 많은 사진을 찍었다. 그는 앉아서 머리를 떨어뜨리더니, 다시 일어나서는 주저하던 시 낭송을 시작했다. 그가 더듬더듬 읽어 나가는 순간, 나는 H 씨(교사)의 역을 맡아 S가 상담 회기에서 교사의 욕설을 묘사할 때 썼던 단어들을 활용하여 그를 조롱했다. 그는 의자 쪽으로 물러나 패배감에 젖었고, 그러고 나선 다시 시 낭송을 시도하며 더듬더듬 읽기 시작한다. 나는 계속해서 조롱 세례를 퍼붓고, 그는 분명 고통스러워했다. 그러더니 S는 자발적으로 시집을

[사진 6-2] '나의 마음은 수선화와 함께 춤추고, 기쁨으로 가득 찼다.'
(사진가/치료자: Rosy Martin, 주인공/내담자: S)

내려놓고, 졸업 가운을 입더니 회초리를 집어 들었다([사진 6-1] 참조). H 씨 역할을 수행하는 동안, 그는 매우 모욕적인 태도를 취했다. "병신 같은 놈, 뚱뚱하고 게으르기 짝이 없는 놈 같으니"라고 내뱉었다. 그러고 나서 더듬거리는 목소리로 "예, 알겠습니다, 선생님."이라고 하며 내가 학생 역을 맡는다. 그는 가운을 다시 마네킹에 입혀 놓고 학생 역할로 되돌아간다. 수선화 한 다발을 집더니, 분노의 열정으로 그 시를 암송한다. 그리고 H 씨와 정면으로 맞서서 수선화 다발로 그를 때린다. "나는 병신이 아니야. 나는 게을러터지지도 않았고 뚱뚱하지도 않아." 복수하는 학생으로서 그는 강력하고도 가공할 만한 존재였다.

그러고 나서 그는 수선화를 한 움큼 집더니 바닥에 앉아 슬픔과 눈물로 다시 그 시를 낭송했다. 안경을 벗더니 기쁨과 해방감으로 수선화를 끌어안고, 마지막에는 그것들을 던져 올리는데, 황홀감 속에서 수선화가 바닥으로 떨어지도록 그대로 두었다. 기쁨이 그의 얼굴에, 그의 신체에, 느긋함과 안락함으로 나타난다([사진 6-2] 참조). 나는 그에게 수선화를 던져 올리는 행동을 반복해서 해 보라고 요청한다. 나는 치료실 안에 존재하는 감정들을 총망라하는 이미지를 원한다. 나는 H 씨한테 받은 모욕으로 인해 억눌려 있던 분노가 균형감을 찾기를 바란다. 그가 드러눕고, 나는 수선화로 그를 덮는다. 그가 시집을 가슴 위에 얹더니 다시 까불거리며, 매우 즐겁게 그 시를 낭송한다. 그리고 더 많은 꽃으로 그의 몸을 덮는다.

평정을 되찾자, 그가 일어나 앉는다. 그리고 시들지 않은 꽃들을 모아 느린 속도로 다시 꽃다발을 만든다. S가 말한다. "놀랍도록 회복력 좋은 꽃들이여. 꽃들은 바람을 따라 고개를 숙인다." 이것은 비교적 순한 작업이며, 느린 속도로 그는 그 역할에서 벗어난다. 그는 다시금 신사복으로 갈아입는다.

다음 회기에서 우리는 사진들을 관찰했다. 그 회기에서 그는 다시금 (그 사진들 속의) 감정 속으로 빠져들었다. 흥미롭게도, 그는 자신이 눈물을 흘리며 울었다는 사실을 새까맣게 잊고 있었다.

그는 H 씨 사진(정확히는 H로 분한 사진) 중 하나에 쇼크를 받았다. "저건 나네요. 거만한데? 내가 우월한 위치에 있고, 아~주 똑 부러지는 사람이고, 그리고 지능도 활용할 줄 알고, 그래서 사람들을 짓밟아 버린다는 걸 알겠네요." "냉소적이라고요?" "매우 그렇네요. 저는 바보들한테 시달리지 않는다는 소리를 들었어요. 그건 내가 참을성이 없다는 뜻이었죠." 그가 느리게 말하더니 뭔가 생각에 잠긴다. 나는 그에게 묻는다. "생각난 게 뭐예요?" "나는 언어적으로 잔인해요." 나는 그가 동일시했던 사진을 집어서 그 앞에 끌어다 놓는다. 나는 그가 자신에 대해 묘사하는 동안 그 사진을 계속 들고 있다. 그가 자신의 그러한 부분을 느리게라도 인정하는 동안, S 대신에 바로 그 자리에 있어주는 것이 내가 목표하는 바이다. 나는 이게 어려운 일이라는 걸 알아챈다.

나는 기쁨과 관련된 사진 중 한 장, 장난기 많은 아이의 사진 한 장을 집어 H 씨 사진 옆에 놓는다. "그 소년이 H한테 뭐라고 말하는 거 같아요?" "너나 잘하세요."

나는 슬픈 이미지에 더욱 충격을 받는다. 그것을 집어서 H 씨 사진 옆에 놓는다.

"저는 H 씨가 매우 우울하단 걸 알고 있어요. 그 인간이 은폐하고 있는 부분이 이건가?" "그리고 H는 화도 났어요." "어떤 사진이죠?" 그가 긴장된 분노를 표현하는 사진 한 장을 선택한다.

"그래서 그 거만한 태도가 당신의 분노와 슬픔을 덮어 주나요?" "예! 그는 평정을 잃지 않아요. 저도 평정을 잃지 말아야 해요. 그가 나의 분노와 슬픔을 덮어 줍니다. 내가 분노하거나 슬플 때, 저는 취약해져요." "그래서 당신은 그를 이용하는 건가요? 당신의 분노에 대해 말해 주세요." ……

그렇게 그 회기는 계속되었다. 그 회기에서 향후 지속될 치료관계의 일부분으로서 계속 작업해 나가야 할 것들이 너무나도 많이 가시화되었다. S가 말한 것처럼 말이다. "카메라는 저로 하여금 인생의 대부분을 통해 저 스스로 억압해 왔던 저의 모습들을 보게 해 줘요. 저는 (인생) 여행을 시작한 거예요."

나와 함께 작업했던 내담자 모두 이미지에 관심이 있었고, 상징적 사고, 은유적 사고방식을 활용했다. 이러한 방식은 특히 심리적 괴로움을 지나치게 이성적인 사고방식으로 해결해 보려는 사람한테 유용한데, 그것이 신체를 감성 모드로 띄워 주고 무의식으로 향하는 통로를 여는 데 잠재력을 제공해 주기 때문이다. 한편, 이 방법은 현실 이해가 빈약하거나 확고한 정체성이 결핍된 내담자에게는 적절하지 않을 수도 있다. 무의식에서 나온 자료들을 통합할 그릇이 못되는 내담자인걸 알면서도 지나치게 많은 자료를 무의식에서 끌어내려고 만용을 부리는 것은 위험하다.

재연치료에서 만든 사진이 치료적 관계에서 유용한 이유는 무엇이며, 어떤 방식으로 유용하게 활용될 수 있는가

'투사된 현실'과 '사진에 투자된 증거라는 개념들' 그 사진이 물리적으로 존재한다는 것, 촬영 대상을 선택하는 행위, 그리고 촬영을 위해 요구되는 프레임 잡기를 의미–역자 주 사이에서 생산적이면서 모순적인 관계가 탄생한다. 그래서 그것은 '현실을 반영하는 것' 혹은 '현실을 구성하는 것' 중의 하나로 간주될 수 있다. 객관화된 카메라의 눈은 '빈 화면'과 다른 관점으로 사물을 보는 데 필수불가결한 '거리'를 제공해 준다.

재연치료에서 찍은 사진의 '방대한 양' 자체로서 내담자에게 자신이 진정으로 충분히 관찰되었다는 느낌을 주기에 충분하다. 제작된 사진들은 '무의식으로의 연결 통로 그 자체'에 대한 가능성을 제시한다. 사진치료 회기에서 일어나는 상황은 '지금–여기'로 흘러들어 오는 무의식 과정에 뿌리를 두고 있기 때문에 회기 그 자체는 치유적 관계에서 움터 나오는 것이다. 다량의 사진은 치료 회기의 가이드라인mapping을 제공해 주며, 해당 회기를 재구성하고 상기해 내는 가능성도 제공한다. 이러한 점은 치료 회기에서 일어났던 상황의 면면들이 쉽게 무의식으로 흘러들어 가 다시금 무의식 속에 억압될 수 있기 때문에 유용한 것이다. 자신의 다양한 부분을 재현하는 개인 사진이나 중요한 타인 간의 대화는 외재화된 게슈탈트externalized gestalt, 내면의 이미지가 외부의 사진으로 보여 줄 수 있게 투영되었다는 뜻–역자 주로 치료사에 의해 촉진될 수 있다. 제작된 사진은 원한다면 추가로 복제될 수도 있고, 이를 통해 많은 새 이야기가 만들어져, 불행했던 과거 현실에 대한 새로운 버전의 스토리해피엔딩으로 끝나는 새로운 버전의 이야기–역자 주가 나올 가능성도 있다.

내담자의 삶에서 중요한 타인의 역할, 특히 부모의 역할을 맡는 것은 개인적으로 도전적인 과제가 될 수도 있다. 내사introjection(또는 동화)에 직면할 수도 있고, 현재의 부모의 모습 때문에 눈 깜짝할 사이에 '투사'와 '투사적 동일시'가 급작스럽게 나타날 수도 있다. 자기 자신으로부터 절연되어 쪼개져 나간 부분을 인식할 수도 있고, 그것이 자신 안에서 수용될 수도 있다. 평생을 수줍음, 비밀 유지, 자기부인으로 살아온 패턴이 사진에 의해 도전받는다. 심리적 괴로움, 그리고 그것의 역사와 그것의 원인이 된 사건을 되비쳐 주고, 그것들에 형태, 크기, 무게와 색깔을 부여해 주는 사진에 의해서 말이다. 저 밖에서 가시화되어, 이러한 부분은 상담관계 속에서 함께 작업하고 곱씹어 볼 수 있게 된다. 바로 그 순간, 사진은 내부 현실과 외부 현실 사이를 이어 주는 중간 대상transitional objects, 외부 대상과 내부 대상의 중간 영역에 위치하면서 유아와 애착관계를 형성하는 대상. 예를 들면, 어머니를 상징하는 담요나 인형 같은 것들-역자 주으로 간주될 수 있다. 치료자는 내담자의 자기 안에 숨겨져 있는 이러한 측면들을 목격하게 된다. 치료사는 무비판적인 긍정적 평가를 해 주면서, 한편으론 내담자의 구태의연함에는 도전장을 내밂으로써 내담자가 자아의 모든 측면의 통합을 지향하며 상담에 임할 수 있게 도와주는 것이다.

아사지올리Assagioli(1975), 이탈리아의 정신과 의사-역자 주가 정신통합이론psychosynthesis에서 말한 바와 같이 '상징'은 축압기와 같은바, 역동적인 심리적인 충전이 가능한 상자 혹은 보호 장치와도 같다. 이 '충전기'는 상징의 사용에 의해 전환될 수도, 채널화될 수도, 통합될 수도 있다. 상징적 표현의 사용은 무의식적인 신념 체계와 접선할 때, 그리고 특히 그것을 전환시킬 때에 강력한 힘을 발휘한다.

제작된 사진의 범위를 파악하여 그 이미지들의 변화 가능성에 대해 언급해 주는 것은 내담자로 하여금 기존의 정체성이 수많은 진실 사이사이로 균열을 일으킬 수도 있음기존에 확립했던 정체성이 수많은 사진 속 진실들을 발견하면서 붕괴될 수 있다는 사실-역자 주을 인식하게 해 준다. 이것을 이해한다면, 내담자는 이상적인 자아를 추구하던 것에서 벗어나 자유롭게 될 수 있고, 자기 자신을 '과정 그 자체', 그리고 '진행형인 존재 그 자체'로서 수용하게 된다.

비밀 보장

모든 상담 작업은 비밀보장이 이뤄져야 한다. 사진은 모방적 매체이므로, 이 점이 특히 중요하다. 워크숍을 진행하거나 강의할 때, (내담자가 그 내용이 공개되는 데 동의하지 않았다면) 나는 언제나 상담 내용이 (워크숍 또는 강의) 집단 밖으로 유출되면 안 된다는 한계를 설정한다.

제작 과정

치유 과정은 '치료 회기에 바탕을 두고 제작된 사진들이 공유되거나 전시되기 전'에 완료될 필요가 있다. 그렇게 하지 않으면, 내담자(주인공)는 매우 취약한 위치에 놓이게 될 것이고, 잠재적으로 부당하게 이용될 가능성이 있다. 사진치료 작업은 언제나 신뢰에 바탕을 두어야 한다. 사진은 주인공/감독의 명시적인 동의가 있어야만 공개될 수 있는데, 사실 그러한 동의는 거의 대부분 충동적으로 이루어진다. 그 결과, 대부분의 사진은 비공개로 남게 된다.

조 스펜스와 나는 이러한 생각을 공유하기 원했으므로, 상담 실습에서 제작된 사진 중 주요 이미지 일부를 (심리치료적 맥락이 아닌) '미술적 맥락에서'

전시하기로 결정했다(Martin & Spence, 1987). 이러한 전이적 전시심리치료용 사진을 심리치료적 맥락이 아닌 미술적 맥락에서 전시하는 것-역자 주를 실행에 옮기려면, 해당 작품이 커뮤니케이션 소통 능력을 갖고 있는지 확인하기 위해 '거리두기distancing'와 '지적이고 객관적인 검증'이 이뤄져야 한다. 전시될 이미지로 선택받기 위해서는 사진 속 피사체의 사회문화적 형성 과정과 대중이 상호 소통할 수 있어야 하고, 관객을 위해 개인적 또는 집단적 추억을 촉진할 수 있는 사진이어야 한다.

디지털 이미지와 사진 촬영: 고려할 사항

사진의 의미는 사진 제작을 위해 사용된 기술에 의해서라기보다는 (문화적으로, 역사적으로 그리고 개인적으로 결정된) 사진에 투영되고 부여된 생각과 신념에 의해 공유된다. 그러나 아날로그에서 디지털로의 (기술적인) 변화는 사진 이미지에 대한 우리의 관계를 변화시키고 있다.

페이스북을 둘러보면 젊은이들이 업로드한 이미지를 통해 그들이 포즈를 취하고, 셀프 공연을 하고, 파티를 즐기는 것에 집착한다는 것을 알 수 있다. 이것은 늘 대중적인 사진의 초점이 되어 온 여가 문화의 확대라고 볼 수 있다. 전통적인 가족 앨범에서 그러했던 것처럼 휴일, 새로 태어난 아기, 애완동물 사진에 이르기까지. 어떤 사용자는 사진 다이어리, 사진 스토리, 섬세하게 구성된 시리즈물, 스틸 사진을 이어붙인 음악이 담긴 짧은 동영상을 만들기도 한다. 배려심 있고 후한, 이와 같은 창의적인 공유는 하나의 기쁨이자 업그레이드된 의사소통 형태라고 볼 수 있다. 그러나 페이스북상에서는 공사 구분이 제대로 안 되는 경우가 있다. 처음엔 페이스북 친구끼리만 공유되던 사생활 관련 사진이 나중에는 상사의 눈에 띄게 되어 직장까지 잃게 된 많은 사람의 전설 같은 이야기가 있다. 사이버 폭력도 만연되어 있는 게 사실이다.

디지털 이미지 제작이란 용어는 사진에 관한 담론의 한 부분으로서 1992년 미첼Mitchell에 의해 주창되었다. 그렇긴 하지만 1888년 '촬영 버튼만 누르세요, 나머지는 저희가 다 합니다'라는 슬로건을 내걸었던 코닥 카메라의 도입으로 초래된 변화와도 공통점이 존재한다. 이후 이미지 '촬영'은 '사진 제작'이라는 것으로부터 분리되었다. 필름 처리 과정과 사진 인쇄가 산업화된 것이다. 8세의 나이에 브라우니 박스 카메라Brownie Box camera, 1910년 코닥에서 생산된 고전 카메라의 일종–역자 주의 자랑스러운 소유자가 된 나는, 요즘으로 말할 것 같으면 디지털 카메라를 가진 소녀처럼 우리 가족의 휴일을 다큐멘터리로 만들었다. 그러나 필름이 두 개뿐이라는 제한이 있었다. 그래서 촬영 하나하나가 신중하게 계획되고, 선택되고, 구성되었으며, 낮 시간이 얼마나 되는지 및 광량 또한 반드시 고려되어야 했다. 모든 것이 결핍된 상황 속에서 조건 하나하나가 소중했다. 1968년에 미술 재단 과정으로 사진을 공부하면서 SLR 카메라를 사용할 때에, 모든 작업환경이 수작업으로 이루어졌기에 나는 무엇을 성취할 것이며, 어떻게 성취할 것인지에 대해 느리지만 철저한 방식으로 배워 나갔다. 그러기에 컴퓨터가 보다 편리하고 정확한 도구가 되었지만, 암실의 마법은 여전히 그 잠재력을 보유하고 있다.

디지털카메라를 사용할 때, 먼저 신중하게 생각하지 않고 무작정 엄청나게 많은 수의 사진을 찍어 대는 경향이 있다. '과잉'이 하나의 규칙처럼 되어 버렸다. 찰칵 찰칵, 다운로드, 그러고 나선 아마도 다시는 보지도 않을 것들……. 하드 드라이브는 시각적인 추억의 저장소가 된다. 불가능한 이상을 향한 바람을 알게 모르게 강조하면서, 사진 편집은 더욱 만만치 않은 과업이 되고 말았다(Martin, 1991; Watney, 1991). LCD 모니터는 즉각적인 피드백을 제공하는데, 이것은 피사체를 비롯하여 사진이 찍히는 순간 존재했던 것들을 주의 깊게 관찰하는 것에서 일탈하지만 않는다면 매우 유용하다. 우리가 상실해 가고 있는 것이 있다. 사진을 '찍는 것'과 결과물로서의 사진을 '보는 것' 사이에 장벽을 쳐서 그 둘을 분리시켜 버린 것이 그것이다. 휴대폰에서 이미지들은 문자 메시지처럼 일말의 고민도 없이 삭제되어 버린다. 누군가가 거기에 있었다는 일종의 증거로서 촬영되었지만 거의 다시는 보지 않을 이미지, 아님 하루살이 목숨 같은 이미지…… 사진 이미지가 잠재적인 추억의 저장소로서의 기존의 본질적인 가치를 잃어 가고 있는 것인가?

사진치료의 다양한 접근법이 하나같이 제안하는 바는 '시간을 들여 이미지를 진정성 있게 바라보고, 검증하고, 그래서 그것에 담긴 다층적인 의미를 끌어내는 것'이다. 이것은 다시금 사진에 가치를 부여해 주고, 여러 겹으로 이루어진 공감의 층, 그리고 심사숙고할 기회까지 부여해 준다. 이러한 이유 때문에, 나는 실물 사진physical object으로 작업하는 것을 선호한다. 그래서 나는 상담 회기에서 나온 다양한 이미지를 주의 깊게 살펴보고, 출력해서 심도 있게 작업할 핵심 사진 몇 장을 찾아보라고 내담자에게 주문한다.

결론

재연치료는 자기 자신의 다양한 측면을 가시적인 것으로 드러내어 정밀하게 검토할 수 있게 해 주는 방법론을 제공한다. 그것은 몸의 언어를 활용한다. 제스처, 얼굴 표정 및 움직임, 구체화된 웅변으로 사진을 통해 작품으로 남게 된다. 그 방법론은 연극, 코미디, 심지어 환희의 요소까지 포함하고 있다. 제작된 이미지는 치유적 관계 속에서 분리와 통합의 재료로 쓰일 수 있다. 사진 교환 및 치료적 교환 작업을 통해 무의식 세계와의 심오한 연결 통로가 존재하게 되는데, 따라서 그것은 신중하고도 책임감 있게 활용될 필요가 있다. 그것은 매우 강력한 힘을 지닌 방법론이다.

참고문헌

Assagioli, R. (1975). *Psychosynthesis*. London: Turnstone Books.

Barthes, R. (1977). *Roland Barthes*. London: Macmillan.

Debord, G. (1967). *The Society of the Spectacle*. Detroit, MI: Black and Red Books.

Dewdney, A., & Lister, M. (1988). *Youth, Culture and Photography*. London: Macmillan.

Ernst, S. (1987). Can a daughter be a woman? Women's identity and psychological separation. In S. Ernst & M. Maguire (Eds.), *Living with the Sphinx: Papers from the Women's Therapy Centre* (pp. 68-116). London: The Women's Press.

Fleet Imaging (1996). *The Power to Change Your Photos* (Advertising leaflet).

London: Fleet Imaging.

Krauss, D. A., & Fryrear, J. L. (Eds.) (1983). *Phototherapy in Mental Health*. Springfield, IL: Charles C. Thomas.

Lacan, J. (1977). The mirror stage as formative of the functions of the I. In A. Sheridan (trans.), *Ecrits* (pp. 1-8). London: Tavistock Publications.

Mandel, G., & Lemus, A. B. (2008). I pray. But not for myself: *Historias positivos*. Available from: www.guardian.co.uk/world/gallery/2008/aug/04/mexico.aids?picture1/433620992 (accessed 19 October 2008).

Martin, R. (1991). Unwind the ties that bind. In P. Holland & J. Spence (Eds.), *Family Snaps: The meanings of domestic photography*. London: Virago.

Martin, R. (1997). Looking and reflecting: Returning the gaze, re-enacting memories and imagining the future through phototherapy. In S. Hogan (Ed.), *Feminist Approaches to Art Therapy* (pp. 150-176). London and New York: Routledge.

Martin, R. (2012). Looking and reflecting: Returning the gaze, re-enacting memories and imagining the future through re-enactment phototherapy. In S. Hogan (Ed.), *Revisiting Feminist Approaches to Art Therapy* (pp. 112-139). New York: Berghahn Books.

Martin, R., & Spence, J. (1985). New portraits for old: The use of the camera in therapy. *Feminist Review, 19*, March, 66-92.

Martin, R., & Spence, J. (1987). *Double Exposure: The minefield of memory*. London: Photographers Gallery (exhibition and catalogue).

Mitchell, W. J. (1992). *The Re-Configured Eye: Visual truth in the post-photographic era*. Cambridge, MA: MIT Press.

Photovoice, *PhotoVoice*. Available from: www.photovoice.org/ (accessed 20 October 2008).

Shepherd, J. (1998). Controlling images for a change. *In the picture, 33*, Summer, 5-6.

Spence, J. (1986). *Putting Myself in the Picture: A political, personal and photographic autobiography*. London: Camden Press. See particularly pp. 172-185 (Spence, J. and Martin, R.).

Spence, J., & Holland, P. (Eds.) (1991). *Family Snaps: The meanings of domestic photography*. London: Virago.

Watney, S. (1991). Ordinary boys. In J. Spence & P. Holland (Eds.), *Family Snaps: The meanings of domestic photography* (pp. 26-34). London: Virago.

Winnicott, D. W. (1971). *Playing and Reality*. London: Tavistock Publications.

CHAPTER 07

말하는 사진치료: 상담과 심리치료에서 사진의 치유적 활용

– 델 로웬탈(Del Loewenthal)

서론

사진은 상담 및 심리치료에 활용할 수 있으며 장기/단기, 개방/폐쇄 형식 모두 가능하다. 이 장에서는 사진의 단기치료 활용을 다룬다.

제14장에서 더 상세히 논의하겠지만, 이 장에서는 집단치료 사례를 통해 상담과 심리치료에서 쓰이는 사진치료 기법 중 하나인 '말하는 사진치료talking pictures therapy'를 탐색, 평가한다. 저소득 지역에 속하는 영국 남해안에 위치한 학교에서 12~14세 아동 네 명을 대상으로 자료가 수집되었다. 참여 아동들에게는 '말하는 사진치료'가 보통 일대일 형식의 6회기로 구성되며, 회기 중 말하고 싶은 기억을 사진을 통해 표현하고 탐색하는 작업임을 고지하였다.

제14장에 적은 바와 같이 PHQ-9환자건강질문지(Patient Health Questionnaire-9: PHQ-9)는 우울에 대한 자기보고식 설문지로 우울을 많이 보고할수록 점수가 높다-역자 주, GAD-7범불안장애 7문항 척도(Generalized Anxiety Disorder 7-item: GAD-7)는 불안에 대한 자기보고식 설문지로 불안을 많이 보고할수록 점수가 높다-역자 주, IAPT 공포 척도IAPT 공포 척도(IAPT Phobia Scale)는 경증 정신질환 개선을 위한 영국의 정신건강 프로그램인 심리치료 접근성 향상 프로그램(Improving Access to Psychological Therapies; IAPT)에서 쓰는 공포증 평가 척도로, 회피 증상을 많이 보고할수록 점수가 높다-역자 주, CORE-10임상증상의 일상평정 척도(Clinical Outcomes in Routine Evaluation: CORE-10)는 불안, 우울, 트라우마 등의 임상 증상을 측정하며 심리적 고통이 클수록 점수가 높다-역자 주과 같은 정량적 도구를 적절히 활용하면서, 저자는 내담자가 선택한 사진과 그에 투사한 내용을 통해 치료의 '진전'을 알아보고자 하였다. 특히 라야드 보고서Layard report(Layard et al., 2006) 이후 영국에서는 IAPT 프로그램의 전국적 홍보의 결과로 인지행동치료가 현재 가장 인지도가 높은 '치료법'이 되었다. 이 연구에서는 이에 대안적인 치료 기법으로서 '말하는 사진치료'의 가능성을 타진하였다.

이론

사진치료와 치유적 사진은 서로 완전히 다른 것이 아니라 사진 치유라는 스펙트럼상 서로 다른 지점에 위치한 기법들로 보는 것이 좋다. 이 두 기법 모두 일반적인 상황에서는 꺼내기 어려웠던 힘든 경험들을 내담자가 말할 수 있도록 돕는 "사진의 감정 소통적 특성과 사진과 사람 간의 상호작용"(Weiser, 2004: 1)을 활용한다(Weiser, 1999, 2001).

핀란드 투르쿠에서 2006년 8월에 열린 '국제 사진치료 콘퍼런스'(Loewenthal, 2009 참조)에 이어, 사진치료 발전 및 관련 인구 대상 홍보를 도모하고, 웰빙과 사회적 관계망을 강화하기 위해 EU 레오나르도 다 빈치 평생교육기금 후원 하에 '유럽 사진치료: 사진치료로 배우고 치유하기'가 개최되었다.

넓은 의미에서의 사진치료는 치료자들이 회기 시간에 내담자가 자신의 문제를 표현하도록 심리 기법을 활용하여 돕는 심리치료 과정에서 사진을 사용하는 활동을 의미한다(Krauss & Fryrear, 1983; Weiser, 2002). 하지만 치유적 사진은 자기탐색이나 개인적 성장을 도와주는 치료자가 굳이 필요하지 않은, 개인의 자발적 사진 작업도 포함한다(Spence, 1986; Martin & Spence, 1987, 1988). 이 과정에서 억눌린 감정을 풀어내기 위해 사진을 찍는다. 현장에서는 사진치료와 치유적 사진을 구분하기보다는 필요에 따라 두 기법을 번갈아 사용한다.

사진은 치료 과정에서 무의식과 이어진 통로가 된다. 과거 내담자가 억압한 감정은 내담자가 사진에 부여하는 의미로 투사된다고 가정한다. 억압이란, 의식 수준에서 다루기 힘들거나 용납하기 어려운 기억, 충동, 욕구, 생각을 최대한 멀리 무의식으로 밀어내는 것을 의미한다. "억압의 핵심은 어떤 것을 거부하기 때문에 의식에서 단지 최대한 멀리 떨어뜨리는 것"이다(Freud, 1915: 147). 프로이트(1914: 16)는 "억압은 정신분석의 토대"라고도 하였다. 따라서 사진은 내담자들이 억압한 투사를 현실로 내놓는 장치가 된다.

'말하는 사진치료'는 인간중심 및 정신역동과 같은 상담과 심리치료의 다양한 접근에서의 사진 활용의 좋은 예가 된다. 내담자가 자신의 문제를 말할 수 있도록 하는 데 목적을 둔 심리치료라면 어떤 것이든 '말하는 사진치료'를 적용할 수 있다. '말하는 사진치료'는 곧 '말하기'를 촉진하기 위해 심리치료와 상담 내에서 사진을 사용하는 것을 말한다.

치유적 기법

'말하는 사진치료'는 상담과 사진치료에서 사진을 활용하는 것이다. 내담자들은 회기 시작과 끝에 각각 한 장의 사진을 고르게 된다. 여기서는 '스펙트로 카드Spectro Cards'를 사용했다. 스펙트로 카드는 치유 활동에 있어 상상 유발, 감정 표현, 스토리텔링 유도를 통해 내담자가 고민을 털어놓도록 고안된 상징적 사진 카드 60장이다(Halkola & Koffert, 2011).

각 내담자별로 주 1회 50분간 총 6회기가 학교에서 진행되었다. 아동의 개인 회기에서는 '포스트 실존주의'(Loewenthal, 2009, 2011)라고 불리는 기법에 의거했다. 인간중심, 실존/대륙철학, 분석적 접근의 영향을 받은 이 기법은 개인적 의미에 초점을 맞춘다.

자료 수집 및 분석

'말하는 사진치료' 프로그램의 결과 평가를 위해 내담자가 선택한 사진에 대한 설명과 함께, IAPT 간편 세트(GAD-7, PHQ-9, IAPT 공포증 척도)와 CORE-10을 각 내담자의 프로그램 시작과 종결 시점에 평정하도록 하였다. 이는 현재 영국에서 치료 효과를 평가할 때 가장 널리 쓰이는 방식이다.

결과

사전/사후 평정 척도인 PHQ-9, GAD-7, CORE-10 결과와 더불어, 과정과 결과로서의 사진 활용을 강조하기 위해 다음의 네 개의 개별 사례를 소개하고자 한다. 이 장에서는 질적 평가가 중심이 되며, 제14장에서는 정성적인 현상해석학적 사례연구 기법과 정량적 결과 모두를 논의한다. 아동의 이름과 일부 내용은 비밀보장의 이유로 변경되었다.

샬럿

샬럿은 12세 아동으로 특유의 감수성이 풍부한 매력적인 아이였다. 아이가 고른 스펙트로 카드는 2장에서 볼 수 있다([사진 2-1]과 [사진 2-2] 참조).

치료 과정과 결과로서의 사진

샬럿은 첫 회기에서 '꽈배기'라고 한 사진을 골랐다([사진 2-1]). 샬럿은 자기 이야기를 하기가 쉽진 않다고 했다. 아버지는 3년 전 차사고로 세상을 떠났고, 어머니는 샬럿을 전혀 돌볼 생각이 없었다. 지금은 할머니, 고모와 함께 살고 있었다. 고모는 16세 때부터 정신과 치료를 받았고 입원 경력이 있었는데, '범죄자'라고 했다. 컴퓨터가 없는 집에 살았지만 '언젠가' 사 준다고 했다고 말했다.

영화 이야기를 하면서, 아프리카에서 어떤 세 사람이 자동차 안에서 죽는 영화가 있는데 그 영화를 제일 좋아한다고 하였다. 영화 줄거리가 약간 '꼬였다'고 하면서, 감옥에 간 사람이 진짜 죽였는지는 아무도 모르는데, 특히 전력이 있어 더 헷갈린다고 하였다. 아버지 또한 생전에 범죄 행위에 연루된 적이 있었지만, 그렇다고 해서 나쁜 점만 있는 사람은 아니라는 이야기를 함께 나누었다. 또한 15세 된 오빠가 있다는 사실을 최근 알게 되었는데, 지금 감옥에 있다고 했다. 보호소에 있는 언니는 거의 얼굴을 본 적이 없는데, 오빠가 만나게 해 주면 좋을 것 같다고 하였다. 나중에 언니가 학교 근처에 사는 것을 알게 되었지만, 정확한 주소를 모르기도 했고, 막상 가도 자신을 어떻게 대할지 걱정된다고 하였다.

샬럿은 오빠가 어떤 사람을 시켜 다른 사람을 꼼짝 못하게 하고 칼로 그 사람을 협박했기 때문에 감옥에 갔다고 했다. "붙잡혔던 애가 목이 졸려 얼굴이 파랗게 질렸다고 말했는데, 말도 안 돼요."라며 거짓말이라는 투로 말했다. 나는 샬럿이 가족처럼 범죄에 물들지, 그런 마음이 있는지를 함께 생각해 보았다(양가 모두 그 지역에서 범죄로 유명했고 샬럿은 그렇게 되고 싶지 않다고 했다). 샬럿은 연극 과목을 제일 좋아한다고 하면서 마약상 역할을 맡았을 때 얼마나 잘했는지 애들도 놀라더라고 이야기해 주었다. "또 범죄네." 내 말에 샬럿은 뿌루퉁해졌다.

자신의 이름을 부르는 것 같은 사진을 골라 보라고 했을 때, 5회기에서 푸른 잎의 나무들 사진을 골랐다([사진 2-2]). 이 사진을 보면 가끔 혼자 들르던 편한 장소가 생각난다고 했다. 어떤 길이었는데, 처음엔 차가 좀 다니고 사람도 하나 죽었지만 그래도 괜찮다고 하며 '하지만 조심은 해야 된다.'고 했다.

마지막 회기에서는 그 길의 나무들을 찍은 휴대폰 사진을 보여 주었다.

샬럿의 사례 이해

나는 '말하는 사진치료'를 통해 우울감이 덜해진 샬럿이 자신의 불안을 어느 정도 꺼내 놓을 수 있었다고 본다. 샬럿은 치료 외 시간에 친구들과 자주 어울릴 있는 장소를 발견하게 되었다. 샬럿은 나쁜 사람이 되고 싶진 않았는데, 외가와 친가가 악명이 높고 심지어 외가가 더하다는 등의 이야기들을 누구에게 털어놓을 필요가 있었다. 하지만 학교에서는 범죄 이야기가 아이들의 관심을 끌기에 좋았다. 아마 치료 회기 내에서도 패션, 영화, 휴대폰 이야기들과 함께 범죄 이야기는 치료자인 나와 치유적 관계를 맺는 수단이 되었을 것이다.

윈스턴

이 열세 살짜리 흑인 소년과 처음 만날 당시, 말이 거의 없는 아이라는 귀띔을 받았다. 윈스턴은 말은 잘 들었지만 말을 하진 않았다. 처음으로 입을 뗐을 때 거의 속삭임에 가까워서, 알아들으려면 아이의 입에 귀를 바싹 대어야 했다.

치료 과정과 결과로서의 사진

윈스턴이 고른 첫 번째 사진은 평평한 땅 위의 대관람차였다([사진 7-1] 참조). 지난 여름 부모님과 여동생들과 놀러 간 곳이 기억난다고 했다. 가끔 동생들하고 집에서 놀 때는 있지만 부모님하고 놀 때는 없다고 생각하는 듯했다.

그다음 주 만남에서도 윈스턴은 말하는 것을 어려워했고 나는 이름을 부르는 듯한 사진을 골라 보라고 하였다. 이번엔 동그라미와 가위표가 있는 사진을 골랐다([사진 7-2] 참조). 아이는 여동생들과 노는 게 좋다고 속삭였다. 우리는 20분 동안 오목놀이를 하며 놀았다. 나는 '커넥트 4'라는 다른 놀이가 있는데 어떠냐고 물어보았다.

윈스턴은 그 말에 매우 솔깃하더니 곧 능숙한 솜씨를 뽐냈다. 시간이 조금 흐른 뒤 계속 놀이를 하면서, 사전 검사할 때 '지난 한 주 동안 나는 죽을 계획을 세워 본 적이 있다'에 '가끔'으로 표시해서 무척 놀랐다고 말해 주었다. 윈스턴은 린다라는 어떤 아이('말하는 사진치료'의 다른 내담자)가 피부색 때문에 자기가 싫다면서 병신이라고 부르고 때리고, '너네 엄마랑 아빠랑……' 하면서 '손가락으로 욕을 했다'고 속삭였다. 나는 윈스턴에게 SENCO special education needs coordinator, 특수교육 코디네이터에게 내가 대신 린다 얘기를 해 줄까 하고 물었다. 그랬더니 아이는 세차게 고개를 끄덕였다.

다음 회기를 시작할 때 윈스턴은 '커넥트 4'를 하자고 했다. 조금 후에 나는 또 괴롭히는 아이는 없는지 물어보았다. 윈스턴은 행복한 표정으로 고개를 끄덕이며 "없어요."라고 속삭였다. 두 판을 더 한 뒤에 나는 몸을 기울이며 항상 그렇게 조용조용 말하는지 물어보았다. 아이는 내 귀에 "아니요."라

[사진 7-1] 윈스턴이 처음 고른 사진

[사진 7-2] 윈스턴이 두 번째 고른 사진

고 말했다. 몇 살 때부터 그랬냐고 묻자, "다섯 살이요."라고 한 뒤 다시 놀이에 열중했다.

이어진 회기에서 윈스턴은 다소 편한 자세에 기분이 좋아 보였고, 이전에 내가 알려 준 단어 게임을 하자고 했다. 게임을 하면서 나는 윈스턴이 다섯 살 전엔 말을 했는데 그다음엔 어떤 일로 말을 안 하게 되었을까 궁금하다는 생각을 하게 되었다고 했다. 아이는 속삭이기조차 어려워해서 만약 원하면 글로 쓸 수 있다고 했더니 다음과 같이 적었다. '엄마가 말하지 말라고 해서 그랬어요.' 더 자세히 이야기할 수 있는지 묻자 아이는 고개를 끄덕였고, 우리는 함께 내가 어떻게 도울 수 있을지 궁리해 보자고 하였다.

마지막 회기 바로 전 회기에서 이름을 부르는 듯한 사진을 골라 보라고 하자 카드놀이 사진을 골랐다([사진 7-5] 참조). 어떻게 그 사진을 골랐는지 묻자 다음과 같이 대답했다. "여기 오기 1년 전 아프리카에 있을 때 엄마랑 카드 놀이 했어요." 그때는 프랑스어를 썼는데, 지금은 엄마랑 카드 놀이도 안 하고 말도 하지 않는다고 했다. 나는 윈스턴에게 혹시 아프리카에서 살던 동네 아줌마들 모두 말이 없었는지 물어보았다. 윈스턴은 마치 내가 바보 같다는 양 크게 미소 지으며 고개를 가로젓고는 빨리 다시 단어 게임을 하고 싶어 했다.

마지막 6회기 시작에 나는 윈스턴에게 게임을 하고 싶은지, 이야기하고 싶은지 물어보았다. 윈스턴은 의외의 대답을 했다. "이야기요." 그리고 머뭇거리며 말 안하는 엄마가 고모랑은 좀 다르다는 생각이 요즘 든다고 나직하게 말했다. 그리고 테니스 선수가 되고 싶다고 엄마한테 이야기해서 그 뒤로 같이 테니스 친다고 말해 주었다. 윈스턴은 또한 행복한 미소를 지으며 학교에 친구가 생겼다고 했다.

윈스턴의 사례 이해

윈스턴은 6회기에 걸쳐 교사들이 한때 '선택적 함구증'이라고 부른 상태에서 교사의 얼굴을 보고 말을 할 수 있게 됐을 정도로 변화했다. CORE-10의 상승은 자신의 문제를 이야기할 수 있게 되었기 때문인 것으로 보인다.

린다

린다는 첫 주에 오지 않아 5회기만 진행하였다. 13세의 린다는 걸음이 매우 뻣뻣했고, 큰 키에 다소 단정치 못한 용모였다. 가끔 알 수 없는 미소를 혼자 짓곤 했다.

치료 과정과 결과로서의 사진

이름을 부르는 사진 고르기를 어려워했지만 꽃을 찍은 사진을 '이쁘니까' 좋아한다고 했고, 열대어 사진도 좋아했다([사진 7-3] 참조). 린다는 열대어 어항이 있는 집에 엄마, 오빠 두 명, 로트와일러와 함께 살고 있었다. 돛단배 사진을 보며 4세 때 마지막으로 놀러 간 해변이 생각난다고 하였다. "즐거운 시간이었어요."라고 덧붙였다. 그러다 어떤 사진을 보면서는 작은 목소리로 "누가 다친 거 같아요."라고 한 다음 더 이상 말이 없었고, 어떤 사진인지도 알려 주지 않았다.

결국 가장 좋아하는 사진으로 고른 사진은 '소용돌이 색깔'이 좋아서 골랐다고 했다([사진 7-4] 참조). 린다는 이런 과정이 어려운 듯 보였고 사진에서 느껴지는 감정을 이야기하는 것에 어색해했다.

두 번째 회기에서는 컴퓨터 게임을 좋아한다고 해서 그 회기는 게임을 하기로 했다. 린다가 처음 고른 게임은 어떤 사람의 자리를 대신해서(공교롭게도 흑인 캐릭터였다) 늘어나는 주문을 정확히 처리하는 내용이었다. 나도 가

[사진 7-3] 린다가 처음 고른 사진 (Halkola)

[사진 7-4] 린다가 두 번째 고른 사진 (Halkola)

르쳐 달라고 했더니 잠시 가르쳐 주다가 곧 혼자 놀고 싶은 기색이었다. 린다가 검색한 게임 대부분은 학교 인터넷 보호 프로그램 때문에 실행되지 않았다. 그러다 찾은 게임이 만화처럼 그려진 어떤 여자아이 가슴을 최대한 길게 잡아당기는 게임이었다. 린다가 게임을 시작하자 내가 "린다, 내가 보기엔 그 게임은 좀……" 하니 자기 입으로 "좋지 않죠."라며 내 말을 가로챈 뒤 다른 게임으로 바꾸었다.

세 번째 회기에서도 컴퓨터 게임을 하고 싶어 했고 이번엔 애완동물을 돌보는 게임으로 시작했는데, 이후 제일 많이 한 게임이 됐다. 나도 한번 해 보고 싶다고 다시 말해 보았고 린다가 알려 준 대로 잠시 함께 게임을 했다. 그러다가 린다는 다시 혼자 게임을 하며 놀았다.

다음 회기에선 시작 전까지 린다가 보이지 않았다. 오전이 끝나 갈 즈음 경찰이 린다를 데리고 학교에 왔다는 소식을 들었다. 분명 등교는 했지만 물건을 훔치러 남동생과 함께 몰래 나간 것이었다. 회기 시간이 끝날 때쯤 상담실 문을 두드리기는 했다. 나는 지금은 안 되고 점심시간에는 볼 수 있다고 했는데, 그 제안을 받아들이지 않았다. 점심시간에 선생님이 아침에 있었던 일에 대해 린다가 미안하다고 했는데 이전에는 전혀 사과한 적이 없었다고 했다.

마지막 회기를 시작할 때 린다는 훨씬 적극적인 태도였고 (상담실 밖에서) 휴지 좀 가져다줄 수 없냐는 질문을 했다. 나는 직접 가서 가져와도 괜찮다고 말해 주었다. 상담실로 돌아오자 나는 이름을 부르는 것 같은 사진을 다시 골라 볼 수 있겠냐고 물어보았다. 린다는 자신이 카드 두 장을 숨기고 내가 찾는 놀이를 하면 어떠냐고 하면서 대신 내가 문을 닫고 밖에 먼저 나가 있어야 한다고 했다. 나는 그럴 순 없다고 했다. 왜냐하면 우리는 선생님들이 외투와 가방을 둔 방을 썼기 때문이었다.

린다는 대답했다. "그럼 컴퓨터 게임 해요." 그러고는 또다시 애완동물을 돌보는 게임을 시작했다. 여전히 혼자 게임하면서 '인간 박멸'이라는 다른 게임을 또 골랐다. 게임이 모니터에 뜨자 나는 "네가 하고 싶은 게임이야?"라고 물었고 아이는 "네." 하고 답한 뒤 아무 말이 없었다. 마지막 회기 동안 나는 린다에게 다음의 말을 꺼낼 수 있었다. "동물들을 보살피는 게임으로 시작했는데 계속 돌보지 않고 또 폭력적인 게임을 하고 있구나." 린다는 고개를 끄덕이고는 계속 게임을 했다.

이 마지막 회기에서는 사진을 고르라고 하자 '소용돌이 색깔'을 골랐다. 왜 그것을 골랐는지에 대해서는 여전히 말하기 어려워했지만 나중에 가서는 색깔과 모양 때문인 것 같다고 하였다. 그다음엔 이전 회기에서처럼 꽃을 찍은 사진들을 골랐다. 어떻게 이 사진을 고르게 되었는지 묻자, 알록달록해서 골랐다고 하였다. 그러더니 "엄마가 꽃 좋아해요."라고 했다. 린다는 엄마가 장미를 심었다고 했다. 집에 꽃이 있냐고 묻자 린다는 "민들레."라고 답하며 남동생한테 주려고 꽃을 꺾어 왔는데 이름은 모른다고 했다. "작고 노란색이었어요." "미나리아재비구나." 내가 알려 주었다. "맞아요!" 그러더니 이어서 말했다. "엄마 주려고 수선화도 샀어요."

린다의 사례 이해

린다는 나를 보고 큰오빠를 떠올렸을 가능성이 있다. 혹시 여성 치료자를 만났다면 더 좋았을까. 나는 이 단기치료에서 만났던 다른 아동들에게도 말해 주었던 것과 같이 중요한 일이 생겨서 나를 만나고 싶으면 언제든지 만날 수 있다고 말해 주었다. 하지만 린다에게 이 말을 하는 것이 매우 어려웠는데, 린다는 자신이 원하는 것이 있을 때만 내게 관심을 갖는 것 같은 느낌을 받았기 때문이다. 다른 사람도 린다에게서 이런 느낌을 받을 것 같다.

아만다

아만다가 '말하는 사진치료'의 첫 회기에 올지는 불투명했다. 그날 아침 수업에 안 왔다는 말을 들었는데, 상담실 문 앞까지 오긴 했지만 계속 서성댔다. 지나가던 선생님이 껌을 뱉으라고 주의를 주자 복도에 뱉고는 재빨리 사라졌고, 그 뒤를 선생님이 쫓아갔다. 다시 왔을 땐 허겁지겁 방으로 들어오더니 털썩 의자에 앉았다. 나는 내 책상 바로 옆 의자에 앉을 수 있는지 물었고, 아만다는 그렇게 했지만 매우 부자연스러운 자세로 앉아 있었다.

치료 과정과 결과로서의 사진

어떤 사진이 이름을 부르는지 묻자 아만다는 조커가 들어 있는 카드 놀이 사진을 골랐다([사진 7-5] 참조). 사진들을 하나씩 들여다보면서 차분해지는 모습이었다.

아만다는 "전 사람들을 웃기는 것이 좋은데 가끔 그것 때문에 혼나요."라고 했다. 아버지는 4년 전 부모님이 헤어진 직후 돌아가셨다고 했다. 아만다는 심지어 아버지 부음도 못 들은 채 장례식도 가지 못했다. 의사가 폐에 안 좋으니 술을 끊으라고 했는데 결국 심장마비로 돌아가셨다고 했다.

다음 만남에서 아만다는 시작 즈음 밖에서 기다리고 있긴 했지만 거의 30분간을 들락날락했다. 그러더니 또 허겁지겁 들어오면서 나란히 붙은 의자 세 개 위로 훌쩍 다이빙하면서 그 위에 그대로 쭉 엎드렸다. 종국엔 책상 옆에 앉긴 했지만 여전히 어색했고, 책가방은 그대로 맨 채였다. 불안 속에서 끊임없이 책상에 있는 물건을 잡히는 대로 가지고 놀았다. 이전 회기에서처럼 이름을 부르는 것 같은 사진을 골라 보라고 하였다. 고른 사진이 어떤 사진인지 이야기해 달라고 하자 "빈터예요."([사진 7-6] 참조)라고 했다. 그러더니 "졸려서 자고 싶어요."라고 해서 "그래라."라고 했다. 책상 위에 엎드리려고 사진

[사진 7-5] 아만다가 처음 고른 사진, 윈스턴이 마지막 고른 사진 (Halkola)

[사진 7-6] 아만다가 두 번째 고른 사진 (Halkola)

을 옆으로 치우는 것을 보고 나는 "너만의 빈터를 만들고 있구나."라고 해 주었다.

그다음엔 축구 이야기를 했다. 아만다는 학교 경기는 안 나간다고 했다(주일 경기에는 나가는 것으로 밝혀졌다). 학교 팀에서 뛰지 않는다고 별것 아니라는 듯 이야기했지만 그 반대로 경기에 나가고 싶은 마음이 간절한 것처럼 보였다. 어쩌다 학교 팀에서 나오게 됐는지 묻자 준비물을 깜빡한 적이 있는데 그 때문에 제외됐다고 대답했다. "약속하는 건 아닌데, 혹시 다시 학교 팀에 들어가고 싶어 한다고 말해 주길 바라니?"라고 했더니 "네."라고 했다.

다음 회기를 시작할 때 나는 아만다가 지난 주 금요일 교감선생님께 캔에

들은 음료를 끼얹어 정학을 당했다고 들었고, 그 결과 지금 엄마와 함께 학교에서 회의 중인 것을 알았다. 아만다가 끝나고 나를 만나고 싶어 한다고 들었다. 상담실에 도착하자 아만다는 "피곤해요."라고 하며 책상 위에서 종이를 한 장 낚아채더니 자바라처럼 꾸깃꾸깃 접었다.

그러더니 비틀어 구기고는 바닥에 던져 버렸다. 내가 쓰레기통에 넣어 줄 수 있냐고 묻자 "책 보고 나서요."라며 옆 테이블에서 잡지 하나를 꺼냈고 몇 초 후엔 "화장실 가고 싶어요."라고 하길래 "그래, 하지만 먼저 종이를 주워 줄래?"라고 했다. 아만다는 나가면서 바닥에 버렸던 종이를 주웠다. 다시 돌아왔을 땐 불안한 기색으로 방을 이리저리 서성였고 벽에 붙은 '쉽게 파손될 수 있습니다'라고 쓰인 플라스틱 표지판을 뜯기 시작했다. 나는 "그러지 마라. 내가 곤란해진단다."라고 했다. 아만다는 멈추더니 책상 옆 의자에 다시 앉았다. 우리는 학교에 계속 다닐 수 있을지에 대해 이야기했다. 아만다는 학교에 계속 다니려면 나아진 모습을 보여 줘야 한다고 했다. 회기가 끝날 무렵 갑자기 "다음 주 목요일에도 계실 거죠, 그죠?"라고 했다.

다음 회기에서는 여전히 책가방은 메고 앉아 있었지만 말문은 조금 트인 상태였다. 나는 아만다에게 하고 싶은 것을 해내는 것을 어려워하는 것 같다고 했고 그래서 조커 역할을 맡는 것이 아닌지 모르겠다고 했다. 아만다는 아무 말 없었지만 속으로는 그 말에 반응을 하는 것 같았다. 다시 한 번 회기가 끝날 때쯤 되자 다음 주 마지막 회기 때도 내가 여기에 있을 것이라고 재차 확인해 주길 바랐다.

마지막 회기가 되자 아만다는 처음으로 서성이지 않고 책상 옆 의자에 앉긴 했지만 여전히 말을 한 마디 이상 하는 것을 어려워했다. 이름을 부르는 사진을 골라 보라고 다시 청하자 곧장 "빈터가 있는 거요."라고 했다. 아만다는 학교 축구팀에 들어오란 얘기를 들었지만 거절했다고 했다. 그 이유가 처음엔 애매했는데, 결국 알게 된 사실은 아만다는 주일 축구를 위해 주중에 축구팀에서 연습하고 싶어 했는데 다른 여자아이들은 대부분 학교 팀에서 경기하고 싶어 하지 않기 때문이었다는 것이다.

나는 그 일 또한 비슷한 사안이 아닌지 함께 생각해 보았다. 자신이 진정 원하는 것을 오히려 하기 어려워하는 것이 아닌지 말이다.

아만다의 사례 이해

아만다를 보살펴 주면서 동시에 분명한 경계를 지어 줄 수 있는 사람을 만나는 것이 중요하다고 생각했다. 아만다는 특히 장기치료에서 효과를 볼 수 있을 것 같았다.

논의와 결론

'말하는 사진치료'는 치료적 대화를 시작하기에 유용한 기법이었다. 사진을 보는 행위 자체는 내담자의 문제에 빠르게 접근하는 동시에 내담자 스스로가 치료의 주체가 되도록 하였다. 이러한 결과들에서 보면 '말하는 사진치료'는 내담자의 고통스러운 기억을 비교적 빨리 회상시키고 탐색을 돕는다. 이는 내담자로 하여금 문제와 거리를 두도록 돕는 최근 유행하는 인지행동치료(CBT)와 대조적이다.

사전/사후 비교에서(14장의 〈표 14-2〉 참조) 내담자 3명(샬럿, 아만다, 린다)의 PHQ-9와 CORE-10이 감소했다. 또한 아만다와 린다의 경우 사전 GAD-7 점수가 사후보다 더 높았다. 윈스턴의 경우 PHQ-9와 CORE-10 모두 상승하였다.

내담자들이 선택한 사진에 대해서, 샬럿과 아만다는 처음에 불안을 나타내는 사진들을 골랐으며 종결 시점에서는 가끔 들러 이야기할 수 있는 안전한 장소를 발견했다. 둘 모두 자신의 고민과 관련된 사진들을 먼저 골랐고—샬럿은 금속으로 된 꽈배기, 아만다는 카드에 그려진 조커—나중엔 둘 다 안전 장소를 찾게 되었다. 샬럿은 혼자 있을 수 있는 나무가 있는 길이었고 이와 비슷하게 아만다도 '빈터'라고 한 사진을 골랐다. 그 장소에서 휴식을 취하는 동시에 궁극적으로는 좀 더 현재에 머물 수 있었다. 적어도 회기 안에서, 용납되는 수준으로 말이다.

윈스턴은 드디어 자신의 목소리를 찾았고, 그 덕분에 자신에게 중요한 주제를 다룰 수 있었다. 처음 시작할 때 윈스턴은 여동생과 부모님과 함께 놀던 소중한 기억에 의존하였다. 하지만 나중에는 카드 놀이를 하는 사진을 통해 목소리를 낼 수 있었고, 말 안 하는 엄마에 대해, 말하지 말라는 엄마의 명령이 어떤 경험인지를 말로 표현할 수 있었다. 검사 측정치 결과와는 다르게 린다는 처음과 끝 모두 동일한 사진을 골라 큰 변화는 없었다고 볼 수 있다. 하지만 애완동물을 돌보는 일상적 스트레스도 견디지 못한 채, 대신 더 폭력적이고 외설적인 게임을 하는 자신을 명확히 돌아보는 계기는 될 수 있었다. 나아가 자신이 조종을 당했던 것처럼 세상을 조종하려는 자신을 인식하게 되는 기회였을 수도 있다.

사용된 측정 도구들은 영국에서 널리 쓰이는 도구들이다. 하지만 이 도구들이 치료에 대한 현상학적 접근을 저해하는 면도 발견했다. 설문은 마치 병원에서처럼 문제 해결의 주체가 치료자라는 생각을 심어 줄 수 있기에 제한된 경우에만 적절할 것 같다. 하지만 또한 설문으로 치료를 시작하면 "한 방에 같이 있는 겁먹은 두 사람"인 내담자, 치료자 모두의 불안을 일시적으로 경감시키는 효과가 있다는 보고도 있다(Bion, 1990: 5).

또한 '지난 한 주 동안 죽을 계획을 세워 본 적이 있다'와 같은 질문에 대답하게 하고, 그러고는 바로 다음 질문을 하는 것이 다소 폭력적인 느낌도 있다. 이는 치료 과정에서 인간적 유대감이 형성되면서 점차 희석되는 것 같다.

상대적으로 사진은 내담자의 투사를 치유적인 대화에서 다루면서 치료뿐 아니라 평가에 있어서도 내담자의 문제를 기술하는 데 더 유용했다. 예를 들어 샬럿과 아만다 모두 마음의 불안을 나타내는 사진으로 시작하였지만 단기치료를 거치며 고요한 장소의 사진을 고르고, 그 사진을 보고 이야기도 나눌 수 있었다. 그에 비해 치료 시작과 끝에서 유사한 사진을 고른 린다의 경우 거의 변화가 없었음을 나타낸다고 볼 수도 있다. 나아가 사진을 통한 평가 방식은 평가 왜곡 가능성(불안, 우울, 공포, 임상적 심각도와 같은 의학적 개념을 미리 부과하는 평가 방식)이 배제되기 때문에 현상학적/사후현상학적 접근이 가능하다. 중요한 점은 심리치료 과정(정신분석의 영향을 받은 포스트 실존주의적)에서 사진을 사용한 것이지 사진치료 기법의 이론에 따른 것은 아니라는 점이다. 내담자들은 보통 개인이나 집단으로 사진을 찍기도 하는데, 여기 소개한 내담자들의 문제 수준으로 보아 사진 찍는 행위가 별 도움이 될 수 없거나 애초 불가능한 상황으로 보였다.

여러 이점에도 불구하고 '말하는 사진치료'는 사진의 심리치료적 활용에 있어 다음과 같은 취약점이 있다. 첫 번째는 내담자가 사진을 다루면서 이야기를 너무 빨리, 많이 털어놓게 되어 오히려 건강한 수준의 억압을 방해할 수 있다. 두 번째는, 예를 들어 교사나 다른 누구, 나아가 국가 차원에서 특정한 목적을 달성하기 위해 의식적 · 무의식적으로 사진이나 투사 기법을 (사진이 매우 흔해진 지금의 디지털 시대에) 활용할 위험이 있다. 따라서 '말하는 사진치료'는 적어도 치료자 자신이 스스로 통찰할 수 있을 수준의 기본 임상 수련을 받은 전문가가 수행해야 한다(따라서 인지행동치료든, 체계론적 접근이든, 집단상담이든 한 가지 수련만으로는 부족할 수 있다).

특히 교사나 특수교육 코디네이터가 사진치료의 자격이 있다고 가정하기 어렵다(어느 정도는 경륜을 통해 알 수 있을지라도). 학교나 다른 현장에서 사진치료자는 독립적인 위치를 유지하는 것이 중요하다. 어린 내담자가 동의할 경우, 치료 과정에서 새롭게 알게 된 내용을 일부 공유할 수는 있다. 독립성 유지는 생각보다 매우 민감한 사안으로, 여기엔 예를 들어 교사의 부적절한 호기심과 교사 자신이 가진 불안과 더불어 이타주의적 욕망, 나보다 남을 위하는 행위가 갖는 윤리적 뉘앙스와 같은 복합적 정황이 얽혀 있다(Loewenthal, 2011). 이러한 취약점에도 불구하고, 디지털 문화 양식의 하나인 사진치료는 큰 비용을 들이지 않고도 좀 더 나은 삶을 영위하도록 돕는다.

이 장에서는 단기치료에서 사진을 통해 내담자가 말로 꺼내기 어려웠던 주제를 이야기하는 과정(장기치료에서도 마찬가지), 선택된 사진의 활용, 투사 내용을 통한 치료의 평가를 탐색하였다. 일반적인 관점에서 '말하는 사진치료'

는 자신의 문제를 탐색하고 싶은 내담자에게 적합하고, 자신의 문제에서 벗어나 새로운 생각이 필요한 내담자들에겐 인지행동치료가 적합하다 하겠다.

참고문헌

Bion, W. R. (1990). *Brazilian Lectures*. London: Karnac.

Freud, S. (1914). *On the History of the Psycho-Analytic Movement*. S.E., *14*, 7-66.

Freud, S. (1915). *Repression*. S.E., *14*, 141-158.

Halkola, U., & Koffert, T. (2011). The many stories of being: In *PHOTOTHERAPY-EUROPE: Learning and healing with phototherapy-A Handbook*. Turku: University of Turku, Publications of the Brahea Centre for Training and Development. Also available from: http://phototherapyeurope.utu.fi/photoeurope_handbook.pdf.

Krauss, D. A., & Fryrear, J. L. (1993). *Phototherapy in Mental Health*. Springfield, IL: Charles C. Thomas.

Layard, R., Clark, D., Bell, S., Knapp, M., Meacher, B., Priebe, S., Turnberg, L., Thornicroft, G., & Wright, B. (2006). *The Depression Report: A new deal for depression and anxiety disorders*. London: The Centre for Economic Performance's Mental Health Policy Group, LSE.

Loewenthal, D. (2009). (Editorial) Can photographs help one find one's voice? The use of photographs in the psychological therapies. *European Journal of Psychotherapy and Counselling, 11*(1), 1-6.

Loewenthal, D. (2011). *Post-Existentialism and the Psychological Therapies: Towards a therapy without foundations*. London: Karnac.

Martin, R., & Spence, J. (1987). New portraits for old: The use of the camera in therapy. In R. Betterton (Ed.), *Looking On: Images of femininity in the visual arts and media* (pp. 267-279). London: Pandora.

Martin, R., & Spence, J. (1988). Phototherapy: Psychic realism as a healing art? *Ten, 8*(30), 2-10.

Spence, J. (1986). *Putting Myself in the Picture: A political, personal and photographic autobiography*. London: Camden Press.

Weiser, J. (1999). *PhotoTherapy Techniques: Exploring the secrets of personal snapshots and family albums* (2nd edn; 1st edn 1993). Vancouver: PhotoTherapy Centre Press.

Weiser, J. (2001). PhotoTherapy techniques: Using clients' personal snapshots and family photos as counseling and therapy tools. *Afterimage: The Journal of Media Arts and Cultural Criticism, 29*(3), 10-15.

Weiser, J. (2002). PhotoTherapy techniques: Exploring the secrets of personal snapshots and family albums. *Child and Family*, Spring/Summer, 16-25.

Weiser, J. (2004). PhotoTherapy techniques in counseling and therapy: Using ordinary snapshots and photo-interactions to help clients heal their lives. *The Canadian Art Therapy Association Journal, 17*(2), 23-53.

CHAPTER 08

자기치료로서의 자화상

– 크리스티나 누네즈(Cristina Nuñez)

배경: 보여지는 것에 관하여

나는 20년 이상 자화상을 찍어 왔다. 처음에는 내가 자기치료self-therapy를 하고 있다는 것을 알지 못했다. 그것은 내 예술적 프로젝트의 일부였고, 내 사진을 찍을 때 기분이 정말 좋았지만, 단지 허영심이 있다고 생각했다. 겨우 몇 년 전에야 나는 이 작업이 나의 어린 시절의 경험과 십 대 시절의 어려움에 대한 나의 직관적인 반응임을 깨달을 수 있었다.

나는 1962년 스페인에서 여섯 자매 중 다섯째로 태어났다. 내 인생의 첫 3년 동안, 나는 우리 가족의 중심에 있었고, 자매들과 부모님의 사랑스러운 시선과 포옹 덕분에 황홀했다. 하지만 여동생이 태어났을 때 모든 관심과 돌봄은 자연스럽게 여동생과 류머티즘을 앓고 있던 언니에게로 옮아갔다. 나는 사진 찍히는 걸 좋아했지만, 가족들은 여동생의 스냅사진을 찍었다. 곧, 나는 나 자신이 투명인간처럼 느껴졌고, 아마도 이것은 나의 낮은 자존감의 시작이었을 것이다.

십 대 시절에, 이렇듯 스스로에 대한 부적절감에 휩싸여 큰 분노를 경험했다. 아버지가 어머니를 버렸을 때, 어머니는 깊은 우울증에 빠졌다. 난 겨우 12세였고, 점점 더 내 자신의 존재감이 작아졌다고(내 자신이 보이지 않는다고) 느끼기 시작했다. 언니들은 아름답고, 창의적이고, 인기 있었고, 혁명적이었으며, 난 그들처럼 되고 싶었지만 충분하지 않다고 생각했다.

'두고 봐. 나 역시 중요한 일을 할 거야.'라고 생각했던 것을 잘 기억하고 있으며, 그때부터 헤로인을 복용하기 시작했다. 나는 15세부터 20세까지 헤로인 중독자였다. 헤로인을 살 돈을 벌기 위해 도둑질에 마약 밀매에 창녀 노릇까지 했다. 한편으론 가족들의 관심을 끌고 싶었지만, 다른 한편으론 내 한계를 탐구하고 내적 자각의 과정을 시작하고 싶었다. 19세에 내가 바닥을 쳤을 때, 아버지는 만약 내가 약물을 중단하지 않는다면 더 이상 나를 만나지 않을 것이라고 언니를 통해 통보했다. 프랑스와 벨기에에서 1년 반 동안 중독치료를 받은 후 헤로인을 완전히 끊었지만, 사실 내가 끊을 수 있도록 해 준 것이 아버지의 말이었음을 그 당시엔 미처 깨닫지 못했다. 16년 후, 아버지의 장례식에서 언니 이사벨과 얘기를 나누면서 이러한 진실을 깨닫게 되었다.

나는 바르셀로나로 되돌아와서 공부를 다시 시작했고, 심리치료를 받기 시작했다. 그 즈음에 무대에 오르는 것을 좋아했던 나는 연기를 시작하였다. 얼마 후, 이탈리아인 사진사를 만났고, 사랑에 빠져 밀라노로 이사를 하게 되었다. 그가 작업하는 걸 보면서, 나 자신을 이해하는 데 카메라를 활용할 수 있다는 것을 깨달았다. 그래서 카메라 렌즈를 내 쪽으로 돌려서 나의 첫 번째 자화상을 촬영했다. 1988년이었다. 자화상을 통해 어머니의 애정 어린 시선을 재창조할 수 있는 방법을 찾았고, 나는 독립적인 성인이 될 수 있었다.

1994년, 오랫동안 찍은 일련의 자화상 작업 및 프로이트식 정신분석과 집단치료 모두가 끝난 후, 나는 다른 사람들의 사진을 찍기 시작하였다. 나는 '신체와 영혼'이란 제하의 일련의 초상화, 누드, 자화상 작품으로 마랑고니 Marangoni 재단 상을 받았다. 이 프로젝트에서는 나 자신을 본 것처럼 다른 사람을 보려는 내 의도가 잘 표현되어 있다. 이제 나는 6년간의 자화상과 심리치료 덕분에 내가 세상에 '다시 태어날 수' 있었다는 것을 안다(프로젝트는 www.cristinanunez.com에서 볼 수 있음).

사진사로서 성공한 동안 계속해서 자화상을 찍었지만, 삶에서 위기 상황이 닥칠 때 자화상을 더 자주 찍었다. 남편과 이혼한 후에도 아버지가 돌아가신 후에도 두 자화상 모두는 내 일상의 도구가 되었다. 6년 후 나는 '젊은 사진사'란 스튜디오를 열었지만 실패하였고, 새로운 위기가 닥친 후에 그동안 나만의 방법으로 나 자신을 치유하는 방법을 직관적으로 발견했다. 게다가 자화상 사진을 찍는 시간을 통해 나는 위기를 극복하고, 새로운 사랑과 내 일에 대한 열정을 되찾게 되었다.

방법 구축하기

내 딸 야신Yassine은 절반은 세네갈인 혼혈이다. 어느 날, 야신은 여동생 디난Dinan과 자화상을 촬영한 후, "엄마, 나 혼자 찍어 보고 싶어요."라고 말했다. 그때 그녀는 3세였고, 나 없이 3개월을 보낸 채 세네갈에서 막 돌아왔을 때였다. 나는 롤라이플렉스Rolleiflex 사진기를 삼각대에 올려놓았고, 야신은 마치 자신의 아프리카적 근원을 표현하듯 표범 쿠션을 선택하고는 옷을 벗었다. 그날 그녀가 찍은 멋진 사진 시리즈에 매우 놀랐다. 그녀의 시선은 믿을 수 없을 정도로 강렬했고, 의지력과 자부심으로 가득 차 있었다. 그녀가 그녀의 여동생이나 나처럼 백인도 아니고, 아버지나 아프리카 가족들처럼 흑인도 아닌 차이점을 확인해야 한다는 것을 난 이해했다. 그리고 자기 자신을 재현하기로 한 그녀의 결정은 그 나이의 아이들에게는 너무나 자연스러운 어떤 것—어머니로부터 단절된 개인을 느끼려는 욕구에서 비롯된 것—임을 알 수 있었다. 그녀의 갈색 피부와 짙은 파란 벽의 대조는 아프리카의 따스함과 유럽의 차가움 간의 큰 차이를 표현하는 듯했다.

야신의 자화상으로 인해 나는 자화상의 역동성을 연구하고 이해할 영감을 얻게 되었다. 스테파노 페라리Stefano Ferrari(2002: 79)는 『자아의 거울Lo Specchio Dell'Io』이란 책에서 '거울의 3번째 단계'에 대한 자신의 이론을 다음과 같이 주장한다.

아이는 거울 속 이미지를 마치 자신이 소유한 것처럼 인식하고, 이미지에 자신을

> 동일시하고, 자신이 그 이미지가 된다. 이러한 거울 속 이미지와의 아이의 동일시는 최초의 동일시이며 다른 모든 동일시의 모체가 된다.

그러므로 카메라를 마주하고 셔터를 누르는 것은 즉각적으로 우리의 자아를 정의하는 첫 번째 과정으로 이끈다. 또한 상대적으로 새로운 세계인 자신의 존재 안에서, 아이들에게 사진 찍기 경험은 더 강렬하게 다가올 것이라고 나는 생각했다.

나의 방법이 나 자신에게 그랬던 것처럼 다른 사람들에게도 유용할 것이라 확신하며, 나는 다른 사람들에게 카메라로 자화상을 찍어 보자고 권유하기 시작했다. 동시에 내 개인 경험에 근거하여 개인, 커플, 집단을 위한 자화상 시리즈와 특정한 연습 과정을 만들었다. 여기에 이미지와 교감하기 위해 특정 사진을 지각하고 선택을 위한 일련의 질문과 기준들을 제공하였다. 2006년, 자화상 치료 작업을 발전시키기 위해 나는 체계적으로 자화상을 찍는 방법을 사용하였고, 현재 미국, 스페인, 핀란드, 이탈리아의 기업, 학교, 교도소, 개인 상담 워크숍에서 치료적인 자화상 작업을 가르친다.

고통을 예술로 바꾸기

내가 제안한 방법인 자화상으로 누구라도 창의적인 과정에 적극적으로 참여하고 예술작품을 만들 수 있다. 힘든 감정은 예술의 원료가 되며, 자화상을 찍는 동안 그 정서와 깊게 접촉하려 한다면 무의식을 자극하여 예술의 언어로 말하게 될 것이다. 카메라 앞에 홀로 서는 것은 우리의 가장 깊은 감정을 자극하고 그것을 예술작품으로 변형하는 가장 쉬운 방법이기도 하다. 그 작업은 순식간에 만들어지며, 주체는 내부에 몰두해 있기 때문에 사진 찍는 행위를 할 때 가장 덜 의식적이고 무의식에 가까워진다. 내가 알기로, 예술작품은 여러 가지, 때로는 대조적인 의미를 갖고 있는 이미지들이다. 예술작품은 인간의 상태를 밀접하게 다루고 있으며, 사고와 감정에 대한 다양하고 풍부한 자극을 담고 있고, 미적이고 형식적인 요소의 조화로운 구성 내에서, 시간과 특별한 관계를 맺고 있다.

카메라 렌즈를 대하면 독특한 경험과 깊은 비언어적 대화의 기회를 얻을 수 있다. 내 신체의 눈은 기계적 눈을 세심히 살피며, 끝없는 심연을 바라보면서, 내 시선을 포착하는 나 자신에 대한 혹은 내 안에 있는 '다른' 이미지를 보게 해 준다([사진 8-1] 참조). 여러 번의 촬영 후, 나는 나 자신에 대해 아직도 내가 알지 못하는 것을 찾으며 나의 모든 다른 페르소나들을 경험해 본다. 나는 나 자신을 판단하거나 나의 행동들을 통제하여, 그 이미지가 다른 사람들에게 더 잘 수용될 수 있도록 할 수도 있다. 무엇을 하든, 나는 항상 성공한다. 나의 진정한 인간미는 항상 사진에서 표현된다.

텅 빈 공허함을 마주하고, 방향을 잃은 듯한 감정을 경험하는 것은 소중하다. 내가 고통받을 수도 있고 아플 수도 있지만, 그 덕분에 나중에 창의적인 과정을 활성화시킬 수 있다. 어떤 것도 만들어 낼 수 없을 것 같은 공허함을 어루만짐으로써 나는 내 내부의 깊숙한 용기(배짱)를 재설정하고, 그것을 빈 캔버스처럼 닦아 내어 깨끗하게 만든다. 비밀이 내부를 깊숙이 들여다보고, 고통받고, 직면하고, 촬영하는 것이다. 이것은 일종의 묵상이다. 내 정신과 마음을 한 번 더 새로운 생각과 계획으로 채우기 위한 영감을 찾는 데 자아성찰은 필수적이다.

자신을 표현하는 것은 내가 개인적으로 명명한 '은혜의 상태state of grace'를 제공할 수 있다. 은혜의 상태란 우리의 창조적 자아가 활성화되어 자연스럽게 감정이 보존되는 창조적 작업의 순간에 일어나는 단단한 중심성을 의미한다. 긍정적인 긴장감이 존재하고, 감정적 분리가 일어나면서 생각과 행동이 자유롭게 흐른다. 저서 『지금 이 순간을 살아라The Power of Now』에서, 에크하르트 톨레Eckhart Tolle(1999: 42)는 이를 다음과 같이 서술하고 있다. "진정한 모든 예술가는…… 내면적 고요에서, 무심한 공간에서 창작을 한다." 그리고 "시간, 문제, 생각, 성격의 부담으로부터 자유로운, 강렬하게 살아 있는 상태인 지금이란 절대적인 존재의 상태에서 창작한다." 우리가 현재에 머물러 있도록 자화상은 우리의 본질적 존재를 인식하고 표현하도록 도와준다.

[사진 8-1] 마우트하우젠에서의 자화상
(Nuñez, Someone to Love, 1995)

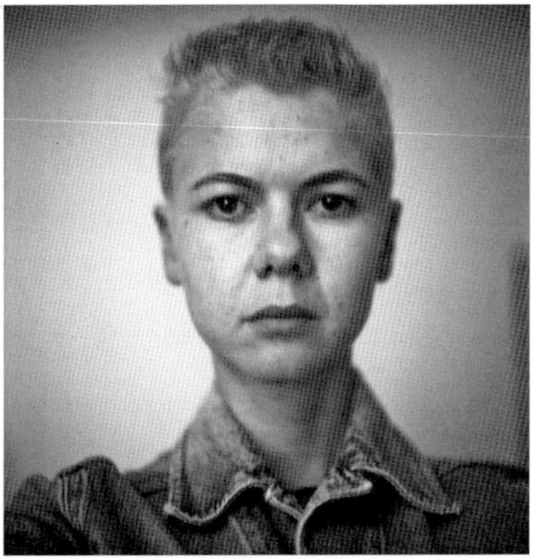

[사진 8-2] 금발의 크리스
(Nuñez, Someone to Love, 1998)

예술은 어디에서 오는가

'용기(배짱)gut'에 대해 말해 보자. 용기란 창의성의 원천이 되는 곳이라고 생각한다. 그곳은 구불한 내장, 따뜻한 액체, 미생물의 생명체, 지구에 생명체가 생겨나게 한 원형질과 유사한 대기(공기)와 같다. 헤르만 헤세Hermann Hesse의 시 '나르시스와 골드문트Narcissus and Goldmund'(2008)에서 묘사된 바와 같이 천사와 악마뿐 아니라 지구상 모든 생물이 생겨난 곳이며, 모든 여자와 남자들을 위한 재생의 공간이고, 또한 아이들이 잉태되고 태어나는 곳이기도 하다. 유도의 창시자인 가노 지고로Kano Jigoro(1922)에 따르면, 우리 신체의 중심인 하라(hara)는 모든 생체 에너지의 원천이다. 내장(용기, 배짱)의 구불한 곳에 우리는 가장 심오한, 심지어 잊고 있던 잠재적인 감정과 기억을 보관한다. 크리스테바Kristeva(1995: 204)는 플라톤의 '코라chora'를 재정의했는데, 그곳은 영양분을 공급하고, 이름도 없고, 형이상학을 거스르는 행렬을 닮은 공간이기도 하다.

노린 오코너Noreen O'Connor(1991: 46)는 다음과 같이 진술했다.

> 코라의 개념으로 우리는 정신적 아픔, 고통, 슬픔의 기원을 고려할 수 있게 된다. 크리스테바는 코라를 주체가 생겨나고 무효화된 곳이며, 주체를 만들어 낸 변화와 상태에 의해 주체의 단위가 분열된 곳으로 명시한다.

앞서 제안한 자화상이란 방법을 통해 우리는 자신의 코라로 되돌아갈 수 있고, 우리 내장에 건강한 '움직임'을 자극할 수 있으며, 이는 평생 동안 주기적으로 표현되어야 할 감정이나 욕구를 자유롭게 한다.

내가 즐겨 사용하는 또 다른 비유적 이미지는 '동굴'이다. 나는 우리 정체성을 커다란 동굴이라고 상상한다. 동굴에 들어가기 위해 우리는 차가운 땅의 좁은 터널을 내려가야만 한다. 몇 미터 내려간 후, 우리는 커다란 구멍에 도달하고, 물이 떨어져 형성한 작은 호수와 다른 통로들, 조그만 동굴이 있는 어두운 심연에 도착한다. 그 끝은 볼 수가 없다. 탐사를 더 많이 할수록, 거대하고 복잡한 것을 더 발견하게 된다. 나의 은유는 플라톤(2010)의 신화에서 네 번째 단계와 일치하는데, 인간은 '선함', 진실과 지성의 개념을 인식하기 위해 '실체(현실)'에서 이탈한다.

나는 동굴이 콜라보 자화상에서 많이 출연하는 것을 보았다. 다섯 장의 사진을 찍은 열 살짜리 소녀를 기억하고 있는데, 사진 속에서 마치 어둠 속에서 있듯이 눈을 감고, 미소를 지으며, 손을 앞으로 내밀고 있었다. 내 스튜디오에서 찍은 대부분의 콜라보 자화상에서 이러한 동굴 같은 표현이 나타난다. 이때 우리는 스스로를 인식하지 않는데, 우리 내부의 세계에 몰입해 있을 때 우리 자신을 보기가 어렵기 때문이다. 잠들기 전의 순간을 기억하자고 내가 제안한 후에야 12세 소녀는 사진에서 자신을 인식하였다. 아마도 그렇게 되면, 비록 '우리가 한 번도 본 적이 없을지라도' 우리는 이런 식의 표현을 인식할 수 있게 된다.

창의적 과정에 영향을 주는 또 다른 요소가 있는데, '스튜디오, 제작자, 보호자'라는 치료적 과정이다. 예술가는 '은혜의 상태'와 그의 내면적 삶에 몰입할 공간을 창조할 수 있다. 미술치료사나 나와 같은 예술가는 창의성의 촉진

자이며, 맥니프McNiff(2004: 30)가 주장한 대로, "공동체의 에너지이자, 사람, 공간, 이미지, 표현의 정신 사이에서 역동적인 상호작용의 움직임을 설정한다. 그들은 안전하고 신성한 공간에서만 가능한 치료와 진정성의 분위기를 만들어 준다."

창조적 과정의 '활성체'로서, 자화상 프로젝트는 일종의 '마더 프로젝트 mother project' 근본적인 계획–역자 주, 즉 새로운 계획이나 창의적 아이디어를 만들어낼 원재료를 가시화하게 해 주는 예술작품의 본체가 될 수 있다. 우리 정체성이 인생의 엄청난 변화로 인해 도전받을 때마다, 우리는 '배짱' '동굴'로 돌아가서 우리의 생각하는 마음으로의 대화를 재개해야 한다. 표현되어야 하는 새로운 감정과 욕구를 찾기 위해 '배짱' 운동을 시작해야 한다. '마더 프로젝트'의 작업 동안 또는 작업이 완료된 후에, '어머니'가 생식력을 소진할 때까지 새로운 '새끼 프로젝트'가 나타날 것이다. 새로운 위기나 삶의 변화 후에 우리의 정체성은 '업데이트'된다. 그러면 우리는 자기성찰로 되돌아가서 새로운 '마더 프로젝트'를 찾아야 할 것이다.

더 고차원적인 자아의 초상화

앤서니 본드Anthony Bond는 자화상 작가에게는 세 가지 역할이 있다고 말한다(Bond & Woodall, 2005). 그것은 저자이자, 주체이자, 자아의 관찰자란 역할이다. 내가 보기에는 각각의 세 가지 역할에서 다음과 같은 진술문이 만들어진다. 주체는 "예, 접니다. 전 이대로 괜찮아요."라고 말하고, 저자는 "나는 창작 중이고, 창작자입니다."라고 말하며, 관찰자는 "나는 나 자신을 보고 있어요. 나는 나 자신을 볼 수 있습니다."라고 말한다. 이 모든 진술은 어느 정도의 수용을 함축하고 있다. 세 가지 역할 간의 관계와 시선의 역동성이 보는 이와의 대화를 촉진할 수 있다. 이것은 자화상이 소통적인 힘을 갖게 하는 원천이 된다. 저자는 마치 시청자의 귀에 속삭이듯이 "이봐, 너도 관련된 거야!"라고 하며 보는 이를 관여시킨다. 그는 자신을 저자이자 주체이자 관찰자로 파악하기 위해 스스로를 초청하며, 이러한 깊은 교환을 통해서 후세에 남길 불멸의 왕관을 쓰게 된다.

자화상 작업 동안 얻어지는 이러한 세 가지 역할 사이의 시선들이 주는 강력한 역동성은 무의식이 말을 하도록 하며, 너무나 강력하고 자동적이어서 여기서 나오는 다중적인 메시지가 서로 의사소통하게 만든다. 이러한 작업은 완벽하다. 마치 더 우월한 힘에 인도된 것처럼, 모든 이미지의 요소들이 중요성을 획득한다. 하지만 이는 주체가 자신의 내면을 표현하는 것에 완전히 빠져 있을 때만 가능하다. 투르니에Tournier(1986)는 자화상이란 "이미지를 만드는 바로 그 순간에 창작자와 그의 시선 안에서 유일하게 가능한 이미지"라고 말한다. 본드는 자화상은 일종의 "창조적 주체의 또 다른 자아"라고 말한다(Bond & Woodall, 2005: 12). 겔Gell(1988: 45)은 자화상은 "사람, 예술가의 대리자처럼 행동한다."라고 주장한다. 이는 '이것이 나야, 이 이미지의 제작자야.'란 의미이며, 따라서 이는 우리를 예술가, 제작자로서 확신하게 만든다.

우덜Woodall에 의하면, 자화상 작가는 신의 것과 유사한 고유한 힘과 행동의 자유를 소유한다(Bond & Woodall, 2005). 많은 예술가는 자기 자신을 그리스도나 다른 신적 존재로 표현해 왔다. 앞에서 언급한 그의 저서 『자아의 거울』

에서, 페라리Ferrari(2002: 11)는 알브레히트 뒤러Albrecht Dürer의 자화상 1,500점에 대해 토론하며, 로트먼Lotman(1988)의 문장을 인용한다. "그리스도의 얼굴은 관찰자의 얼굴 앞에 정확히 위치하고 있으므로, 그들의 눈은 동일한 축 위에 있다. 그리스도의 얼굴은 거울에 반영된 보는 자를 나타낸다." 그러므로 불경스러운 자아도취와는 별도로, 예술가의 메시지는 아마도 다음과 같을 것이다. '당신과 여러분 모두 안에 있는 그리스도.'

이러한 개념들은 나의 자화상 작업이 우리의 창조적 자아, 모든 인류 안에 있는 창조할 수 있는 일종의 신적 자아, 즉 '더 고차원적인 자아'의 묘사라는 나의 생각을 지지한다. 스페인의 시인인 히메네즈Jiménez는 그의 시집 『난 내가 아니야I am not I』(2005)에서 이 개념을 피력했다. 중국의 신탁인 『역경I-Ching』(2004)은 우주와 접촉하고 있기 때문에 우리를 인도할 수 있는 우리의 일환으로서 '내적 현자'에 대해 종종 언급한다. 스피노자Spinoza(2001)는 '신은 모든 창조물, 식물 또는 돌에 있는 결정론적 체계이며, 인간이나 다른 동물이 행한 모든 것은 탁월하고 신적인 것'이라고 느꼈다. 포이어바흐Feuerbach(2008: 48)는 "신은 인간 내적 본성의 외형적 투사"라고 주장했다. '만약 인간이 신 안에서 만족을 찾고자 한다면, 신 안에서 자신을 찾게 된다.' 니체Nietzsche(2006)에게 신은 죽었으며, 초인Übermenschen은 신적인 인격을 가진다. 이론가인 블라바츠키H. P. Blavatsky(2000)는 '더 고차원적인 자아'를 삶에서 삶으로 환생하는 불멸하는 인간의 영혼으로 나타내며, 영혼은 경험, 교훈, 덕목을 축적한다고 한다. 이는 프로이트(2001)의 '슈퍼에고(초자아)'와도 유사한 개념이다. 아이같이 철없는 우리의 자아를 돌보는 아버지의 모습이지만, 프로이트는 영적인 측면을 전혀 고려하지 않는다. 스타이너Steiner(2009: 176)는 '더 고차원적인 자아'라는 용어는 사용하지 않지만, 영적 발전을 완성하기 위한 지상의 다른 신체나 생명을 환생시키는 인간의 영적 신체로서 '자아'에 대해 설명한다(다른 신체는 '여리며' '천체적이며' '물질적'이다). 스타이너의 비전은 인도 베다Veda, 인도의 성스러운 경전-역자 주의 아트마atma(영혼)에 대한 개념에서 영감을 찾았다. 『인지 과학Antropologia Scientifico-Spirituale』 1권에서 그는 첫 번째 십계명, '나는 당신이 당신 안에서 느끼는 영원한 신이다.'에 대한 자신의 해석을 설명했다.

톨레Tolle(1999: 3)는 자신의 이야기를 다음과 같이 풀어내었다.

> 이 고통받던 가짜 자아는 즉시 무너졌다. 마치 부풀려진 인형에서 플러그를 뽑아낸 것처럼. 나에게 남겨진 것은 내게 항상 존재했던 진정한 본성, 정체감을 형성하기 이전의 순수한 상태의 의식이었다.

스튜디오에서 촬영한 많은 사람의 자화상에서 다음과 같은 것들을 표현하는 듯한 이미지를 보았다. 극단적 감정 표현이 관여되고, 주제와는 다른 또 다른 '존재'가 나타나는 것처럼 보이고, 주제에 관한 것뿐만 아니라 크게 보았을 때 공동체와 관련된 엄숙한 진술이 구성된다.

고통의 서사시

자화상 작업에서 힘든 감정의 표현을 통한 '더 고차원적인 자아'의 객관화를 통해 저자-주체-관찰자는 즉시 공동체를 위한 '발표자'가 된다. 우리 모두는 무엇인가의 발표자이며, 다른 사람들이 하지 않는 것을 표현하므로, 인간의 복잡성과 잠재성에 대해 더 많은 것을 배울 수 있다. 우리의 행동은 타인과 공동체에 영향을 주며, 우리 행동의 무언가를 반영mirror할 수 있다. 예술작품으로서의 자화상은 분명히 이러한 중요한 사회적 역할을 강화시키고 가시화한다.

사생활에 집착하고 이미지 사용에 대한 히스테리가 날뛰는 요즘 시기에, 자서전적인 자화상 프로젝트로 자신의 사적 삶을 공개하는 것은 영웅적이며, 매우 자유롭고 힘이 넘치는 행위이기도 하다. 한편으로 여러분은 다수를 위한 발표자가 된다. 여러분은 삶의 임무가 있다! 또 한편으로는, 여러분의 고통과 어려운 과거를 유용하고 소통 가능한 대상으로 바꾸는 작업을 통해 내적 삶을 자극하게 된다. 여러분의 내적 삶으로부터 분리하여 다른 것으로 옮겨갈 수 있고, 삶을 흘러가게 내버려 두고, 산에서 흐르는 강처럼 변화시키고, 동시에 타인에게 영향을 주게 된다. 게다가 사람들로부터 얻는 반응과 비평은 여러분의 행동을 강력하고 중요하게 만든다. 여러분은 영웅이 된다.

옥스퍼드 사전(1982: 324)에서는 '서사시'를 "문화나 국가에서 중요하게 들려지는 이야기"라고 정의하고 있다. 위키피디아(http://en.wikipedia.org/wiki/Epic_poetry)에서는 "전쟁 이야기, 모험, 오랫동안 큰 규모 노력과 같은 인상적인 투쟁을 포착하는 웅장한 묘사"로 정의한다. 이 서사적 이야기가 우리 내면 삶의 상징이란 점을 이해한다면, 심지어는 극한 상황에서도 인간의 위대함을 우리가 인식할 수 있도록 해 주기 때문에(예를 들면, 외도한 부인을 용서하는 남편의 내적 갈등은 '인상적인 투쟁'이고 오랜 기간 종종 큰 노력을 필요로 한다) 그러면 우리 자신을 영웅으로 인식하기 시작할 수 있다.

우리 모두, 특히 청소년은 '서사시'를 필요로 한다. 마약은 서사시이다. 내가 십 대 시절에 복용했던 헤로인에는 아주 서사적인 이름이 있다는 것을 최근에 알게 되었다. 음악, 대중 가수, 영화는 젊은이들에게 많은 현대적 서사시를 전달할 수 있지만, 콘서트나 영화가 끝나면 서사는 지나가고 우리는 우울한 정상으로 되돌아가게 된다. 이러한 현상은 다음과 같은 이유 때문에 일어난다. 우리가 영웅적 행위라고 생각하지 않는 한 우리는 영웅이 될 수 없다는 것을 확신하기 때문에, 우리 사회가 우리가 그렇게 되는 것을 허락하지 않는다는 것을 확신하기 때문이다.

정신분석학의 역사가 거의 100년이 지난 지금, 우리는 우리의 위대함을 느껴야 할 필요성이 있다. 비록 우리 남자와 여자는 전 지구로 퍼져 가고 있음에도 불구하고, 영웅처럼 그 어떤 때보다 더 외로운 처지에 놓여 있다. 왜냐하면 보호 지역은 멸종 위기에 처해 있고, 각 개인은 그들의 삶을 위해 무엇을 할지에 대한 전적인 책임이 있기 때문이다. 그러므로 우리는 영웅의 일부를 우리 자신 말고 그 누구에게도 위임할 수 없다.

스페인에서 투우용 토로toro, 스페인산 수소-역자 주는 다른 소들에 둘러싸인 채, 오염되지 않은 초원에서 5년간 살아간다. 경기장에 도착하기 전까지 이따금 사람들과 마주칠 따름이고, 소들은 투우 경기장에서 인간 투우사와 싸워 아주 근엄하고 서사적인 방법으로 죽게 될 것이다. 그러나 이제 투우는 구식이 되었다. 공개적으로 보이는 폭력(푸른 초원이나 파란 하늘을 거의 볼 수 없는, 우리가 먹고 있는 수많은 동물의 '비서사적'이고 끔찍한 삶과 죽음이 만장일치로 받아들여졌지만, 인정받지 않았고 보이지 않는 채로 남아 있다는 점을 기억하라) 때문이라기보다는 우리가 똑같은 과정을 상징이 아닌 현실로 거쳐야만 하기 때문이다. 오늘날 영웅이 된다는 것은 고통과 고난을 통해 우리 내면의 짐승과 직면하여 싸우는 것이다.

내가 제안하는 방법은 현대의 투우와 같은 것이다. 일부 '폭력'은 여전히 존재하지만여전히 아프고 고통스럽겠지만–역자 주 내부적인 것이며, 자신이 주도하는 것이다. 우리는 우리가 처리할 수 있는 일을 하기 때문에 안전하다. 우리는 내면에 존재하는 소의 뿔을 잡고, 문제가 있는 (그 순간에 우리가 할 수 있는 한) 가장 깊은 밑바닥으로 방해물 없이 곧장 직진하여 이 과정을 예술로 만든다. 헤밍웨이Hemingway(2005)도 통찰했듯이, 투우처럼 말이다.

그다음에 우리가 만든 예술작품을 보면서 고통과 짐승의 능력을 알게 되고 아름다움, 즉 우리의 위대함을 발견하게 된다. 고통을 예술로 바꿈으로써 우리 자신에 관한 것일 뿐만 아니라 전 인류에 관한 심오한 지식의 과정으로 들어간다. 고통과 어려움을 통해 우리 내면의 짐승과 직면하여 싸우고 있기 때문에 이것은 그 자체로 영웅적이지만, 우리의 영웅적 행동을 타인과 소통하며 공유할 때 서사적 이야기가 된다.

수행과 카타르시스

자화상에서 힘든 감정을 표현하는 것은 특히 치료적이다. 분노와 절망은 종종 표면화될 수 없으므로, 우리는 그것을 억누르는 데 익숙해져 있다. 그러나 만약 우리가 최대한 집중하여 들으려고 청취하고 그것들을 몰아내려 한다면, 이러한 극심한 감정들은 '내장'을 움직이게 하고 우리 자신을 충분히 표현하는 것을 도울 수 있다. 사진이 우리의 '어두운 면'을 객관화함으로써 고통스러운 것으로부터 우리 자신을 분리하고, 카타르시스나 쇄신을 위해 우리 자신을 열어 놓게 된다. 우리의 본질적인 존재를 가로막고 있는 장벽들이 서서히 사라진다([사진 8-2] 참조). 때때로 중요한 회의나 일 이전에 긴장을 풀기 위해 나는 격노하거나 절망적인 나를 촬영하고, 그러면 평온해져서 만족감을 느끼고, 어떠한 도전에도 준비된 상태가 된다. 샌드백과 유사하긴 하지만, 사진 그 자체는 내가 볼 수 있는 이미지를 나에게 주고, 나 자신을 충분히 나로 수용하게 한다.

와이저Weiser(1999: 130)가 저서 『사진치료 기술: 개인 스냅샷과 가족 앨범의 비밀 탐구하기Photo-Therapy Techniques: Exploring the secrets of personal snapshots and family albums』에서 주장한 대로 내담자는 '자화상 사진치료 작업'을 통해 스스로의 이미지를 명확하게 되고, 자존감을 높이고 자기신뢰를 형성한다. 자신에 관한 이미지를 만들고, 보고 수용하고, 긍정적인 자기지각을 소유하기 때문이다.

내면을 바라보는 것 외에도, 모든 자화상은 언제나 일종의 퍼포먼스(수행)이다. 우리는 카메라 앞에서 타인이 우리에게 보길 원하는 방식으로 행동한다. 예술에서 퍼포먼스는 관찰자와의 협력과 예술가의 마음과 신체 간의 관계에 기초한다. 예술가는 소통하고, 자신들의 메시지를 대중과 공유하고, 그것들을 보편적인 이슈로 만들기 위해 어떤 퍼포먼스를 수행한다. 그럼에도 불구하고, 내가 알기로는 판단, 지각, 생각, 수용의 강렬한 내면적 대화를 함축하는, 타인의 시선에서 자유로운 '나-나 자신' 간의 관계가 있는 공간이 존재한다. 예술작품은 모든 것을 담아내기 때문에 말이 필요 없고, 이 멋진 작업은 목표를 달성하기 위해 번역될 필요가 없다.

예술 작업 혹은 두 개 이상의 이미지의 배열은 흥미로운 내면 활동에 불을 밝힌다. 이것은 자연적 자가치유 과정으로, 다른 사람에게는 보이지 않겠지만 때론 모든 사람들이 무의식적으로 행할 수 있다. 주체의 안녕과 인식에 따라 처음 자화상과 마지막 자화상 간에 종종 큰 차이가 있다. 맥니프(2004: 114) 역시 이 과정을 설명한다. "고통받고 있는 누군가가 사진에서 상처를 표현함으로써 시작할 수 있겠지만, 그다음 사진에서 그 조건을 고치고 변형하는 것을 내 스튜디오에서 보게 되었다." 맥니프(2004: 115)에 의하면, "사진 그 자체는 상처를 보살피는 천사처럼 작용할 수 있다." 나는 인간에게 스스로 치유할 수 있는 능력이 분명히 있다고 믿는다. 비록 타인에게는 이 과정이 보이지 않겠지만 말이다. 어떤 종류든 간에 예술작품은 이 과정을 활성화·가속화하고 치유 과정에 불을 붙인다. 퍼포먼스는 또한 자신 안에서부터 외부로 나와 자신을 다른 사람처럼 상상하게 하는 것을 의미한다. 한 번은 젊은 스웨덴 마약 중독자에게 그가 좋아했던 인물을 재현하는 콜라보 자화상아마도 크리스티나 누네즈 같은 사진치료사와 함께 찍는다는 점에서 콜라보, 즉 협력적 자화상이라고 이름을 붙인 것으로 보임-역자 주을 찍을 것을 요청했다. 그는 톨킨Tolkien의 책『반지의 제왕Lord of the Ring』에서 곤도르의 왕이 된 아르곤이란 인물을 선택했다. 자화상 작업에서, 이 스웨덴 친구는 자신을 완전히 변형시켜 대단한 카리스마와 영웅적 자질과 그의 백성들에 대한 애정을 표현했다. 이 아름다운 사진은 그가 실제로 이러한 자질들을 갖추고 있음을 입증하였다. 그는 그 사진을 침실 벽에 걸어 놓고, 일 년 후에 마약을 끊었다. 비평가 겸 큐레이터인 다니엘레 데 루이지Daniele de Luigi(2009)는 이러한 콜라보 자화상에 대해 다음과 같이 설명한다.

> 놀라운 사실은 이러한 사진(혹은 아이콘 도상)을 창조하는 방법들이 의도적으로 만들어지거나, 어떤 공식적 형태의 지적인 작업으로 구체화되지는 않았지만, 이미지를 만드는 바로 그 순간 창조적인 과정으로부터 솟아 나와, 형태나 구성에 대한 통제를 사라지게 만든다.

주체의 '더 고차원적인 자아'라는 상징적 이미지는 종종 주체뿐만 아니라 일반적으로 공동체에 관련된 근엄한 문장을 만들어 내는 것처럼 보인다. 여기에 관한 아주 확실한 예는 밀라노의 감옥 산 비토레San Vittore에서 내가 지도한 C.R.의 콜라보 자화상이다(www.self-portrait.eu).

처음 사진을 볼 때면, 종종 자신을 인식하지 않았던 사람들은 이 이미지들에 혼란감을 느끼기도 한다. 때로는 섬광flash light 때문에 눈이 반쯤 감겨 있다. 이는 통제가 최소화되는 순간으로, 자신의 '동굴'에 대한 심오한 포기가 일어난다. 그 낯선 시선을 통해 사람들은 자신의 내면에 완벽히 집중하게 된다. 바로 이러한 표현 양식, 즉 내가 즉시 인식하고 나를 크게 감동시키는 것은 자신과 깊이 접촉하고 있는 바로 그 사람의 얼굴이다.

내적 이미지, 외적 이미지

자화상에서 예술가의 신체는 인간 욕구의 온전한 표현을 전달할 수 있고, 그렇게 함으로써 공동체에 봉사할 수 있다. 칼Calle(2002)은 탐정에게 자신을 추적하도록 익명으로 요구하거나 베니스의 호텔에서 청소부로 일함으로써 예술적 퍼포먼스에 자신의 삶을 재료로 바쳤다. 스펜스Spence(1986)는 사회적 · 정치적 의도를 가지고 자신의 유방암을 예술작품으로 바꿈으로써 스스로 십자가를 짊어졌고, 자신의 추한 신체를 예술작품으로서 보여 주는 자유에 대한 선언문을 발표했다. 제니 사빌Jenny Saville은 매체가 전달하는 완벽히 이상화된 신체를 반대하는 정치적 성명으로서 자신을 그로테스크하고 괴물 같은 존재로 바꾸었다(Schama, 2005). 대한민국의 예술가인 김수자(2004)는 그녀의 사진과 비디오 작품 〈바느질하는 여자The Needle Woman〉에서 자신을 거리 한가운데의 걸인으로 촬영한다.

대부분의 사람은 카메라 렌즈를 두려워한다. 이러한 두려움은 많은 경우 우리가 우리 자신을 바라보는 방법과 우리가 거울로 바라보는 우리 이미지 간의 차이gap에서 비롯된다. 바르트Barthes(1993)에게 사진은 실체를 표현하거나 반영하지 않는 것이 아니라 오히려 의미를 부여하는 것이다. 우리는 자신이 만들어 낸 자화상이 아니다. 우리는 훨씬 대단하다. 자화상은 우리를 정의하지 못한다. 자화상은 단지 자아를 조명할 뿐이다. 오늘날 우리가 우리에 대해 알아야만 하는 것을 말해 주는 그것은, 우리의 무의식에서 나오는 목소리이다.

사진은 발명 이래로 완전히 변화하고 있다. 그 당시에 대부분의 사람에게 사진을 찍는 것은 드문 일이었다. 사진을 찍는 것은 불멸성을 갖게 된다는 의미를 가지고 있었으므로, 그 시대의 스타일과 가치에 따라 가장 좋은 상태로 찍고 싶은 욕망이 있었다는 것은 충분히 이해할 수 있다. 오늘날, 디지털 기술로 인하여 우리는 우리의 삶을 계속해서 기록하고 있는 중이다. 그러므로 나 자신에게 '우리 자신을 항상 최선으로 보여 주는 것이 맞는가?'라고 묻는다. 우리는 왜 여전히 어려운 순간에 사진 찍히는 것을 두려워하는가? 우리는 왜 항상 행복하고 조화롭고 잘 살고 있다고 외부와 소통하고 싶어 하는가? 우리는 왜 여전히 우리 자신의 인생 앨범에서 항상 흠 없고 미소 짓고 있는 것으로 상상하려 드는가? 사진은 우리의 모든 감정, 심지어는 놓아주고 완전히 수용하기 가장 어려운 것을 표현하기 위한 필수 도구가 되었다. 정서를 담은 사진 일기로 세상과 소통하려는 것과 상관없이, 사진을 창의적으로 활용해야 할 필요가 있다.

충격적인 이미지를 통해 종종 중요한 메시지가 전달된다. 맥니프(2004: 97)에 따르면, "만약 이미지가…… 그것을 만든 사람을 뒤흔든다면, 주의를 요하는 메시지를 전달할 것이다." 만약 자화상을 통해 내적 이미지와 외적 이미지 간의 상응관계를 만든다면, 만약 자화상이 우리로 하여금 무의식으로의 여정을 이끈다면, 이때 예술작품은 놀랍거나 두려운 것일 수도 있지만 꼭 위험하거나 해가 될 필요는 없다. 왜냐면 사진이 전달하는 수용성으로 인해 본질적으로 긍정적인 결과를 초래하기 때문이다. 정확한 예술적 기준에 따라 자화상 작품을 지각하고 선택하는 작업과 선택된 이미지로부터 창의적인 스토리텔링을 하는 것은 참가자들로 하여금 일상적인 자아상으로부터 분리되어 상상적인 비전을 갖게 만든다. 때때로 이 비전을 통해 자신의 정체성과 미지의 잠재력에 대해 새로운 발견을 초래하고, 주체의 즉각적인 자율권이 획득된다. 전체 과정은 종종 정화적이며, 계속해서 시간과 공명하게 된다. 참가자들은 평생 동안 자신들이 살아가고 있는 순간을 따라 사진 안에서 발견하는 서로 다른 이슈와 진술들을 바라보게 될 것이다.

지금은 자화상 시대

렘브란트Rembrandt와 반 고흐Van Gogh처럼 오늘날 자기재현self-representation을 하고 싶은 충동을 경험하는 수많은 사람이 존재한다. 스테파노 페라리Stefano Ferrari가 제안한 것처럼, 우리의 자아에 대한 물음표가 던져지는 어떤 특정한 위기의 순간에 대한 반응으로 혹은 언제나 되어 가는 상태로 남아 있는 우리의 현대적 정체성에 대한 반응으로 말이다. 페라리는 자신을 재현하려는 욕구는 우리 자신, 우리 신체, 무엇보다도 우리 얼굴이란 이미지로부터 떠나려는 강한 욕구로부터 비롯된다고 주장한다. 플리커, 유튜브, 마이스페이스, 페이스북에는 자화상으로 가득하고, 그 자체가 하나의 집단적 자화상인바, 특히 십 대와 젊은이들에게 그러하다.

이것에 대한 예는 마티어스 프레티Matthias Preti인데, 그는 부모의 이혼으로 아버지가 중국으로 가 버린 14세부터 휴대폰으로 자화상(셀카)을 찍기 시작했다(Nuñez, 2010: 113). 그와 그의 어머니는 친구 집에서 얹혀살고 있었고, 그의 학교 성적은 별로 좋지 않았다. 그는 자화상에서 항상 '존경'을 뜻하는 열린 손에 두 손가락을 함께하는 제스처를 취했는데, 이는 확실히 '나에 대한 존중'이란 의미였다. 워크숍에서 그는 자신의 깊은 감정을 표현하였으며, 가족, 친구와의 관계를 탐구할 수 있었다. 그는 도시 경관을 포함한 일련의 강한 이미지를 만들었고, 그것을 '메트로폴리탄 랩' 프로젝트라고 부른다. 나중에 그는 학교 성적이 향상되었고, 사진을 향한 그의 열정이 직업적 소명이 되었다. 그는 아주 똑똑하고 정서적으로 안정된 젊은이로 성장했다.

예술과 치료, 동전의 양면

예술과 치료는 긴밀하게 연결되어 있다. 대부분의 예술가는 기분이 나아지기 위해 예술작품을 만든다. 작가들이 좋은 예이다. 테네시 윌리엄스Tennessee Williams는 "글 쓰는 것 외에 어떤 피난처도 없다."라고 말한 적이 있다(Rader, 1985). 감정은 예술가들의 원재료이다. 아이디어는 감정이나 욕구, 심지어는 내적인 고통에서도 생겨난다. 예술을 창작하려는 결정은 감정을 표현하거나, 정체성을 정의하거나, 일종의 사회적 임무(우리는 세상에 말할 것이 있으며, 반드시 말해야만 한다)를 성취하기 위한 욕구에서 올 수도 있다. 문제와 내적 고통은 예술가뿐만 아니라 모든 인간에게 창조하고 소통할 필요성을 불러일으킨다. 맥니프(2004: 47)는 "정서적 상태가 어떻게 심오하게 예술적 표현에 영향을 주는지, 위기의 순간 어떻게 예술이 구원의 밧줄이 되어 주는지, 어려운 시기와 정서적 격변이 어떻게 예술적 표현이라는 원형적 흐름과 그 처방에 접근하는 통로를 제공하는지"에 대해 지적한다. 예술작품을 만들 때, 고통을 통과하고 변형하여 자존감을 올리는 것 외에도, 정신병자, 죄수, 마약 중독자, 극빈층과 기타 버림받은 자들이 사회적으로 중요한 역할을 수행할 수 있다. 불행히도 물질주의와 경제 성장에만 초점이 맞춰진 우리 사회에서 그들은 필수적인 인간 욕구에 대한 표현을 통해 우리의 내면 자아와 연결되도록 우리에게 영감을 준다.

'자화상 경험'에서 우리는 우리 예술의 주체이며, 가장 취약한 상태로 카메라 앞에 서고, 이때 일어나는 내적 대화는 길게 보면 치료의 내적 과정과 아주 비슷하다. 자기지각, 자기탐구, 판단, 생각 그리고 수용 같은 것들 말이다. 자화상의 다중적 의미는 자기(셀프)의 서로 다른 측면들을 통합하는 데 기여한다. 이 방법의 처음이자 가장 중요한 연습은 극단적 감정을 표현하려는 시도를 통해 우리 내면에 충분히 관심을 기울이고, 사진 속 우리 자신을 보는 것에 완벽히 주의를 기울이는 것이다! 그리고 에크하르트 톨레(1999: 99)에 의하면, "관심은 변형의 비결이며, 충분한 관심은 수용을 시사한다."

하지만 그 과정을 완성하려면, 자신에 대한 발견을 타인과 소통할 필요가 있다. 오늘날 많은 사람처럼 예술가는 부단한 자기성찰을 함으로써 외부 세계로부터 자신을 분리한다. 때때로 이것은 그의 존재론적 고통의 근원이 된다. 톨레(1999: 150)는 다음과 같이 말한다.

> 적대적인 우주의 한 조각으로 지각된 자아는, 타인과의 실질적인 연결이 없다면, 잠재적인 위협이 되거나 특정 목적을 위해 타인을 이용하는 다른 자아들에 의해 둘러싸이게 될 것이다.

우리 작품을 대중과 친밀하게 공유하여, 우리는 자아의 한계로부터 우리 자신을 자유롭게 할 기회가 생길 수 있다. 선禪처럼, 우주와 함께 합일되는 것이다.

감사의 말

이 글은 루틀리지 출판사에서 2009년 출판된 『심리치료와 상담에 대한 유럽판 저널European Journal of Psychotherapy and Counseling』에 수록된 논문들, 볼로냐 대학교의 스테파노 페라리Stefano Ferrari 교수가 작성한 『오토포커스Autofocus』 출판본과 바르셀로나의 프라이빗 스페이스 출판사에서 나온 나의 책 『썸원 투 러브Someone to Love』(2010)의 일부 장을 확장하고 수정했다.

참고문헌

Barthes, R. (1993). *Camera Lucida: Reflections on photography*. London: Vintage Classics.

Blavatsky, H. P. (2000). *The Key to Theosophy*. Boston, MA: Adamant Media Corporation. Available from: http://en.wikipedia.org/wiki/Higher_self-cite_ref-0.

Bond, A., & Woodall, J. (2005). *Self Portrait: Renaissance to contemporary*. London: National Portrait Gallery Publications.

Calle, S. (2002). *Double Jeux*. Arles: Actes Sud.

Concise Oxford Dictionary: 11th edition revised (2008). Oxford.

De Luigi, D. (2009). Higher self: A journey towards the origin of emotions and of images. Available from: www.self-portrait.eu.

Ferrari, S. (2002). *Lo Specchio dell'Io, autoritratto e psicologia*. Bari-Roma: Laterza.

Feuerbach, L. (2008). *The Essence of Christianity*. New York: Dover Publications.

Freud, S. (2001). *Complete Psychological Works of Sigmund Freud*. London: Vintage Classics.

Gell, A. (1988). *Art and Agency: An anthropological theory*. Oxford: Clarendon Press.

Hemingway, E. (2005). *Fiesta: The sun also rises*. London: Vintage Classics.

Hesse, H. (2008). *Narcissus and Goldmund*. London: Peter Owen Modern Classics.

Kanō, Jigorō. (1922). Jiudo: The Japanese art of self defence. *Living Age, 314*, 724-731.

Kimsooja. (2004). *Conditions of Humanity*. Milan: 5 Continents Editions, PAC.

Kristeva, J. (1995). *New Maladies of the Soul*. New York: Columbia University Press.

Lacan, J. (2007). *Ecrits: The First Complete Edition in English*. London: W.W. Norton.

Lotman, J. M. (1998). Il ritratto. In: *Il Girotondo delle muse. Saggi di semiotica delle arti e della rappresentazione*. Bergamo: Moretti & Vitali.

McNiff, S. (2004). *Art Heals: How creativity heals the soul*. Boston, MA: Shambhala.

Nietzsche, F. (2006). *We Philologists: Complete works of Friedrich Nietzsche, Vol. 8*. New York: Public Domain Books.

Nuñez, C. (2010). *Someone to Love*. Barcelona: Private Space Books.

O'Connor, N. (1991). The an-arche of psychotherapy. In J. Fletcher & A. Benjamin (Eds.), *Abjection, Melancholia and Love: The work of Julia Kristeva* (pp. 42-51). London: Routledge.

Plato (2010). *The Allegory of the Cave*. London: Createspace.

Rader, D. (1985). *Tennessee, Cry of the Heart: An intimate memoir of Tennessee Williams*. New York: New American Library.

Schama, S. (2005). *Jenny Saville*. Milan: Rizzoli International Publications.

Spence, J. (1986). *Putting Myself in the Picture: A political, personal and photographic autobiography*. London: Camden Press.

Spinoza, B. (2001). *Ethics*. London: Wordsworth Editions.

Steiner, R. (2009). *Antropologia Scientifico-Spirituale, Vol. I*. Milano: Editrice

Antroposofica.

The Complete I-Ching: The definitive translation by the Taoist master Alfred Huang (2004). New York: Inner Traditions Bear & Company.

Tolle, E. (1999). *The Power of Now*. London: Hodder & Stoughton.

Tournier, M. (1986). *Petites Proses*. Paris: Gallimard.

Weiser, J. (1999). *Photo-Therapy Techniques: Exploring the secrets of personal snapshots and family albums*. Vancouver: Photo-Therapy Centre.

CHAPTER 09

공동체 사진치료

– 카민 파렐라(Carmine Parrella), 델 로웬탈(Del Loewenthal)

서론

"안녕하세요, 델 선생님. 전 이제 곧 죽어요. 무서워요." 이탈리아 루카의 병원 침상에서 로베르토는 아니라고 말해 주길 간절히 바라는 눈빛으로 두려움에 떨며 내게 이렇게 말했다.

그의 간에 이상이 생기기 전이었던 1년 전 즈음([사진 9-1]) 나는 루카 정신보건센터의 심리학자 카민 파렐라Carmine Parella가 운영하는 지역 사진치료 프로그램에서 그를 만났다. 로베르토는 정신과 환자였는데 사진에 대한 상당히 예리한 감각과 재능이 있었다. 그해 그는 '유럽 사진치료'에 출품할 예정이었다. 우리 아들이 붙여 놓은 그의 작품을 보러([사진 9-2]) 우리 집에 오기도 했다.

[사진 9-1] 로베르토 브루니니(Roberto Brunini) (Loewenthal)

[사진 9-2] 로베르토의 작품들 (Loewenthal)

나는 죽어 가는 로베르토를 만나러 가는 일이 힘들었다. 그의 죽음(그리고 언젠가 올 나의 죽음)을 만나기 싫었다. 그래도 우리 사진치료 모임에서 만났던 사람들 대부분이 병문안을 왔다. 로베르토 옆 침대 노인은 혼자 죽음을 맞이하고 있었다. 그 모습은 정말 보고 있기 힘들었다. 아마 다른 이들도 마찬가지였을 것이다.

이 장에서는 이탈리아 루카의 정신보건센터 소속 카민 파렐라의 '공동체 사진치료community phototherapy'를 소개한다. 델 로웬탈이 카민 파렐라를 인터뷰한 자료 중에서 특히 EU가 후원한 레오나르도 프로젝트의 '유럽 사진치료 PSYCHOTHERAPY EUROPE'의 일환이었던 '공동체 사진치료'를 배우기 위해 루카를 방문했을 때의 인터뷰가 주된 내용이다.

이 장은 델 로웬탈의 마지막 루카 방문 시 카민과 함께 죽음을 맞이하는 로베르토를 찾아간 때로 시작해서, 카민의 도움으로 델이 공동체 사진치료에서 만든 사진 일기에서 일부 발췌한 내용으로 끝난다. 하지만 이 장의 핵심은 카민이 공동체 사진치료를 어떻게 발전시켜 왔는지 설명하는 대목이다(편의를 위해 델의 질문들은 생략했다).

카민의 작업은 모든 것이 녹아 있는 융합체와도 같아서 이 씨줄과 날줄의 복합적인 구조를 인터뷰에 다 담기 어려운 면도 있었다. 다소간의 애로점에도 불구하고, 공동체 사진치료에 대한 카민의 정의, 공동체 사진치료에 영향을 미친 요소들, 공동체를 대상으로 스틸 사진/영상/디지털 스토리텔링을 활용하는 방법, 다양한 형태의 치유 집단이 주요 주제가 되었다. 방문 당시 운영되던 치유 집단은 다음과 같았다. 여러 가족이 함께 하는 대집단 모임(월요일 저녁), 멀티미디어 일기 집단(월요일 아침, 수요일 점심), 사진 자서전 집단(격주 월요일), 동영상 편집을 위한 고급 디지털 기술을 배우는 후유증 환자 집단(목요일 저녁), 저녁 및 주말 활동을 위한 클럽 집단(주 2회), 환자에게 사진교육을 실시하고 이들이 지역 학교에서 활동하도록 돕는 회사인 플레이백 Play Back과 제피로Zephiro 그룹이 있었다.

왜 공동체 사진치료인가: 사회적 경계의 공학

카민에게 사진은 소통이자 이야기이다. 세상은 이를 통해 비로소 제기능을 하는데, 최근엔 시각적 소통이 증가하고 있다. 사진은 세상을 표상하고 세상에 이야기를 전하는 강력한 수단이다(디지털 문맹은 이제 문화적 소외의 결과가 되었다).

여기엔 다양한 수준이 있다. 개인(거울과 함께 카메라 들여다보기), 사회/소규모 집단(카메라로 같이 무엇을 할까), 루카 지역 학교 같은 더 큰 규모(카메라로 무엇을 할 수 있을까), 루카시 전체(여러 공동체를 위한), 이탈리아(동일한 문제로 갈등하는 다른 공동체와 어떻게 소통할까) 등으로 내담자든, 내담자 가족이든, 내 딸이든, 영국에서 온 사람이든 이 중 어디에는 속하게 된다.

카민은 사진치료를 치유 과정을 활성화하는 매개체로 본다. 심리학적으로 공동체 안에서는—맥밀런McMillan과 채비스Chavis(1986)의 이론에 따르면—사회적 수준의 변화는 개별 구성원의 변화로 이어진다. 공동체 사진치료는 더 큰 치유 과정 안에 속하기도 한다. 사회치료social therapy는 사회적 경계를 설정한다(Kreeger, 1975). 따라서 카민은 사람들 자체보다도 사람들이 만나고 연결되는 양상을 조정한다. 카민의 주된 관심사는 사회적 연결이 개인의 마음에 미치는 영향이다. 그러나 카민은 마음 전체를 다루기보다는 인간의 기본 욕구인 공동체 소속 욕구에 초점을 맞춘다. 생존을 위해 우리 모두는 어딘가에 귀속되어야 하는데, 카민은 그 욕구를 가장 중시한다.

마크 스피백Mark Spivak(1974, 1987)과 그의 다중맥락 모형multi-contextual model(1992)

도 공동체 사진치료에 영향을 주었다. "이 프로그램은 우리에게 없는 것이 아닌, 우리가 가진 것을 바탕으로 합니다. 정신건강 관련 기관이 개인에 맞추는 것이지, 그 반대가 아닙니다. 이 같은 일은 제도로는 쉽지 않고, 공동체가 할 수 있는 일입니다."

카민은 사람들에게 어딘가에 소속되기 위한 선택지를 제공한다. 어느 정도 타당하고 유지 가능하며 동시에 개선의 가능성도 있는 선택지이다. 이 프로그램은 사람들이 주어진 조건을 보완해 간다는 면에서 참신하다. 프로젝트를 시작할 때의 규칙은 6개월의 치유 과정 동안 어떻게 고쳐질지 아무도 모른다. 즉, 시작점만 알고 종착점은 모르는 셈이다. 부실한 관리는 커다란 부메랑이 되어 돌아올 수 있다는 것을 인식하게 되면, 거대하고 유용하며 치유적이기도 한 긴장의 분위기가 형성된다. "팀을 적절히 관리하지 않으면 악몽으로 변하는데, 끌려간다는 느낌이 들 때면 이미 곤란해진 뒤지요."

사진치료, 사진을 활성화시키기 위한 매체로는 원예나 스포츠, 영화나 패션도 될 수 있었죠. 저는 동영상을 선택했어요. 왜 사진일까요? 사진은 무엇이 특별할까요? 사진은 보는 행위로 되어 있어요. 보는 행위는 정신과 환자들 입장에서는 매우 중요합니다. 왜냐하면 공동체의 다른 구성원 입장에서 이들은 더럽고 위험하게 보이는 존재들이기 때문입니다. 우리는 시선의 방향을 거꾸로 뒤집어서, 보통은 시선을 받는 입장이었던 환자들이 타인을 바라보고 타인을 대상화할 권리를 갖도록 해줍니다. 다른 사람을 바라볼 힘을 다시 쥐어 주는 것이지요. 카메라는 마치 버스에 탔을 때와 같은 환경을 제공합니다. 버스 안의 나는 세상을 볼 수 있지만 세상은 나를 볼 수 없어요. 카메라가 보호해 주는 것이죠. 휴대용 보호 장비랄까, 카메라는 현실과 접촉하게 하되 보호용 선글라스도 같이 씌워 줍니다. 동시에, 사진은 창조적 행위이자, 관계성은 사진의 독특한 특성입니다. 사진 작업은 관계를 통해서만 이루어집니다. 사진치료는 사진의 치유적 잠재력을 의도적으로 활용하는 것이고요. 사진은 문화적인 대상, 추후 활용 가능한 대상입니다. 예를 들어, 졸업 앨범과 같은 문화적 대상물은 과거의 무엇을 새로운 상황에서 다시 활성화시키고 생명을 불어넣지요. 사진은 지금 이곳을 그때 그곳과 창조적으로 맺어 줍니다. 이는 교육적이면서도 치유적입니다. 사회적 역할을 수행할 능력이나 전문성을 습득하기 위해 특정 기술을 향상시킬 때는 교육적이지요. 공동체 내에서 어떤 역할을 맡고 있든—의사든, 기자든, 아버지든—반드시 내가 바라는 사회 속의 역할로 내사되어야 합니다.

저는 정체성이 깨진 분들 대상으로 주로 작업합니다. 정체성이 깨지면서 정신병리가 시작됩니다. 내가 겪는 경험이 내 것이 아닌 느낌을 받고, 그 느낌이 역으로 내게 영향을 줍니다. 나 자신, 나의 느낌, 내가 되고 싶은 것 간에 괴리가 존재하는 것이죠. 치유적 과정은 심층적 · 개인적 · 가족적 · 사회적 · 문화적 과정 한가운데 위치합니다. 왜냐하면 사진은 모든 사람이 항상 갖고 다니는 신분증에서처럼, 모든 영역에서 발견되거든요.

초기의 학교 프로그램

카민은 1992년 루카에 오기 전까지 약물중독 병동에서 몇 년간 심리학자로 일했다. 그러는 동안, 환자들이 청소년이었던 시절 중요한 순간마다 그들 옆엔 아무도 없었다는 사실과, 약물중독 병동에 대한 지원 규모에 비해 성과가 미미하다는 두 가지 사실이 점차 명확해졌다. 1995년 그는 루카에 있는 한 학교에서, 모든 이가 참여하는 '공동체 성장 과정' 프로그램을 시도했다. 그는 다음과 같이 말한다.

여기서 저는, 싹수가 노란 문제아가 아닌 공동체의 일원으로 문제 학생들을 대할 수 있었어요. 학교 입장에서는 예방 효과도 기대했죠. 저는 필요한 건 심리학자가 아닌 심리학이라고 말씀드렸어요. 심리학에 대해 잘 알고 있어야 한다고, 만일 모든 사람이 다 함께 노력한다면 심리학자를 따로 만날 일은 없을 거라고 했어요.

카민은 모든 사람에게 '적극적 경청'을 알렸던 자신의 노력을 설명했다. 한 학교에 7년간 있으면서 그가 받은 교사 호출은 개인적 상황으로 딱 한 번 받았던 것이 전부이다.

공동체 안에서 적절한 감독하에 각자가 자신의 감정을 다스렸습니다. 이는 치유 공동체가 지닌 잠재력에 대한 믿음으로 가능했지요. 공동체에서 목표가 선포되면 그 누구든 모두 목표를 위한 노력에 동의하게 됩니다.

카민은 학교에서 시작해서 바깥으로 확산시키는 편이 더 수월하다고 한다. 학생에겐 학교가 공동체가 된다. 정신건강센터도 마찬가지로, 정신장애와 무관한 사람들이 동영상 제작에 특수효과 프로그램을 활용하는 방법과 같은 강의를 들으러 저녁마다 들른다. 카민은 참여적 민주주의를 도모한다(특히 남미의). 또한 정기총회 안건 및 아이디어 제안 등을 위해 교사들에게 학생

포커스 집단을 활용하는 방법을 가르친다. 당시 이탈리아 정부의 학생 참여 및 관련 법령 제정에 이런 공동체적 접근이 한몫했다. 2002년 카민은 공동체적 접근을 정신건강센터에 적용하고자 했다. 또한 그해 루마니아에서 정신장애 환자의 공동체 복귀 프로그램에 자원하여 동영상을 치유적으로 활용했고 이는 수 제닝스Sue Jennings가 중심이 된 이 프로젝트에서 그녀의 드라마치료와 함께 제공되었다(Jennings et al., 1993).

카민은 반드시 공동체를 위해서만 동영상을 이용했다. 동영상 작업에 참여할 수 없는 사람들이 심리치료에서 배제되지 않도록 하기 위해서이다. 루카의 재활 프로그램은 개인 심리치료와 목표는 동일하되, 공동체를 기반으로 하고 있다.

거울로서의 카메라

카민은 거울의 의미로 사진을 활용한다. 거울을 들여다보는 과정에서 이미지가 가슴을 울릴 때, 개인은 심오한 경험을 하게 된다.

> 내담자들이 감정에 노출하게 될 때, 내담자들의 방어를 다루어야 합니다. 사진은 방어벽을 쉽게 돌아가는 길이 되어 줍니다. 세상을 무서워하는 사람은 인간관계를 유지하는 것도 힘들겠지요. 자신과 세상 사이에 상당한 거리를 두니까요. 카메라는 세상에 대한 긍정적인 태도를 만들어 줍니다. 세상이 나를 보는 것이 아니라 내가 세상을 보는 것이지요. 카메라가 내게 힘이 되어 주는 이상 나는 수동적이지 않아요. 카

메라를 갖고 있다는 것은 타인을 비출 힘을 가지고 있는 셈이거든요. 그러면 이제 두려움을 느끼는 쪽은 자신의 이미지가 조작될 수 있는 입장에 처한 타인이 되지요.

인생에 중요한 무엇이 있다고 칩시다. 문제는 그 주제에 집중하는 방법입니다. 정신분석에서는 떠오르는 대로 말하게 하지요. 카메라는 심리적 악순환 과정을 끊어서 온통 혼란에 빠뜨리거나, 아니면 제일 중요한 것만 남기고 나머지 모든 것은 없어지도록 만듭니다.

카민이 만난 환자 중에는 트러플을 찾는 개 꿈을 꾼 내용을 3회기에 걸쳐 사진 일기로 만든 사람이 있다. 그 환자는 어떤 치료에도 반응하지 않던 사람이었다.

여기서 감정이나 미학적 아름다움 같은 것에 초점을 맞출 수 있어요. 사진 일기는 그것을 만드는 당사자에게 말을 겁니다. 가족치료에서는 이를 다음과 같이 말합니다. '듣는 사람의 반응을 보았을 때 비로소 내가 한 말의 의미를 이해할 수 있다.' 개인 심리치료에서는 내담자가 치료자에게 말을 하고 치료자는 거울이 되어 줍니다. 여기서는 사진 일기가 거울이 되고, 사진 일기를 만드는 사람은 그로부터 영향을 받죠. 대부분의 작업은 심층적인 자기와 대화하는 것을 돕기 위한 것입니다. 우리는 버려지고 잊힌 우리 자신의 이미지를 찾아 온 세상을 떠돌지요.

카민은 환자들로 하여금 보고 느끼는 능력을 발견하도록 매일 노력한다고 생각한다. 일련의 보고 느끼는 연습을 통해 환자가 자기 자신과 자신의 삶에 대한 개인적 느낌을 되찾도록 하는 것이 작업의 핵심이다.

공동체 스스로 문제에 대처하도록 여러 가지 기술을 제공합니다. 일종의 사회적 자본이지요. 공동체는 자체 활성화한 자원을 처리합니다. 내담자가 "하루 종일 할 일이 없었어요."라고 하면 저는 "시간이 많아요? 그것도 자산인데. 돈이랑 똑같아요."라고 해 줍니다. 문제는 이 자본을 쓰는 방법, 사진치료를 통해 이 자본을 사회적 자본으로 변화시키는 방법입니다. 사진치료에서는 사진이 거울이 되어 자신에 대한 어떤 면을 발견하게 되지요. 여기서는 사진 프로젝트를 하면서 활성화된 사회적 역동이 거울이 됩니다.

나눔에서 오는 핵심 경험

융Jung(1995)의 영향을 받은 카민은 다음과 같이 말한다.

저는 마음속 욕구가 만든 이미지와 제 운명이 만드는 이미지를 서로 구분하고자 노력합니다. 우리 안에 이미지들은 많지만, 우리의 자아가 만든 것이지 운명이 만든 이미지가 아닌 경우가 많습니다. 여기서 핵심은 경험하기와 나누기이며, 저는 제 앞에 놓인 길 위의 신호를 읽어 낼 책임이 스스로에게 있다고 생각합니다. 예를 들어 어떤 메시지를 이해하기 위해 저는 꿈에 집중합니다.

루마니아에서는 자신의 초상 사진에 푹 빠져 시간 가는 줄 모르던 정신장애 환자가 있었어요. 저는 그 환자에겐 살아 있음을 알려 주는 유일한 것이 바로 그 사진들이란 것을 깨달았죠. 그 환자도 다른 병동 환자와 똑같이 외출 시 반드시 환자복 차림이어야 했어요. 눈에 띄기 쉽게요. 병원까지 찾아올 형편이 되는 가족을 둔 환자도 거의 없었어요. 그들은 잊혀져 갔지요. 간호사들도 수가 적어 기본적 의료만 지원되었고요. 두 가지 질문이 떠올랐습니다. 첫째로, 무엇이 이 사람들의 존재를 증명해 주고 느끼게 할 수 있을까? 두 번째로, 단순히 고통받기 위해 존재하는 것이 아니라는 것을 무엇으로 일깨울 수 있을까? 일부 정신증 환자는 고통 속에 침잠한 채 그것이 주어진 삶이라고 생각합니다. 바사글리아Basaglia(1997), 이탈리아의 정신과 의사–역자 주는 우리가 너무 괴롭기 때문에 미친 건지, 아니면 미쳤기 때문에 너무 괴로운 건지 묻던 한 환자에 대해 이야기한 적이 있습니다.

우리는 사진치료를 통해 환자들에게 존재의 느낌을 실험할 수 있는 도구를 제공하려고 했습니다. 가끔 정신장애 환자들은 자신을 없는 존재로 치부해서, 심리치료를 통해 존재의 경험을 한다 해도 눈으로 보는 것을 가질 수 없는 호사라고 생각해요. 너무도 오랫동안 아무 일도 일어나지 않았던 것이죠. 심지어 심리치료를 통해 자원이 주어졌을 때조차 타인 앞에 서는 일은 그들에겐 무척 버겁습니다. 오늘 저는 한 번도 만난 적 없는 내담자에게 이렇게 말해 주었어요. "눈이 참 멋있는 거 알고 계세요? 마치 그레고리 펙 같네요. 펠리니 감독처럼 저도 선생님을 주연으로 영화 한 편 찍고 싶네요." 저는 그분을 꾀려고 한 것이 아닙니다. 그분에 대해 아무것도 모르고 병명도 몰랐어요. 그저 그분 눈이 참 아름답다는 사실만 알고 있을 뿐이죠.

우리의 온전함

카민이 보기엔 루카 정신건강센터의 홈페이지는 루마니아 병원에서의 사진과 똑같은 기능을 한다. 우선, 속에 품고 있기엔 감당이 안 되는 자신의 일부를 둘 수 있는 공간을 만든다. 그런 다음 사람들은 함께 하기 어려운 자신의 일부를 상징하는 물건을 그 공간에 둔다. 이후 매일 또는 매주 그 공간에 들러 자신의 일부가 투사된 그 물건으로부터, 다른 사람의 도움을 받아 무언가를 얻어 간다. 다른 미술치료도 마찬가지지만, 내담자가 창조한 디지털 사진은 그 자체로 문화적 대상이 되고 문화적 영향력을 만든다. 유리창 하나를 깨진 채로 두면 다른 유리창도 다 깨진다는 말이 있다. 사람들이 유리창을 다 깨 버리지 않게 하려면 그 유리창을 공동체가 인식하는 무엇으로 변화시켜야 하고, 그럼으로써 사람들은 더 이상 상처를 받지 않는다. 이는 미적 아름다움만을 위한 예술이 아니라 관계를 위한 예술이다. 좋은 예술작품을 만들고자 하는 시도가 새로운 관계의 만남(집단)을 만든다.

작품 창작은 사람들의 관계에 있어 새로운 기회를 마련해 준다. 좋은 작품을 바라는 마음이 각자와 모두의 마음에 뿌려지는 씨앗이 되는 것이다. 현실에서 구현 가능한 이상을 꿈꾸는 것이 필요하다. 내담자들이 생각하는 이상이 너무 커 버리면, 실제 자기이미지는 사라져 버린다. 반대로, 자기이미지를 가능한 한 낮추려는 사람들도 있다. 이 경우는 마음속 다른 것들, 주변의 모든 것이 지나치게 커져 버린다.

사람들이 생각들을 서로 연결시키도록 도와야 합니다. 그것이 우리 심리학자들이 하는 일이죠. 척추가 망가져 휠체어에 앉아 있는 사람에겐 다리의 느낌을 다루어 주어야 합니다. 조현병이든 무엇이든, 그 사람이 처한 내면의 상황을 도와야 합니다. 허리를 못 쓰는 몸이더라도, 나 자신을 만나고자 한다면 자신의 온전함을 만나야 합니다. 정신장애가 있든 없든, 이는 인간 모두에게 동일한 과제입니다. 너나

할 것 없이요. 단지 사람마다 다른 것은, 인생에 있어 온전한 나로 있게 해 주는 무엇이지요. 정신보건센터 참여자들도 스스로의 온전함을 위해 여기 있습니다. 공동체 사진치료에서는 동전의 양면과 같은 2개 차원을 동시에 다룰 수 있는 방법을 찾아야 합니다. 하나는 치유적 측면이고 다른 하나는 인간의 진화적 측면입니다. 치유적 측면에 집중하게 되면 기법의 적용에 치중하게 되면서 환경 자원이나 공동체 자원과의 관계가 느슨해집니다. 자원자 중에는 시한부 선고를 받은 동생을 둔 어떤 소방관이 있었어요. 공동체 내에서 이런 일은 죄책감이란 감정을 불러일으키곤 하지요. 사랑하지만 아픈 동생을 위해 해 줄 수 있는 일이 아무것도 없으니까요. 그 대신 루카 정신보건센터에 자원하여 사진과 동영상 작업을 도울 수도 있어요. 이 기회가 아니었다면 그 소방관에겐 고통만이 남겨졌겠지요. 그렇게 되지 않고, 그 문제 상황은 공동체를 위한 자원으로 전환되었어요. 이는 마치 정원사 입장에서 어떤 씨앗이 나타날지 모르는 느낌과 비슷해요. 그 누구도 거부되지 않아요. 심지어 문제를 일으킨다 해도 말이죠.

기술과 참여적 민주주의

카민은 웹사이트와 저널이 개인과 공동체 간의 중간 대상transitional object이라고 본다.

얼마나 많은 사람이 웹사이트를 클릭하는지는 중요하지 않습니다. 내담자들이 클릭할 수 있다는 것만으로 그들 존재는 충분히 증명되기 때문입니다.

기술은 진화한다. 모든 분야에 걸쳐 다양한 기술이 존재한다. 거대한 집단성으로 자원 전체가 가용할 수 있게 되었고 나아가 인간 자신의 잠재력도 가치가 매겨지게 되었다(Levy, 1999). 드미트리오Demetrio(1996)는 책을 자기대상으로 보았다. 치료, 교육, 문화가 자기 자신의 서사와 만나는 장인 것이다. 가망 없는 치료는 만성 환자를 낳는다(Spivak, 1992). 파울로 프레이리Paulo Freire(1993)는 억압받은 자를 위한 교육학을 썼다. 이는 바사글리아(1987)가 일으킨 문화적 물결, 그리고 브라질의 참여적 민주주의와도 맥을 같이했다. 인간은 사회적 기능도 중요하다. 기능적 사진은 사람들이 기능하도록 돕는 사진이다. 바사글리아가 그 자신의 말로, 우리는 지금 과거엔 병원치료를 요했을 새로운 형태의 억압/낙인과 공격성에 직면하여 이에 맞서는 중이라고 했다.

> 우리는 관계 형성의 심리적 측면인 개인의 마음에 초점을 맞추어야 한다. 내가 심리학자였다면 인간 잠재력을 중단시키고 파괴하는 주변화marginalization의 양태를 연구할 것이다. 이는 집단의 사고이다. 집단주의적 접근에서 개인은 힘을 잃는다.

카민이 가장 큰 영향을 받았다고 하는 마리아노 로이아코노Mariano Loiacono는 알코올, 약물중독 및 만연한 역병disagio diffuso을 위한 사회처방센터의 원장으로, 다음과 같이 썼다(Loiacono, 2000).

> 치유는 개인의 진정한 욕구에 맞춰져야 한다. 사진치료는 단순히 또 다른 기법이 아니다. 치료자로서 이상해 보일 수는 있다. 치료는 반드시 공동체에 기반을 두어

야 한다. 치료는 제도화될 성질의 것이 아니다. 이는 마치 끊임없이 꽃이 피고 지는 것과 같다.

사례연구

사례연구 1: 디지털 스토리텔링 소개 및 미러링의 효과

카민은 처음부터 디지털 스토리텔링의 사진치료에서 사진을 사용했다. 디지털 스토리텔링은 음악, 소리, 목소리, 문자로 이루어진 하나의 이야기이다. 내담자는 잡지에서 사진을 골라 스캔한 뒤 그 그림과 관련된 느낌을 말하고 글이나 음악을 추가한다. 다음에서 이 기법이 지닌 풍성함을 엿볼 수 있다. 내담자는 아이가 자고 있는 사진을 골랐다.

> 이건 어릴 적 저예요. 남들 하는 말에 상처받지 말라고 누군가 담요를 덮어 준 거고요. 이건 어떤 할아버지 사진인데. 담요를 덮어 준 사람이 할아버지면 좋았을 것 같아요(실제 그러신 적은 없어요). 어릴 때 누군가 저를 안고 예뻐해 줄 사람이 필요했어요.

카민: "지금은 무엇을 바라시나요?"
내담자: "아직도 누군가 예뻐해 주었으면 좋겠어요."
카민에게 이 사진들은 꿈속의 상징과 동일하고, 해결의 열쇠는 오직 스토

리텔러에게만 있다. 스토리텔링의 목적은 아이나 할아버지와 같은 상징들이 서로 대화하도록 두는 것이다. 상징들끼리 서로 대화하도록 한 다음 스토리텔러에게 어떤 의미인지 알아본다.

> 이 경우 종이에 인쇄된 사진이 아니라, 스크린에 투사 가능한 멀티미디어를 대상으로 합니다. 대상은 내담자에게는 여전히 상징처럼 여겨집니다. 내담자가 이 대상을 소유하고 있다는 것은 어떤 의미일까요? 이 공간은 적어도 무언가 뚜렷해지는, 무언가 상징적인 공간입니다. 이는 아동기 중간 대상과 비슷해서, 곰 인형을 갖는 것이 엄마가 주는 안정감과 동일합니다. 내 안의 파괴적인 부분이 대상에 담길 수도 있고, 대상을 지키려고 나의 또 다른 부분이 깨어날 수도 있지요. 타인의 도움이 미치지 못하는 공간에서 대상은 나를 도와줍니다. 아주 우울한 내담자들임에도 불구하고, 우리는 디지털 스토리텔링으로 함께 꿈을 꿀 수 있습니다.

사례연구 2: 공동체 사진치료

여기서는 내담자들에게 카메라 한 대씩 주고 한 주 동안 사진을 찍게 한 후 포토디지털 스토리를 만드는 활동을 한다. 카민은 첫 집단의 구성원들이 사진을 찍게 된 과정을 떠올렸다. 처음엔 복도에서 찍다가 나중엔 야외로 나갔다. 그들은 사진을 보면서 크게 만족했다. 추후 이들은 시내로 진출했다. 자원자는 점차 늘어났고 "우리는 언제 나가요?"라는 질문이 잇달았다. 한 내담자는 어릴 때 양치기를 했는데, 심한 가정폭력도 겪었다. 지금은 걷거나 화장실조차 가기 힘들 정도의 비만이기도 했다. 집단에 참여한 그는 거의 걷지 못했지만 사진 찍는 행위에 자극을 받아 어려움에도 불구하고 시내까지 나와 사진을 찍었다. 그는 2년간 이 활동에 참여하다가 어느 날 본가에 갔는데, 원가족이 돈 때문에 그를 보내 주지 않으려고 해서 문제가 생겼다. 하지만 결국 그는 공동 아파트에 집을 얻었고 다시 걷게 되었으며 자존감도 되찾게 되었다. 그는 문맹에 학교도 거의 다니지 못했던 사람이었다. 마지막에는, 시내에서 열린 사진 전시회에 그의 사진이 걸렸고, 그는 공동체의 일원이자 사진작가로 알려지게 되었다. 그는 자신의 사진작품들 앞에서 환한 표정으로 사진도 찍게 되었다. 그는 사진 모임에서도 특히 재능 있는 사람으로 알려지게 되었다.

이는 다소 복잡하고 변화하는 치유 집단이 생겨나는 계기가 되었다. 예를 들어, 앞서 소개한 공동체 사진치료에 참여 가능할 만큼의 사회적 기술이 아직 갖춰지지 않은 사람들을 위해 우선은 작문 실력을 키우는 일대일 교습 시간이 마련되었다. 월요일 저녁 치유 모임에는 내담자가 자신의 가족과 함께 참여한다. 플레이백 극장 모임에서는 모임에서 생긴 특정 주제를 다루고, 이어 제피로의 협력으로 학교에서 사진사로 활동한다. 정신보건센터에서 일하는 직원들과 내담자, 내담자 가족, 내담자 친구들이 함께 어울리는 사회적 모임에서는 함께 피자를 먹으러 가기도 한다. "안녕하세요?" "뭐 하세요?" "선생님이 오고 안 오고가 차이가 커요." 등의 말이 오간다. 이 분위기를 한 내담자가 모임에서 표현했다. '네가 나를 믿기에 나도 너를 믿는다.'

결론

카민은 개인보다는 공동체 차원의 일을 더 많이 한다. 그래도 개인에 더 관심이 많은 나와 같은 사람들은 체제로선 정당하지만 개인의 입장에선 부당할 경우 무엇이 옳은지 가끔 고민이 된다. 그러나 카민의 작업은 최적의 시점을 찾는 일이 얼마나 중요한지 보여 준다. 예를 들어, 가족이라는 하나의 체제에서 벗어나 직장과 같은 또 다른 체제에 합류해야 할 필요가 있을 수 있다. 실존이나 정신분석이 아닌 인본주의의 영향을 크게 받은 이런 긍정심리학적 접근은 전반적으로 좋은 반응을 얻고 있다. 일단은 일대일 기술 훈련보다는 집단 작업을 통해 사람들이 얻는 성과가 클 것으로 보인다. 또한 집단 속에서 개인적 이슈에 대한 여지가 종종 없어질 경우도 있었다. 비밀보장은 방문자 포함 모두가 지켜야 할 것으로 보인다. 나는 방문객이 있을 때 무척 불안했다. 환자와 직원이 서로 어울리고 함께 사진 작업을 해 나가는 것을 보면서 나는 옛날 R. D. 랭Laing이 설립한 필라델피아 협회(Laing, 1970)에 있었을 때가 떠올랐다. 루카는 약물치료 환자들이 대상이라는 점과 의료 체제하의 실험이란 점이 큰 차이이다.

영국 등 다른 지역에 이 공동체 사진치료를 전파할 때 고려할 점은 세 가지로 보인다. 첫째, 개념이다. 카민은 치유 과정에 대해 이야기하면서 '공동체 전체를 치유할 수 있다'고 여러 번 언급했다. 공동체는 일대일 기반의 작업과는 지극히 다르다. 두 번째로, 공동체 사진치료를 활용하는 사람들의 동기이다. 공동체적 개입이란 말로 표현할 수 있는, 루카에서 이루어지는 많은 일은 정신보건 환자들과 맺는 카민의 관계 능력에 상당히 의거하고 있으며, 환자들은 그 관계를 지속하고 싶어 한다.

나는 가족이 한 사람을 얼마나 미치게 할 수 있는지(Laing & Esterton, 1970) 그리고 공동체가 이를 얼마나 약화시킬 수 있는지에 상당히 놀랐다. 한편 비판적으로 보자면, 분석적인 이해가 더 도움이 될 법한 상황이 있었다. 또한 공동체 사진치료와 함께 의학적 모형이 병행되는 것에 대한 별다른 논의가 없었다. 사진사는 사진 찍는 대상의 바깥으로 나와 있어야 하는데, 사진사가 된 정신장애 환자들이 과연 더 정상처럼 보일지에 대한 의문도 들었다. 혹시 가끔은 부적절하게 비사회성을 강화시키지는 않을까?

나 스스로 사진을 찍는 동안 위 마지막 질문에 사로잡히게 되었다. 나는 환자들의 경험이 잘 나타난 사진보다도, 약 기운의 안개 사이로 언뜻 보이는 그들의 인간적인 면이 담긴 사진을 찍고 싶었다. 하지만 또 공동체 사진치료의 활동에서는 의료적 개입이 거의 없었다. 동영상엔 서로의 머리를 날려 버리는 장면이나 사진사의 지시에 따라 뒷걸음질 치다가 물에 빠지는 사람도 찍혔다! 영국의 보건당국이 이런 내용을 지원할 가능성은 적어 보인다. 또한 나는 사진 교육을 받은 정신과 환자들이 협동 작업을 통해 졸업 앨범 등을 만드는 유급 사진사로 활동하게 하는 방안을 의논하는 방과 후 교사 모임에 간 적이 있다. 논의 후 모든 교사는 이를 실현시키기 위해 무기명 투표를 했고, 지역 정치인 또한 이를 지지한다는 입장을 보여 주고 싶어 했다. 정신장애 환자라는 점은 차치하더라도, 영국에서는 아동이 교실에 교사와 함께 단둘이 있는 수업의 제안이 불가능할 것이다.

이탈리아에서는 무엇이든 정치와 관련되어 있다는 인식이 보편적인 것 같았다. 예를 들어, 카민은 수감된 마피아 보스가 살던 시실리의 집에 환자들을 데리고 가 살도록 했다. 카민은 또한 맥밀런과 채비스(1986)의 공동체와 사회적 자본의 개념과 파울로 프레이리의 『억압받은 자의 교육학Pedagogy of the Oppressed』(1993)과 같은 노골적인 '정치적' 개념이 자신의 온전성entireness 개념에 영향을 주었음을 당당히 언급했고, "우리는 함께 만들어 나가야 하며, 우리 사이, 우리 안에서 일어나는 일을 어떤 특정한 프로그램이 아닌 경험을 통해 배워야 한다."라고 하였다.

루카에서 이런 작업이 항상 쉽고 성공적이라는 의미는 아니지만, 공동체 의식이 좀 더 보편적인 면은 있었다. 나 또한 오페라가 취미인 리더가 환자들과 함께 노래하는 것을 보러 화요일 저녁마다 정신보건센터에 가는 일을 특히 즐거워했다.

작년 루카에 도착한 첫날, 나는 사진 교육을 받는 센터 환자들과 함께했다. 이들을 찍으면서 나는, 함께 어울리기를 방해하는 장벽이 모두의 마음 안에 존재한다는 것을 깨달았다. 그들도, 나도, 교사도, 학생도, 치료자도, 내담자도 말이다. 하지만 또한 공동체의 마음으로 그 벽을 허물 수 있다는 것도 깨닫게 되었다. 금요일 저녁에 카민은 사람들에게 피자 먹자는 전화를 돌렸다. 내담자들, 부모, 직원, 카민, 카민의 딸, 나, 환자의 형과 환자의 남자 친구를 포함해 12명이 모였다. 아주 옛날 런던에 있었던 필라델피아 협회에서의 경험과 다소 비슷했다(Cotton & Loewenthal, 2011). 첫 주의 마지막 날 나는 카민의 도움으로 나의 루카에서의 첫날을 디지털 스토리텔링으로 만들어 보았다. 나는 그날 찍었던 사진에 다음의 문구를 넣었다.

……곧 더 많은 이들이 온다……

센터의 공식 사진사 중 한 명인 로베르토도 있다……

……이제 출발 준비 완료!

우리들의 시내 나들이……

……다른 이들을 만날 기회와 함께!

……만남이 이루어질 듯한 느낌……

다음 사진은 또한 함께 존재했던 고독과,
활기를 가로막는 장벽을 상징한다……

만남은 이루어질 것인가?

그렇다고? 가끔?

……최소한 우리는 프로젝트를 향한 걸음을 같이하며 함께 있었다……

누군가는 몽롱한 약물의 안개 사이로 바라볼 수밖에 없을지 몰라도……

우리의 계획은 성당 전시회에 전시할 사진을 찍고

신문기사를 통해, 또 모든 사람이 볼 수 있는 인터넷을 통해 알려지는 것

우리는 세상 모두에 있지만 '안개가 적은' 감시의 눈도 있다

우리 모두는 '온전함'을 위해 여기에 있다

회의를 위해 온 시청 직원을 우리 중 하나가 가리키고 있다!

거의 가까이 간……

또 한명의 자원자, 알레산드로가 들어왔다

이제 사진사들이 작업을 시작했다……

우리는 스스로의 힘으로 서 있다……

가끔 만남도 이루어지지만

안개가 미처 덜 걷힐 때도 있다……

희미한 빛의 명멸……

또다시 나타나는 장벽……

하지만 최소한 만남의 가능성은 있다

서로의, 자연의, 예술의 아름다움(그리고 고통)을 경험할 기회도……

하지만 우리의 두려움을 어디까지 탐색해야 될까?

우리에게 도움이 될지 방해가 될지 알기는 어렵다……

지독한 고통에 있는 이들에게 더 나은 삶의 가능성을 항상 열어 둘 방법이 없을까?

디지털 사진 작업에서는 창조적 존재로서 서로 나눌 수 있었다

……비록 만남이 그리 쉽지는 않아도……

아마도 누군가는 더욱 또렷하게 보기 시작하겠지……

……헤쳐 나갈 길을

우리 모두 장벽을 느낀다……

만남의 기회는 여기저기에

……여기에 더 많을 수도?

봄의 진수를 경험하려면……

……그리고 함께 (가끔은 멋지게) 걷고자 한다면……

정신보건센터로 오세요……

점심이라도 함께해요……

그런 다음 웹페이지에 이야기를 올려서(안전과 깨달음 둘 다를 위해) 우리의 의견 모두가 디지털 거울이 되어, 모임에서도 나누며, 더 큰 공동체와 함께합시다.

루카에서 디지털 사진치료를 배움에 있어(사진책, 사진 일기, 비디오 일기, 웹페이지) 모두를 위해 더 깊은 치유와 만남 또한 기원합니다.

미래에 있을 만남을 위하여!

참고문헌

Basaglia, F. (1997). *Che cos'è la psichiatria*. Milano: Baldini Castoldi Dalai.

Cotton, T., & Loewenthal, D. (2011). Laing and the treatment is the way we treat people. In D. Loewenthal (Ed.), *Post-Existentialism and the Psychological Therapies* (pp. 87-114). London: Routledge.

Demetrio, D. (1996). *Raccontarsi: l'autobiografia come cura di sè*. Milano: Raffaello Cortina.

Freire, P. (1993). *Pedagogy of the Oppressed: New revisited 20th anniversary edition*. New York: Continuum.

Jennings, S., Catternach, A., Mitchell, A., Chesner, A., & Meldrum, B. (1993). *The Handbook of Dramatherapy*. London: Routledge.

Jung, C. G. (1995). *Memories, Dreams, Reflections* (recorded and edited by Aniela Jaffe). London: Fontana Press.

Kreeger, L. (1975). *The Large Group: Dynamics and therapy*. London: Karnac.

Laing, R. D. (1970). *The Divided Self*. London: Penguin Books.

Laing, R. D., & Esterton, A. (1970). *Sanity, Madness, and the Family: Families of schizophrenics*. London: Penguin Books.

Levy, P. (1999). *Collective Intelligence: Mankind's emerging world in cyberspace* (translated by Robert Bonomo). New York: Perseus.

Loiacono, M. (2000). *Verso una nuova specie. Disagio diffuso, metodo alla salute, comunità globale*. Foggia: Edistampa Nuova Specie. See also www.nuovaspecie.com/IT/files/associazionefoggia.php.

McMillan, D. W., & Chavis, D. M. (1986). Sense of community: A definition and theory. *American Journal of Community Psychology, 14*(1), 6-23.

Spivak, M. (1974). A conceptual framework for the structuring of the living of psychiatric patients in the community. *Community Mental Health Journal, 10*, 345-350.

Spivak, M. (1987). Introduzione alla riabilitazione sociale, teoria, tecnologia e metodi di intervento. *Freniatria, 111*(3), 522-574.

Spivak, M. (1992). Un modello interpersonale per capire e neutralizzare I processi cronici nei pazienti psichiatrici. *Freniatria, 116*(2), 179-195.

CHAPTER 10

사진 가계도와 가족치료

– 로돌포 드 베르나르(Rodolfo de Bernart)

서론

이 장에서는 가족치료에서 사진이 차지하는 역할에 대한 중요성이 논의될 것이다. 시각과 청각을 활용한 치료 기법에 대한 중요한 결과들이 차례로 소개되고, 특정 참고문헌과 함께 사진을 활용한 사진 가계도 기법도 다루어질 것이다.

사진과 가족치료

가족치료는 시스템 이론을 활용한 치료에서 가장 많은 영향을 받았다. 특히 초기 임상가이자 연구자들, 예를 들면 베이트슨Bateson(1972)과 같은 이들, 조현병을 앓는 환자와 그들의 가족을 탐구하는 데 비디오를 활용한 치료자들이 가족치료에 영향을 주었다. 실제 치료에 카메라가 활용되면서 그 영역이 확장된 것도 이 시기이다. 1950년대에는 내담자와 가족 간의 상호작용을 탐구하는 데 카메라가 이용되었다. 그러나 그 당시에는 필름 값이 너무 비싸, 치료 중 중요하다고 여겨지는 장면들만 녹화되었다. 그러나 이 방법은 가족들에게 카메라를 너무 의식하게 만들어서, 그들은 뭔가 중요한 것이 녹화될 때 카메라에 들어오는 빨간 빛에만 집중하는 부작용을 낳기도 했다. 그 후 부분 녹화 방식은 곧 사라졌고, 치료 집단이 녹화된 장면들 중 어떤 장면이 중요한지 선택할 수 있도록 하기 위해 전체 회기를 연속적으로 녹화하는 방식이 채택되었다. 그러면서 가족치료를 배우는 수련생들의 훈련에 녹화를 활용할 뿐 아니라, 녹화 중 드러나는 가족들의 비언어적 행동이 얼마나 중요한지 깨닫게 되었다.

> 만약 당신(슈퍼바이저)이 치료자(수련생)로 하여금 비언어적 행동을 올바르게 분석하길 원한다면, 당신은 그 혹은 그녀가 훈련을 시작할 때부터 비언어적 분석에 직면하는 것에 익숙하게 만들어야 한다.
>
> (Bodin, 1978)

비언어적 행동을 분석하게 되면, 회기에서 드러나는 '공식적' 이야기 저편에 숨겨져 있는 가족들의 '비공식적' 이야기를 밝히는 데 도움을 줄 수 있다. 가족들이 우리에게 찾아왔을 때, 우리들은 그들에 대한 어떤 이미지를 전달 받는다. 그러나 치료자는 드러나지 않은 것을 찾는 데 익숙해야 한다. 이는 치료자가 치료를 받는 가족'에게서' 무언가를 계속 찾는 것과 반대로 가족 '안'에서 무언가를 찾기 위해 그들의 공식/비공식적 가족 사진에 익숙해지는 것만큼 중요한 것이다(de Bernart, 1987). 이는 가족치료를 할 훈련생들에게 '정상적'이라고 여겨지는 가족 이미지를 많이 접하게 하여, 그들이 미래에 마주칠 가족들에게 적절한 유연성과 수용성을 갖고 대하는 데 도움을 줄 수 있다. 아주 빈번하게, 학생들은 자신의 가족 안에서만 정상적인 가족이란 개념을 느끼거나 그 반대로 아주 다른 가족들에게서만 정상적인 가족이란 개념을 느끼기도 한다.

학생들이 처음 사용하는 도구도, 학생들과 함께 처음 사용하는 도구도 학생들의 가족 사진, 슬라이드, 8mm 필름과 비디오 녹화 같은 것들이다. 여기서 목표하는 바는 치료적인 것이 아니라 학생들로 하여금 차이를 인정하고 판단하지 않고 보이는 대로 묘사하도록 하는 데 있다. 서로 다른 가족들을 비교함으로써 표준이라는 것이 얼마나 다양하고 가변적인지 깨닫게 하는 것이다. 이 방법은 캐슬로Kaslow(Kaslow & Friedman, 1977)의 작업, 블렌도누Bleandonu(1986)가 제안한 '사진 비디오 유전체학Photo-video-scopie genealogique' 그리고 루벤Ruben(1976)의 '가족 사진'과 연관된다. 그러나 위 훈련의 경우, 임상 장면이 아닌 곳에서도 사용할 수 있다. 내 생각에 이 방법의 중요한 측면은 보웬Bowen(1972)이 그의 학생들에게 제안한 것처럼 개인의 가족 안팎의 '여행'에 있다고 본다. 사실 학생들은 사진을 얻기 위해 그들의 가족들에게 돌아가고(모든 문제는 이와 연관된다), 앨범에서 사진을 고르고, 사진을 가져와서 자신만의 기준에 따라 순서대로 사진을 놓는다. 그 다음, 일단의 학생들이 그 사진을 보고, 무엇이 정상인지에 대한 새로운 해석을 내놓는다. 때론 가족 안에서 학생이 차지하는 기능적 위치와 3세대에 걸친 가족 문화가 전수되는 과정을 명확하게 파악하기 위해서, 학생 가족과의 인터뷰가 진행되기도 한다.

두 번째 도구로는 정상성의 개념을 훨씬 더 확대하기 위해 그리고 이미지를 통해 '다른 현실'에 들어가기 위해 홈 비디오나 소형 영사기를 틀어 보는 것이다(de Bernart, 1990). 필름은 절대 가족의 전체를 보여 주지 않고, 특정한 부분이나 특정한 장면만을 보여 준다. 그러면 학생은 이러한 작은 장면들로부터 캐릭터(주인공)의 이야기를 만들어 나간다. 그들은 처음에는 가족 이야기를 상상하는 활동에 익숙해진다. 모든 것을 동등하게 지각할 수 없기 때문에 자신만의 관찰 방법이 여전히 존재하고, 관찰하고 싶은 것을 선택해서 보기 때문에 보는 것은 '볼 수 있는 것'이 될 수 없다. 학생들은 가족 내 관계의 다른 중요한 측면을 탐지하기 위해 타인과의 상호작용 안에서 스스로를 활용할 수 있는 능력을 개발해야 한다. 더욱이 각각의 개인들은 이러한 상호작용을 보고 인지하는 것에 독특한 지각과 조직 구조를 가지고 있다. 결과적으로 그들은 자신이 얼마나 많은 편견에 휩싸여 있는지, 얼마나 많은 전제를 상정하는지 스스로 '자각'하는 것이 필요하다.

세 번째 임상 단계에서는 치료받는 가족의 개인적인 면에서 일반적인 면까지를 다루는 학생들의 능력을 자극하는 데 더 집중한다. 학생들은 이러한 요소들이 행동적 연속성 안에서 서로 어떻게 연결되어 있는지, 관계 속에서 이들 요소의 구조가 어떤 것인지를 배움으로써 의사소통의 연결성을 파악할 수 있게 된다.

학생들과 내담자 가족 내부의 지식을 얻는 데 이미지 사용이 가장 유용한 도구라는 이론적 근거는 수없이 많다. 우리는 이미지를 통해 가족 내에서의 관계가 외부 세계와 어떻게 상호작용하는지 이해한다. 스턴Stern(2005)에 따르면 '암묵적 관계 지식'은 비언어적이고, 비상징적이며, 비해설적이고, 비의식적이다(프로이트가 설명한 대로 이는 무의식적이지만 완전히 억압되거나 제거되지는 않았다). 전이를 포함하여 다른 사람과 함께하는 방법에 대해 우리가 아는 대부분은 암묵적이다. 따라서 의사소통의 암묵적 부분은 우리와 타인의 관계에 크게 영향을 미친다.

그렇다면 우리는 어떻게 '암묵적 관계 지식'을 만들어 내는가? 스턴은 자동적으로 직접적으로 된다고 한다. 예를 들어, 학교의 학생은 선생님과 다른 학생들과의 만남을 통해 의식적 자료를 얻어서, 어떤 부정적 경험에 의해 감정적으로 방해를 받았을 때(프로이트에 따르면) 다른 과정들(억압, 제거)을 통해 그(그녀)의 무의식을 구축한다. 그(그녀)는 그(그녀)가 좋아하는 사람과 어떻게 연결될 것인지, 그(그녀)가 두려워하는 사람을 어떻게 피할 것인지, 매일의 삶에서 암묵적 관계에 대한 지식을 경험한다. 그러면 이 재료는 편도체에서 암시적 혹은 절차적 기억으로 저장된다. 이것이 우리의 출생에서부터 시작된 첫 번째 기억이다.

스턴에 따르면 당신은 암묵적 관계 기억에 비언어적 행동이나 보디 랭귀지로만 접근할 수 있다. 힐먼Hillman(1997: 56)이 제안한 것처럼, 비언어적 채널을 사용하는 다른 이유는 심미적인 것 때문이다.

삶은 의도된 이미지인바, 그것은 가족 역동과 유전적 소인을 어떻게 다루어야 할지 모른다. 이야기로 만들어지기 전, 각각의 삶은 이미지의 연속체 안에서 위치한다. 그리고 이미지를 먼저 보아야 한다. 비록 각각의 이미지가 의미로 가득 차 있고, 분석될 수 있다고 할지라도, 우리가 이미지를 고려하지 않은 채 곧바로 의미로 가버리면, 어떤 완벽한 해석을 하든 우리는 회복될 수 없는 즐거움을 잃어버린다.

가장 중요한 것은 언어적 채널은 너무 포화되어 있다는 것이고, 그렇기 때문에 내담자에 의해 덜 통제되는 비언어적인 채널을 이용해야 한다는 것이다. 비언어적인 채널은 우리로 하여금 가족의 내부 이미지로 들어갈 수 있게 한다. 이에 들어가는 방법은 보통 방어되는 성격의 감정적인 구성을 촉발하는 능력을 가진 (이미지를 통해 구축된) 은유적인 언어를 사용하는 것이다. 기억과 역사적 · 문화적 정체성은 이미지를 통해 보존된다. 재현은 시공간적이며, 마법적인 기억의 소환뿐 아니라 사물의 실제적인 대체를 통해 존재하지 않는 시공간이 존재하는 시공간이 된다. 예를 들어, 할아버지의 사진은 단지 사진이 아닌 그 이상의 뭔가를 의미한다. 즉, 상담 회기 내에서 할아버지를 존재하게 만드는 은유적 대상이 된다.

또 다른 중요한 요소는 인간이 두 가지 유형의 지능을 가지고 있다는 것이다. 전체적 지능과 순차적인 지능이 그것이다. 전체적 지능holistic intelligence은 포괄적이고, 정의되지 않고, 전반적이고, 동시다발적이고 계열적이지 않다. 순차적 지능sequential intelligence은 분석적이고, 구조적이고, 지시적이고, 계열적이다. 인류는 읽기와 쓰기를 '발명'하기 이전에 2500년 이전부터 전체적인 지능을 수 세기 동안 사용했다(첫 단계). 그리고 우리는 읽기 위해 순차적(지능)을 발전시켰다. 이 목적을 위해 우리는 각 글자, 단어, 문장을 분석적으로 봐야 했다. 이 순차적 지능을 통해서만 우리는 좌뇌를 사용하여 읽을 수 있게 되었다(최소한 서양에서는 그렇다. 동양에서는 표의문자를 사용하기 때문에 결국 이는 우뇌를 사용하는 것이라 가끔 다를 수 있다). 우리 서양에서는 사람들이 읽기를 통해 배우기 때문에 순차적 지식의 보급이 증가해 왔다(두 번째 단계). 그러나 지난 10~20년간 우리의 아이들은—예전처럼—읽는 것보다 보는 것을 통해서 다시 배우기 시작하였는데, 요즘은 TV, 컴퓨터, 영화 등을 통해 배운다. 우리는 사토리Sartori(1999)가 제안한 호모 사피엔스와 호모 비덴스Homo Videns의 차이를 여기서 소개할 수 있겠다. 호모 사피엔스는 자동적 리듬과 조절된 감정을 가지고 기호를 읽고 해독함으로써 배운다. 호모 비덴스는 동시 지능을 사용하여 이형적 리듬과 즉각적 감정을 가지고, 이미지를 보고 관찰하여 배운다.

이것은 치료 안에서 비언어적 · 시각적 채널을 사용하는 도구를 개발하는 또 하나의 중요한 이유이다. 가족치료와 가족치료사 훈련에서 주된 도구들은 이미지의 사용에 근거한다. 도구들에는 사진 가계도, 가족 조각가족 내의 의사소통 양식에 따라 가족들이 서로 다른 포즈를 취하는 가족치료 기법-역자 주, 가족 협동화, 은유적 대상, 콜라주, 예술작품 그리고 사진 등을 포함한다.

나는 이제 치료와 실습 상황에서 사진 가계도를 사용하는 것에 대한 개요를 서술하고자 한다. 비록 이런 절차에 대한 글을 쓰는 것이 상담에 이미지가 필요한지 여부를 부정하는 것처럼 보일지라도, 주어진 예시들을 통해 사진 가계도를 하나의 치료적 도구로 이해할 수 있기를 바란다.

훈련에서 사진을 이용한 가계도

나는 1982~1983년 이후 치료에서 이미지를 사용하고 있다. 그 즈음 마우리초 안돌피Maurizo Andolfi는 '정상적인 가족'의 기능에 초점을 맞춘 심리치료학과 학생들을 위한 입문 강좌를 시작하였다. 나는 이론으로만 가르쳐서는 학생들이 수업 내용을 이해하기 어렵다는 것을 깨달았고, 사진과 영화를 통한 새로운 교수법을 제안했다. 마찬가지로 치료 내 이미지 사용에 대한 자료가 거의 없었기 때문에, 이 새로운 방법은 사진의 치료적 사용에 관한 버먼(1996)의 작업에 의해 크게 영향을 받았다. 그리고 참고할 만한 것이 세 가지 더 있는데, 블렌도누(1986)의 사진 비디오 유전체학Photo-video-scopie genealogique, 루벤(1976)의 캐슬로의 가족사진Kaslow's family picture 그리고 프리드먼Friedman(1977)의 가족 사진과 영화Family photos and movies가 그것이었다. 이러한 문헌들에 등장하는 이론은 기억, 역사 그리고 문화적 정체성이 이미지를 통해 보존된다는 것을 주장하였다. 재현은 시공간적이며, 마법적인 기억의 소환뿐 아니라, 사물의 실제적인 대체를 통해서도 존재하지 않는 시공간이 존재하는 시공간이 된다앞에 언급했던 문장을 다시 한 번 언급함-역자 주. 그리고 발터 벤야민Walter Benjamin(1931/2005)이 언급한 것처럼, 사진은 정신분석학이 '본능적인 무의식'을 열었듯이 우리가 처음으로 '시각적 무의식optic unconscious'을 인식하게 만들었다. 이는 전에도 언급한 것처럼, 후에 다니엘 스턴이 명명한 '암묵적 관계 지식'의 일부이다. 롤랑 바르트(1980: 87) 역시 이에 대해 언급하고 있다.

사진은 역전된 예언이다. 카산드라(고대의 예언자)처럼 과거로 눈을 돌리는 것은 말 그대로 우리가 과거의 사진을 본다면, 우리는 현재를 이해할 수 있고 미래를 미리 볼 수 있다는 것을 의미한다.

내 견해로는, 이 방법의 중요한 측면은 보웬(1972)이 학생들에게 제시했던 것처럼 자신의 가족에 대한 내부와 외부로의 '여행'에 있다. 가족치료자를 위한 보웬식 훈련은 근본적으로 집단 작업을 통해 각 학생들이 얼마나 원가족 내에 존재하는 삼각관계의 일부였는지를 이해하기 위한 수행을 한다. 일단 완료되면, 이러한 삼각관계를 개인적으로 해체하고 그의 가족으로부터 분화하기 위해 수련생들은 종종 내담자의 가족에게 그들이 배운 것을 실행한다.

사진 가계도를 통한 치료 과정은 다음과 같다. 일단 수련생들은 원가족 사진을 얻기 위해 가족으로 다시 돌아간다. 예를 들어, 다른 가족의 사진을 찾고 그의 가족에 대한 이야기를 듣기 위해 다른 친척들을 만난다. 사진을 수집한 다음 치료실로 돌아와서 학생들은 그중 특정 사진들을 선택하고 자신의 기준에 따라 사진을 나열한다(첫 번째 보기), 그리고 집단원들에게 보여 준다(두 번째 보기). 그(그녀)는 그 사진들을 보여 주기 위한 방식을 선택해야 한다. 예를 들어, 동료 집단의 주위로 건네주거나, 보드 판에 가족(아버지, 어머니의 원가족, 핵가족, 결혼 후 가족 등) 사진들을 붙이거나, 슬라이드, 파워포인트 또는 비디오로 녹화하는 방식으로 제시할 수도 있다. 이러한 각각의 선택은 물론, 예를 들어 참석한 사람들이 사진을 만지도록 하는지의 여부와 관련해서 각기 다른 의미를 가진다. 또 다른 문제는 학생들이 준비되고 관습적인 코멘트를 하는가, 각각의 사진에 즉흥적이고 준비되지 않은 코멘트를 하는가에 관한 것이다. 다른 집단원들이 사진을 보며 가계도에 관한 질문을 하지만 이러한 질문은 반드시 사진에서 드러난 사실에 관해서만 질문해야 한다예를 들면, "아버지 옆에 늘 막냇동생이 있네요."라고 질문하는 것은 괜찮지만 "아버지와 막냇동생의 사이는 어땠어요?"라고 사진 밖의 관계나 가족 사항을 질문하지 않는다는 뜻–역자 주. 발표자는 질문에 답하고, 얼마나 깊이 스스로를 탐색하고 싶은지 결정할 것이다. 친밀감의 수준은 당연히 그룹 내에서 만들어진 첫 번째 가계도부터 마지막으로 만들어진 가계도에 이르기까지 다양하게 변화한다(세 번째 보기). 이 모든 과정이 끝나면, 집단 구성원들은 말로 혹은 발표자의 사진을 재배열함으로써 코멘트를 한다. 이러한 과정은 발표자가 무엇이 정상인지에 대한 다양한 기준을 생각해 보고 새로운 해석을 시도하는 데 도움을 줄 것이다. 이때 발표자는 집단원들의 코멘트에 대해 대응하는 새로운 의견을 이야기할 수 없다(네 번째 보기). 왜냐하면 발표자가 올라오는 감정들을 열어 두고, 집에 돌아가서도 계속해서 자신과 가족에 대한 질문을 하고 생각을 지속할 수 있도록 하기 위해서이다. 발표자가 답변을 하거나 뭔가를 말한다면, 아마도 무의식적인 과정은 닫힐 것이다.

가계도를 활용하기 위해 사용되는 사진은 보통 30장이다. 이 사진 속에는 적어도 3세대에 걸친 사진들이 제시되어야 한다. 하지만 때로는 발표자가 30장 이상의 사진을 가져오기도 하는데, 이때 트레이너는 발표자가 다루고 싶은 30장 이상의 사진만 테이블 또는 카펫 위에 두고 나머지는 치우도록 요청해야 한다. 이러한 사진의 선택은 때때로 어렵지만, 학생들에게는 항상 매우 유용하다. 예를 들어, 한 학생이 훈련 장면에 160장의 가족 사진을 가져왔고, 나는 학생이 그중 30장의 사진을 선택하도록 도왔다. 그 학생은 침묵 속에서 자신이 집단에 가져온 사진들이 무엇이었는지 기억을 더듬으며 훈련을 끝냈다.

30장이란 사진은 가족들이 가정에서 일반적으로 보관되어 있는 사진의 수(평균 100년에 3,000장에서 3만 장 이상)에 비해 적어 보인다. 그러나 이 특정한 숫자는 질문과 토론을 위한 합리적인 시간을 고려하여 선택되었다. 보통 '사진 가계도 훈련'은 적어도 세 시간이 소요된다.

임상적 사진 가계도

개인치료, 부부(혹은 커플)치료 , 가족치료 그리고 집단 상담 같은 다양한 현장에서 이 방법을 사용할 수 있다. 사진 가계도는 가족들이 오지 않은 회기에서 부재중인 가족을 불러오는 방법으로도 사용된다. 그러나 원래의 가족과 함께 치료 작업을 하는 것이 더 유용하기는 하다.

체계적 이론의 관점에서 커플과 가족을 치료할 때, 자연스럽게 우리는 특정한 유형의 세팅을 고려해야 한다. 이 접근법은 개별 정신분석 치료에 비해 치료관계를 유지하는 데 더 많은 시간과 다양한 개입이 필요하다. 해석하기보다 질문하라. 해석은 언어적이고 비언어적인 은유를 사용하여 유머러스하게 전달되는 것이 좋다(de Bernart & Buralli, 2009 참조). 일례로 엘리아 카잔Elia Kazan 감독의 영화 〈라스트 타이쿤The last tycoon〉을 보면, 제작자가 각본가에게 영화가 무엇인지 설명하는 장면이 있는데, 이 장면은 유머러스하게 치료관계를 구축하는 최선의 방법이 무엇인지 보여 준다.

사진은 치료 과정의 두 번째 부분으로 넘어갈 때 매우 중요해진다. 처음 서

너 번의 회기 후에 개인 구성원들과 부부들의 이야기를 수집하고 그 문제에 대한 진단을 내린다. 그 후, 부부들은 오랫동안 '소음의 기간옥신각신하며 별 다른 통찰력 없이 다양한 이야기를 쏟아 내는 기간–역자 주'을 겪기 시작하는데, 사실 그들 자신에 대한 인식이 증가하지는 않는다. 반대로 그들은 싸움, 상호 비난 그리고 많은 다른 쓸모없는 문제들을 끌어들여서, 그들 자신의 시간과 우리의 시간을 낭비하고 평가적인 상황을 만들면서 치료사를 혼동시킨다. 이 순간, 의사소통의 경로를 언어적인 것에서 비언어적인 것으로 바꾸는 것은 매우 유용할 수 있다. 이 작업은 다양한 도구를 사용하여 수행할 수 있다. 일반적으로 먼저 사용하는 것은 콜라주인데, 커플의 내부 이미지 또는 커플의 성에 관한 신선하고 풍부한 이미지를 얻을 수 있다.

우리가 증상과 그것들의 상호 기능에 대해 배운 것에서부터 역기능을 초래하고 증상이 생겨나는 '가족의 상처'에 대한 이해로 옮겨갈 때, 우선 두 원가족의 3대에 걸친 이야기에 대해 이해할 필요가 있다. 치료자는 먼저 두 집안의 삼각관계에 대한 정보를 얻어야 한다. 부부는 치료자의 요청으로 그들의 가족들을 상담 회기 내에 오도록 하고, 이를 통해 정보를 얻을 수도 있다. 프라모Framo, 카네바로Canevaro, 안돌피Andolfi와 나는 이 기법을 계속 사용해 왔다. 하지만 수년 전 나는 파트너 중 한 명이 바람을 피울 때와 같은 성적인 문제가 있는 부부치료에서는 원가족을 데려오는 일이 매우 힘들다는 것을 깨달았다. 이는 파트너가 그들의 부모와 형제들 앞에서 스스로 직면할 수 없는 감정에 사로잡히기 때문에 특히 더 어려웠다. 여기서 나는 두 집안의 '실제 살아 있는 존재'를 대신하여 수정된 방식으로 가족 사진을 활용한 가계도 치료 방법을 도입하였다.

부부를 위한 사진 가계도 방법은 일반적인 임상 장면에서 개인의 가족 가계도를 사용하는 방법과 유사하다. 여기에서는 부부 각자가 자신의 가족의 사진을 찾기 위해 집으로 돌아가는 것을 포함하는 처방을 내린다. 자신의 가족 사진(각 내담자가 스스로 탐구할)을 찾거나 자녀가 있는지 여부에 따라 3세대 혹은 4세대 간 자신의 가족과의 관계를 나타내는 몇 가지 사진을 선택할 수 있다. 부부는 자신의 가족 사진을 찾는 것이 중요한데, 그들의 원가족과 유년기 시절의 사진 10장 그리고 청소년기 사진 10장을 고른다. 제3단계는 커플로서 만남으로부터 시작하는데, 따라서 사진 선택에 대한 접근이 다르다. 여기서는 커플이 '당신이 가져오기 원했지만 파트너가 거부한 사진' 5장뿐만 아니라 별도로 커플로서 삶의 기간을 나타내는 사진 10장을 함께 결정하여 가져온다.

부부가 나이가 들어 결혼 기간이 길고 아이가 있을 때는 네 번째 회기가 종종 요구된다. 여기서는 아이들과 함께 있는 결혼생활과 가족생활이 담겨 있는 10장의 사진을 함께 선택하고 다시 '내가 가져오고 싶었지만 파트너가 거부한 사진'처럼 한정된 질문을 사용해서 각각 5장을 선택하도록 한다. 부부와 치료자는 회기에 가져온 모든 사진을 함께 분석한다. 그들은 사진에서 무엇을 보는지 서로 질문을 한다. 그러나 여기서도 그들이 단지 사진에서 본 것들에 대해서만 질문하는 것으로 해석은 제한되어야 한다. 부부가 상호 해석을 할 수 있도록 함으로써 각 배우자가 지닌 이야기, 타인에 대한 지식, 그리고 서로 듣고 배우자가 상대방에게 제공할 수 있는 정보와 지식을 수용하는 능력의 수준을 평가하는 기회를 가진다. 이 기회는 부부의 유연성에 대한 지식을 얻고 앞으로의 예후가 어떨지를 가늠하게 하는데, 부부가 문제를 해결하는 능력이 높을수록 예후도 좋을 것이다. 이를 통해 '자기치유적인 커플self-therapeutic couple'이 만들어지기 시작한다.

가계도 읽는 방법

치료에서 무슨 일이 일어나는지 이해하기 위해 우리는 사진을 읽는 데 세 가지 매개 변수를 사용한다. 상호작용적 매개 변수interactive parameter는 치료에서 가족, 부부 그리고 집단의 서로 다른 구성원 간의 상호작용을 읽을 수 있는 도구이다. 다른 인물이 존재하는 사진 속에서 구성원 간의 상호작용을 이해하기 위해 사진을 관찰한다. 많은 사진에서 비슷한 점이 있다면, 가족 구성원의 역할과 기능 그리고 가족 내에서 정서적 연결에 대해 흥미로운 가설을 세울 수 있다.

관계적 매개 변수relational parameter에는 스토리와 시간의 가치가 포함된다. 시간이 지나면서 특정한 패턴이 반복된다면, 우리는 가족관계가 안정적이라고 생각할 수 있다. 이 변수는 더 심도 깊은 질문들을 통해 탐색되어야 한다.

작은 예를 하나 들어 보자. 사진 가계도 회기에서 33세의 여성이 적어도 5개의 사진을 가져왔고 그녀는 자신의 오빠와 동등한 위치에 있는 것처럼 보였다. 그 사진들은 3세, 7세, 14세, 21세(결혼)와 30세(아이를 가졌을 때)의 시기에 그녀를 보여 주었다. 각각의 사진에서 그녀의 오빠는 그녀를 보호하는 태도로 어깨에 팔을 걸치고 있었다. 물론 이것은 우연이었을지도 모르지만, 그녀와 오빠에게 질문을 한 결과, 여성의 보호와 관련된 가족의 특정 신화가 있는 것으로 밝혀졌다.

상징적이며 은유적인 매개 변수symbolic metaphoric parameter는 사용하기가 더 어렵다. 우리는 종종 그들이 그 가족이나 커플에 대한 미신이나 특이한 믿음을 꺼낼 때 특별한 의미를 가진 사진을 본다. 한 예는 현재 부부치료를 받고 있는 한 커플의 휴일 사진이었다. 이 커플의 사진은 수년 전 이탈리아 남부의 한 그리스 사원에서 남자의 불륜이 밝혀진 직후에 찍혔다. 내가 하필 이런 특정한 사진을 가지고 왔냐고 물었을 때, 그녀는 휴가 때 떠올랐던 생각 때문이라고 대답했다. 그녀는 그녀의 파트너에게 매우 화가 났고 때때로 그가 만났던 다른 여성에게 끌리곤 했기 때문에 부부로서의 미래에 대해 의심스러웠다고 대답했다. 그녀는 다음과 같이 말하면서 결론을 맺었다. "그와 결혼하기 전 그 당시에 그 관계가 위험하다는 것을 이해했어야 했는데……."

사진 가계도 전체는 반드시 종단적으로 관찰되어야 하는데, 이는 서로 다른 가족 구성원들에게 같은 기간에 비슷한 사건들이 있는지를 보기 위해서이다. 우리는 또한 같은 시간대 다른 구성원의 시간의 변화나 다양한 행동을 관찰할 수 있다. 단체 가족 사진에서는 구성원의 위치, 중요한 구성원의 부재(결혼식 사진에서 예기치 못한 질병 등으로 남편의 어머니가 보이지 않는 것 같은)를 관찰할 수 있는데, 그것들이 시간의 경과에 따라 패턴이나 반복을 보인다면 특히 중요하다.

개별 사진들은 가족 구성원들 간의 유사점과 패턴을 관찰하는 데 유용하다. 때때로 패턴이 분명한데도 그것이 부인되기도 하는데, 특히 유사점을 인정하지 않는 가족 구성원이나 가족 내에서 서열이 높은 가족 구성원과 겹칠 때 그러하다. 가계도에서 단일 구성원의 개별 사진의 수 또한 중요할 수 있다. 예를 들어, 어머니 사진을 4장, 아버지 사진을 1장만 가지고 있다면 이것도 때로 중요하다. 흑백 사진과 컬러 사진의 비율도 중요할 수 있다. 핵가족이나 실제 가족에 비해 원가족의 사진 수를 보여 줄 수 있기 때문이다즉, 흑백 사진의 비율이 높을수록 원가족의 사진을 많이 가져왔다는 뜻–역자 주. 특정 연령대의 사진이나 사진이 없는 비율도 고려해야 한다. 예를 들어, 많은 사람은 사춘기 시절 자신의 사진을 거의 가지고 있지 않는데 내 생각에는 사춘기 시절의 우리 자신을 좋아하지 않아서 회기에 그 사진을 가져오는 것이 내키지 않거나 그렇지 않으면 이전에 사진을 없앴기 때문이다. 어떤 개념의 가족이 더 중요한지를 이해하기 위해, 원가족과 핵가족 혹은 실제 가족 사진의 비율 또한 중요하다.

나는 주로 부부치료에서 사진을 사용하는 것에 대해 이야기해 왔다. 그러나 여기서 설명된 접근법은 또한 개인치료에 매우 유용할 수 있다. 물론, 이 경우, 치료사는 가계도에서 사진과 관련된 질문을 하고, 일반적으로 가계도에서 분명히 드러나는 감정적인 요소를 찾는 것에 책임이 있을 것이다.

결론

때로는 시청각 자료와 가족 또는 개인 사진은 치료사 교육에서 중요한 도구가 될 수 있다. 임상 연구에서 단어의 사용과 말하기의 기술은 심리치료에서 아직도 중요하게 남아 있지만, 거울뉴런이 발견되고 신경과학적 발견들이 늘어남에 따라, 비언어적 도구의 사용은 치료적 관계의 발전에 더 중요해진 것을 잘 알 수 있다.

참고문헌

Barthes, R. (1980). *Camera Lucida: Reflection on photography*. New York: Hill and Wang.

Bateson, G. (1972). *Steps to an Ecology of Mind. Collected essays in anthropology, psychiatry, evolution, and epistemology*. Chicago, IL: University of Chicago Press.

Benjamin, W. (2005). *Walter Benjamin: Selected writings, volume 2, 1931-1934*. H. Eiland & M. W. Jennings (Eds.). Cambridge, MA: Harvard University Press.

Berman, L. (1996). *La fototerapia in psicologia clinica*. Trento: Erickson.

Bleandonu, G. (1986). *La video en therapie*. Paris: ESF.

Bodin, A. (1978). Uso del videotape nella formazione di terapeuti della famiglia. In P. Watzlawick & J. H. Weakland (Eds.), *La prospettiva relazionale* (pp. 132-148). Roma: Astrolabio.

Bowen, M. (1972). Toward the differentiation of self in one's own family. In J. Framo (Ed.), *Family Interaction: A dialogue between family researchers and family therapists* (pp. 111-173). New York: Springer.

de Bernart, R. (1987). L'immagine della famiglia, *Terapia familiare notizie, 6*, 3-4.

de Bernart, R. (1990). Video et therapie familiale, *Bulletin de psychologie, XLIII* (395), 564-568.

de Bernart, R., & Buralli, B. (2009). Le lit de six personnes. In *Cahiers critiques de thérapie familiale et de pratiques de réseaux, 1*(42), 175-205.

Gladfelter, J. (1972). *Films in Group and Family Therapy*. New York: Brunner Mazel.

Hillman, J. (1997). *Il codice dell'anima*. Milano: Adelphi.

Kaslow, F. W., & Friedman, J. (1977). Utilization of family photos and movies in family therapy. *Journal of Marriage and Family Counselling, 3*(1), 19–25.

Ruben, A. L. (1976). The family picture. *The Journal of Marriage and Family Counselling, 4*(3), 25–28.

Sartori, G. (1999). *Homo videns*. Bari: Laterza.

Stern, D. (2005). *The Present Moment in Psychotherapy and Everyday Life*. Milano: Momento Presente.

CHAPTER 11

'우리가 아직 세상에 없었던 시간': 실험적 고고학-사진 전공생들의 사진 아카이브 기획과 그 너머의 작업

- 줄리아 윈클러(Julia Winckler)

서론

나는 사진을 통한 변화의 위력을 몸소 체험하였는데, 그것은 아카이브적 영감에서 출발한 내 개인적 프로젝트와 내가 진행하는 사진 강의 및 참여 예술 프로젝트를 통해서였다. 나는 2004년 브라이튼 대학교 사진학부 2학년생을 대상으로 '실험 고고학: 아카이브와 그 너머'라는 새로운 기획을 마련했다. 이 6주간의 '아카이브' 기획은, 학생들이 사진 프로젝트에 방대한 아카이브 자료(가족 사진, 무명의 사진, 물건, 서류 등)를 출발점으로 삼는다는 점에 그 차별성이 있었다. 이 장에서는 이 기획의 구성, 방법론, 제작 기법을 소개한다. 또한 의도하지 않고 예상도 못했지만, 사진 작업 과정으로 예술적 · 치유적 결과를 얻게 된 학생들의 사례도 소개한다.

아카이브 기획의 구성: 정서와 역사의 만남

이 기획은 3시간짜리 프로그램 개관으로 시작한다. 이 시간에는 아카이브 및 아카이브 재료로 작업한 작가들의 사진 프로젝트를 소개하고 대강의 주제 범위를 설정한다. 특히 자크 데리다Jacques Derrida의 『아카이브 열병Archive Fever』(1996)을 참고하여, 아카이브 또는 수집품을 구성하는 요소는 무엇이며 어떻게 정의 내릴지에 대해 탐색한다. 여기서 아카이브의 역할을 정보의 정리와 분류로 본 데리다의 개념을 살펴본다. 그에 의하면 아카이브는 내포된 구조를 지닌 수집물이며, 계층적이고 자체 분류 체계를 따른다. 역사적으로 아카이브는 탐험가, 수집가, 협회, 정부 기관 등에 의해 어느 시점에서 시작된 기억과 자료의 수집 또는 보관 체계였다[여기서 아카이브(archive)의 어원이 '계율'과 '개시' 모두를 의미하는 그리스어 'arkhe'에서 유래했다는 데리다의 통찰을 인용한다]. 여기에는 아카이브를 구성하기 위한 자료의 수집과 수취 및 자료 모으기 활동의 시작부터 배제, 누락, 폐기, 망각 과정이 자연스럽게 내포된다. 아카이브를 어떻게 보존하느냐가 그 구조와 체계를 결정한다. 이때 학생들에게 사람들이 왜 물건을 모으는지, 스스로 물건을 수집해 본 적이 있는지 질문해 본다. 취학 직후인 6세 전후에 스티커나 봉제 장난감, 캐릭터 인형 등을 모아 본 경험이 대부분이다. 아동은 수집 행위를 통해 삶의 작은 영역에 대한 통제감과 전문 지식을 지녀 보고, 이어 자신의 지식이 턱없이 부족하다는 현실을 깨닫고 다시 차츰 통제감을 잃는 경험을 하게 된다. 몇몇 아카이브와 수집물의 역사와 운명에 대해 간략하게 알아보면서, 아카이브의 무한한 잠재력을 탐색해 보고 역사적 사건에 대한 이해를 넓힌다. "바야흐로 기억 강박의 시대다. 역사의 요구에 사로잡히고 아찔한 신기술에 압도된 작금의 시대에, 아카이브는 그 자체로 경험의 궁극적 지평이 된다."(Comay, 2002: 8)

어떤 아카이브는 소멸되기 직전에 가까스로 '구조'된다. 한편 소장 자료 전체가 폐기되거나 유실되기도 한다. 아카이브나 박물관, 미술관 자료가 '안전'하다는 인식은 흔들리고 있다. 이와 관련해 도난 사건이나 화재 사고로 자료가 영구히 유실된 사례들을 소개한다. 사진작가 소피 칼Shophie Calle의 작품 〈유령Fantômes〉(2000)과 〈소멸Disparitions〉(2000)에서 화재로 훼손된 예술 유적이나 예술품을 도난당한 미술관의 텅 빈 벽을 찍은 사진을 참고한다. 이어서 무명의 수집품에 대한 예술적 접근 및 이의 사회·문화적 의미를 짚어 본다. 마크 디온Mark Dion 작가의 '테이트 템즈 발굴Tate Tahmes Dig'(1999) 프로젝트에서는 고고학자와 자원봉사자들이 2주간 런던 테이트 모던 미술관 근처 템스강에서 도자기, 뼈, 유리, 성게 화석, 20세기의 쓰레기 등을 채집하고 그것들을 갤러리에 전시했다(Putnam, 2001). 예기치 않은 사고로 수집 자료가 파괴된 사례도 살펴본다. 1940년 런던 공습 당시 켄싱턴의 홀란드 하우스 도서관의 폭탄 투하 사례, 최근에는 2003년 심각하게 파손된 이라크의 국립도서관 등이 소개된다. 이때 폐허 속에서도 일부 자료는 살아남기도 했다. 파시스트 정권에 맞선 예술가와 작가들의 작품이 나치의 잔혹 행위로 불태워진 사례를 비롯해 여타 기록물 파괴 사례도 소개한다.

이어서 샤이먼 아티Shimon Attie와 크리스티앙 볼탄스키Christian Boltanski와 같은 작가들의 사진 작업과 대형 프로젝트['초유의 터: 유럽 프로젝트Sites Unseen: European projects'(1998), '푸림 축제, 근심에서 벗어난 미싱 하우스La fete de Purim, The Missing House, Sans Souci'(1989~1991); Gumpert, 1994 참조], 수전 힐러Susan Hiller의 영상 작업 ['제이 스트리트 프로젝트(J-Street Project 2002~2005)']이 논의된다. 이들은 쇼아Shoah, 히브리어로 절멸이라는 뜻으로 독일 나치의 유태인 말살을 일컫는다-역자 주와 남겨진 빈 공동空洞을 회고하면서 각자 독창적인 아카이브 접근을 취했다. 역사적 물품과 아카이브 사진, 기록물을 다루는 이들 작가는 창조와 상상의 투자를 통해 과거를 중재하는 문화 아카이브 수호자이자 역사 전문가, 고고학자이다.

기억 회상과 복원이란 작업은 당연히 모호하고 불명확하다. 프랑스 시네아스트 장 뤽 고다르Jean-Luc Godard는 1998년 작 〈우주의 통제Le Controle de l'Univers〉에서 이미지가 생명을 얻고, 과거가 소환되는 공간으로서의 사진 암실을 실험했다. 그러나 스크린에 번쩍거리는 영상과 함께 이미지들은 순식간에 사라져 가면서 목표했던 과거를 엮어 내지 못한다.

그다음 스티븐 폴리아코프Stephen Poliakoff 감독의 영화 〈슈팅 더 패스트Shooting the Past〉(1999)의 짧게 발췌한 영상에서 일반 개인이 수집한 사진 이야기와 알려지지 않은 비밀을 알아본다. 이어서 학생 대부분이 갖고 있는, 가장 흔한 비주얼 아카이브인 가족 앨범에 대한 논의가 이어진다. 가족 앨범은 막대한 정서 가치를 지닌 소형 아카이브이자 타임캡슐이다. "가족의 기억을 지속, 영속시켜 주는" 유일한 수단이라는 메리앤 허쉬Marianne Hirsch의 말처럼, 어떤 이에겐 가족 앨범은 세상을 떠난 가족의 흔적을 되짚어 볼 유일한 수단이 되기도 한다(Hirsch, 1997: 7). 마사 랭포드Martha Langford는 가족 앨범의 시각적 특성과 구전적 특성 간의 긴밀한 관계와 그 가능성을 깊이 있게 탐구했다. "현재의 시간에서 (가족 앨범의) 이미지들을 보고 듣는 구전적 사진의 형식은 친숙한 기억들을 소환, 재생, 확장하는 활동의 윤활유가 된다."(Langford, 2001: 20)

작가 맥스 딘Max Dean은 무명의 가족 사진을 작업한다. 주인과 맥락이 없어진 사진에 대해 그는 남겨진 의미가 있는지, 폐기하는 대신 '구조할' 필요성이 있는지, 새로이 생명을 줄 수 있는지 질문한다. 그의 작품 〈아직 무제As Yet Untitled〉(1992~1995)에는 무명의 사진들을 파쇄하는 기계 로봇이 나온다. 딘의 설치 예술에 초대된 관객은 기계의 파쇄 작업을 중단시킨다. 이어 이미지에 소유권이 주장되고, 이미지를 책임질 새로운 주인들이 나타난다. 의미를 상실한 지 오래 되어 되살리기엔 이미 늦었는지, 아니면 새로운 기능을 충족시킬 수 있을지가 관건이 된다(Ingelevics, 2005).

프로젝트 주제, 방식, 기법: 푼크툼에서 스투디움까지

그다음 학생들은 한 주 동안 엘리자베스 에드워즈Elizabeth Edwards(1999) 등의 핵심 교재를 강독한다. 에드워즈는 사진의 내용이나 표면적 가치—무엇을 찍은 사진인지, 누구, 무엇을 표상하는지—를 넘어서는 것이 중요하다고 하였다. 대신 사진의 물성과 크기, 시간 속에서 그 용도가 변화한, 누군가 다루고 만졌던 아카이브적 체취가 배인 대상으로 사진의 존재를 전면 부각했다.

롤랑 바르트의 〈카메라 루시다Camera Lucida〉(1980)에서, 자신의 사진이 아닐 때도 관람자가 강력히 동일시되는 사진의 정서적 힘과 가능성을 논의한 부분도 강독한다. 바르트가 주창한 사진의 '푼크툼punctum'은 관람자와 사진 간에 즉시 형성되는 개인적인 정서적 연결 경험이다. 이때 사진의 과거성은 즉시적 현재로 불려 온다. 메리앤 허쉬의 용어를 빌려 표현하자면 사진의 '사후기억postmemory'에 대한 개인적 경험, 과거와의 연계성을 염두에 두고 학생들은 자신들만의 아카이브 프로젝트에 착수한다.

학생들은 아카이브 재료를 출발점으로 삼아 창의적으로 주제를 탐색하면서, 과거의 유적을 발굴하는 고고학자의 자세로 임한다. 트라우마적 기억, 상실, 비애, 질병, 가족관계의 역동을 탐색하거나, 사진을 통해 타인의 삶을 이해하고 삶의 조각을 맞춰 보기도 한다. 프로젝트 2주차에는 아카이브를 방문해서 아카이브 과정을 배우고 아키비스트, 큐레이터를 직접 만나 수집물도 다뤄본다. 5회의 평가 시간에 이어 마지막 시간에는 각자의 작품을 발표한다.

학생들은 상호 보완적인 2개의 방법론적 개념을 각자의 아카이브 자료에 적용해 본다. 첫 번째 방법론은 고고학의 발굴처럼 과거를 파고들어 가 보는 개념이다. 이 고고학적인 과정은 정신분석학, 프로이트적 접근과 크게 다르지 않다. 에이드리엔 체임번Adrienne Chambon은 미셸 푸코Michel Foucault를 인용해 이를 "누적된 지식과 관습의 퇴적층을 지표에서부터 파 들어가는, 파편화 작업"이라고 했다(Chambon, 1999: 54). 느리고 민감하지만 성과가 큰 이 과정을 통해 연구자이자 사진가인 학생들은 일련의 관계를 창조하고 새롭게 재배열하게 된다. 고고학자와 마찬가지로 정신분석가는 매우 신중하게 작업에 임해야 한다. 파묻힌 '대상들'을 조심스레 찾아내어 그들 간 새로운 관계를 구성한다. 고고학처럼 정신분석에서도 과거의 발견, 파편, 해석, 재구성 작업을 하게 된다(www.freud.org.uk/education/topic/40037/freud-and-archaeology).

두 번째 아카이브 방법론은 계보학 기법으로, "현재에서 출발하여 반대 방향으로 작업하면서 시간의 층계를 거슬러 올라간다. 이는 푸코가 말한 '현재의 역사'이다"(Chambon, 1999: 54).

학생들은 이때쯤 각자의 아카이브 자료를 택할지 공개된 아카이브를 택할지, 또한 어떤 접근을 취할지 결정하게 된다. 첫 단계는 대체로 비슷하다. 자료를 수집하고, 계보를 작성하고, 관계를 만들고, 원래의 기능, 가치, 의미가 상실된 물건들을 발견한다. 자료들은 이제 기능적 대상이 아닌, '기호sign' 또는 수신호가 된다. 크쥐슈토프 포미언Krzysztof Pomian은 제각각의 이유로 수집된 자료를 가리켜 이처럼 표현했다. 이때는 원래의 기능이나 활용 가치 대신 미학적 가치, 수집가의 기호, 감정적 애착의 이유로 수집된다(Pomian, 1994).

각 학생들은 전체적 틀을 짜거나 선별한 자료의 순서를 정한다. 예를 들어, 계보학적으로 접근할 때, 이 자료(가족 앨범의 오래된 사진 등)는 학생/연구자와 어떤 관계에 있는지, 원래 의미는 무엇이었는지, 사진의 생성과 기원, 다른 물건과의 관계는 어떤지를 탐색한다.

학생들이 프로젝트 기간에 자신들만의 자료를 창작하는 것이 핵심이다. 정서적 가치와 개인적 연관성(푼크툼), 자료의 정보적 가치와 맥락(스투디움) 모두를 탐색한다(Barthes, 1980).

'스투디움' 기간에는 일련의 실험 및 자료의 구성, 재구성 작업을 한다. 이 과정은 사진 기법의 영향을 받지만 다시 기법의 선택에 영향을 준다. 바르트는 이를 맥락의 파악, 즉 사진이 어떻게 존재하게 됐는지, 어떻게 생겨났는지 탐색하는 과정이라고 하였다. 억압된, 망각된, 무의식의 경험, 내면과 외면적 경험, 학생의 감정 등을 작업하고, 이 과정에서 탐색과 맥락화가 잘 이루어질 수 있다.

사진, 아카이브 작업, 디지털 시대

디지털 사진으로 이미지 조작, 중복, 덧입히기, 복제, 수정 등을 다양하게 경험할 수 있다. 하지만 디지털 사진의 도래와 동시에 컴퓨터 하드 드라이브 손상이나 폐기로 인해, 아니면 저장 매체 교체로 인해 이미지가 영구히 상실될 위험도 안게 되었다. 플로피 디스크, 짚 디스크뿐 아니라 CD나 DVD도 미래에는 구식이 되거나 표면이 손상되어 읽기가 불가능할 수 있다. 이 아카이브 기획도 기존 방식대로 운영하기가 쉽지 않을 수도 있다. 디지털 사진 시대에는 가족 앨범, 벼룩시장, 바자회 등에서 사진을 구하는 일이 점점 어려워지고 인화된 사진, 슬라이드, 주인 없는 사진 같은 것도 점차 자취를 감출 것이다. 지금의 아카이브 프로젝트 방식은 만지고, 탐색하고, 탐구할 실제 자료가 우리 손에 있을 때 더 풍부한 결과를 얻을 수 있다. 어쩌면 미래의 학생들은 컴퓨터 하드 드라이브를 수집하거나 사람들의 이미지 폴더를 열어 보기 시작할지도 모르겠다. 디지털 시대에는 어쩌면 중고 CD나 플로피 디스크 시장에서 자료를 채취할 수도 있다. 디지털 아키비스트디지털 기록 연구사, 국가적으로 중요한 디지털 기록을 체계적으로 보존 · 관리한다-역자 주, 연구원, 예술가는 이미지 검색 및 분석의 전문가일 것이다. 하지만 과연 지금의 아카이브 방식이 미래에는 요원하거나 시간 낭비로 여겨지게 될까?

아카이브 자료들의 디지털화는 꾸준히 진행되고 있다. 대표적인 아카이브 기관들이 단일 웹 포털을 통해 특정한 자료 검색이 가능하도록 하면서(영국의 내셔널 아카이브National Archives나 독일의 연방 아카이브Federal Archives 등) 중요 자료의 원본에도 접근이 수월해졌다. 그러나 케이티 해프너Katie Hafner는 「디지털 시대의 유실된 지식Knowledge lost in a digital age」(2007)이란 글에서 90억 건에 이르는 자료가 저장된 영국의 내셔널 아카이브를 따르는 추세이긴 하지만, 디지털화되어 온라인에서 검색할 수 있는 자료는 극히 일부일 것이라 경고했다. 그러는 한편, 편리하게 자료를 기록하는 장비가 계속 개발되면서(단순 카메라 폰에서 시작하여) '인간 경험을 기록하는 아카이브 대폭발 현상'으로 매 순간을 기록하려는 욕구로 인한 수백만 장의 디지털 이미지가 매일같이 인터넷에 업로드되고 있다(Amies, 2011). 유례없는 정보 풍요 시대에 말 그대로 가능한 모든 자료를 찾아보고 관련된 정보만 걸러 내는 새로운 연구 방법의 개발이 필요해졌다(Hencke, 2011). 롭 블랙허스트Rob Blackhurst는 쓰기와 삭제가 쉬운 디지털 텍스트(이메일과 같은)를 언급하며 '영구 삭제될 위험에 처한 이메일, 컴퓨터 파일, 전자 서류를 추적하는 새로운 디지털 아키비스트'에 대해 논했다. 그는 "인류의 문화 기록에 있어 디지털 형식의 비율이 점점 높아지고 있다. 적절히 보관하지 않으면 미래의 잠재적 보물들은 곧바로 유실될 것이다."라고 주장한다(2007: 20).

아카이브 프로젝트: 학생들 사례

이 장의 제목은 케리 심즈Kerry Symes 학생의 말을 따온 것이다. 케리는 2004년 이 수업을 들었던 학생이다. 마지막 회기에 그녀는 '우리가 세상에 없었던 시간'에 대해 지금껏 한 번도 생각해 본 적이 없었다고 말했다. 프로젝트 설명을 듣고 난 뒤 그녀는 아주 어릴 적에 돌아가셨던 어머니의 사진을 작업하기로 결심했고, 이를 통해 어머니를 더 잘 알기 위해 어머니 사진이 든 작은 추억 상자를 통해 상실의 경험을 돌아보고자 하였다. 이 프로젝트를 통해 케리는 어머니도 한때는 젊은 여성이었다는 사실을 깨달았고, 사진들을 통해 케리가 태어나기 전, 그리고 젊은 엄마가 된 어머니를 조금은 상상해 볼 수 있었다.

케리의 작업 및 추후 프로젝트들을 보면서 나는 실험적 과정과 예술적 표현을 결합한 아카이브 자료 활동이 학생들의 성장과 치유에 상당한 효과가 있었음을 관찰할 수 있었다. 프로젝트는 학생들에게 중요한 전환점이 되어, 자신에 대한 느낌, 다른 가족원과의 관계, 과거에 대한 이해에 영향을 주었다.

다음에서는 이런 효과가 잘 드러난 일곱 개의 프로젝트를 소개하며, 각 학생이 어떻게 각자 다양한 주제와 기법으로 접근했는지 설명하고자 한다. 이 학생들과 최근 교류해 본 결과(이 중 몇몇은 졸업 후 전문 사진작가로 활동하고 있다) 아카이브를 출발점으로 삼은 이 프로젝트를 통해 어떤 상황, 경험, 감정 등이 표면에 드러나는 과정이 일종의 '해방' 경험이었다고 했다. 여기에 실린 학생들은 자신들의 작품 소개에 기꺼이 동의해 주었다.

항상 되돌아보기

홀리 올리버(Holly Oliver)

홀리는 어머니의 가족 앨범을 찾아보면서 앰버의 사진을 찾기로 했다. 앰버는 홀리가 태어나기 전, 어린 나이에 병으로 세상을 떠난 언니이다. 홀리의 어머니는 사우스 런던의 본가에서 여전히 살고 있다. 홀리는 앰버의 사진들

[사진 11-1] 대니얼과 앰버 (Oliver)

을 골라서 작업해도 되는지 어머니께 물어보기가 왠지 어려웠다. 다행히도, 어머니는 대대적인 찬성과 지지를 보냈다.

사진을 들여다보면서 홀리는 집 안팎의 많은 특징이 20년의 시간적 격차에도 불구하고 여전히 그대로인 것을 발견했다. 앰버가 부엌 바닥 위에 앉아 있는 사진이 있었다([사진 11-1]). 홀리는 부엌 내부에 그 사진을 재위치시켜 보기로 했다. 그녀는 왼손으로 사진을 들고 카메라가 성인의 시점에서 바닥을 내려다보도록 조정했다. 원래 사진의 공간은 현재의 부엌 공간으로 확장되었다.

다른 사진들도 마찬가지로, 원래 집 안 배경으로 가서 동일한 작업을 반복했다. 새롭게 탄생한 이미지들 왼편에는 모두 그녀의 손이 들어가 있다.

홀리가 만든 새로운 사진들에서 사진적 거리감이 창출되었다. 그녀는 다른 손으로 초점을 잡고 셔터를 눌렀고, 빛에도 세심한 주의를 기울여 원본 사진들의 자연스럽게 무뎌진 색감을 연출했다.

또한 카메라 초점을 짧게 잡아 배경이 살짝 희미해지도록 하였다. 사진의 프레임 안에 단단히 닻을 내린 과거가 전면에 부각되면서 현재는 뒤로 사라졌다. 홀리의 이중적 역할(가족 아키비스트이자 현재 이미지 생성자)을 통해 언니 앰버는 다시 집으로 초대되었다. 또한 홀리와 앰버가 그 공간 안에 함께 존재하는 것이 가능할 수 있었다. 홀리의 작업 기법은 말 그대로 언니의 사진을 기록 · 보존하고 있었다. 홀리는 새로운 상황에서 아카이브 사진을 손으로 잡고 찍는 행위를 통해 언니와 새로운 관계를 창조하였다.

홀리는 엄마와 오빠와 함께 부엌 식탁에서 사진들에 대해 이야기를 나누었고, 이를 기록하는 것도 허락받았다. 짧은 영상에서는 가족이 앰버에 대해 이야기하는 소리로 시작하여 홀리의 사진이 차례로 소개된다. 달그락거리는 찻숟가락 소리, 누군가 의자에서 일어나는 소리가 간간이 들릴 때마다 대화는 가끔 끊긴다. 관객/청취자들에게 이는 매우 내밀한 경험으로 다가왔다. 마치 우리가 같이 테이블에 앉아 있는 것 같은 느낌, 어린 딸이자 언니였던 사람을 먼저 보낸 일에 대한 가족의 이야기를 엿듣고 있는 느낌이 들었다.

마지막 학기에 영상과 사진을 모두 전시하기로 한 홀리의 결정은 용기 있는 결정이었지만 나름 매우 힘들기도 했다고 했다.

> 작업을 공개하는 것이 쉽지만은 않을 때가 있었다. …… 프로젝트 자체로 보면 아카이브 사진이 핵심 작업은 아니었지만, 나에게는 정말 중요했다. …… 내가 떠

나 있던 집을…… 다시 가서 앨범을 찾아본 일도 의미 있었고. 지금은 계단 옆에 내가 찍은 사진들이 걸려 있다. 엄마가 걸어 놓으셨다. 사진 전체를 집에 걸어 두고 싶어 하셨다.

가슴이 아파요

아멜리 데스비엔스(Amelie Desbiens)

아멜리의 부모님은 아멜리가 겨우 3세 때 헤어지셨다. 부모님이 같이 있었던 기억이 없는 아멜리는 아카이브 프로젝트를 통해 자신이 태어나기 전, 연인이었던 부모님의 삶을 이해해 보기로 했다.

아멜리의 어머니는 연애와 약혼, 결혼에 이르기까지 찍었던 사진과 편지를 보여 주었다. 편지들을 읽고 사진을 자세히 살펴보면서 아멜리는 그 당시 부모님이 서로에게 가졌던 감정을 알려 주는 단서를 찾아보았다. 그러면서 사진 속 자세와 상호작용, 부모님이 서로를 쳐다보는 눈길, 무언가 묻는 듯한, 호기심 많고 사랑스러운 두 분의 표정에 빠져들게 되었다. 그녀는 당시 부모님이 얼마나 젊었는지, 그리고 얼마나 서로 사랑했는지 알 수 있었다.

아멜리는 줄이고 줄여 사진 중 단 몇 장만 선별했다. 또한 손 편지도 사진으로 찍어 두었다. 매크로렌즈를 사용해 세부 사항을 살피고, 말 그대로 사진 표면 밑으로 파 내려간, 사진 이면을 파고드는 아멜리의 작업은 가슴 아픈 일련의 스틸 사진을 낳았다. 프로젝트에 참여한 다른 학생들도 아멜리의 작품에서 젊은 나이의 사랑, 좌절, 상실에 대해 많은 것을 깨달았다. 아멜리의 마지막 작품은 소리 없는 짧은 애니메이션으로, 클로즈업 사진들을 재배열해서 새로운 관계를 만들어 내었다. 예를 들어, 클로즈업 사진에서 관람자는 아멜리 부모님들의 손만 볼 수 있다. 아버지의 손이 어머니의 손을 잡고 약지에 결혼반지를 끼워 주는 모습이었다. 아멜리가 어머니의 결혼반지를 목에 몇 년 동안 걸고 다녔다는 사실이 마음을 아프게 했다.

이 프로젝트를 회상하며 아멜리는 다음과 같이 썼다.

> 나는 기존에 갖고 있던 가족 아카이브 작업이 매우 치유적이고 카타르시스를 준다는 것을 발견했다. 작업을 통해 내가 전혀 개입되지 않았던 어떤 사실이 내 인생에 미친 영향을 탐색할 수 있었다. 이미지와 편지들을 통해 부모님들이 함께한 삶에 대한 내 자신의 이해를 조각조각 맞춰 볼 수 있었다.

상실의 빈자리, 갈 곳 없는 슬픔

도나 클라크(Donna Clark)

아를렛 파지Arlette Farge에 따르면 사진은 관람자가 기대감과 비애감을 오가는 길이다. "과거는 다시 돌아올 것이라는 기대와, 과거는 다시 돌아오지 않을 것이라는 비애"이다(2000: 4).

도나는 이 기대와 비애의 조합에서 영감을 얻었다. 도나의 할머니가 갖고 계시던 가족 앨범이 사라지면서, 도나의 생각은 시작됐다. 1990년대 초 할머니가 돌아가신 뒤 도나의 가족은 이스라엘에서 몇 년간 살게 되었다. 도나의 아버지가 영국으로 돌아오려고 보니, 도나 삼촌의 승인하에 지역 단체에서 이미 고인의 집과 유품, 가족 사진을 모두 처분해 버렸다는 사실을 알게 됐다. 부모님의 사진 앨범에 있는 노년기 할머니 사진들 외에는, 할머니와 할아버지, 아버지 쪽 친척들을 기억할 사진이 없어진 셈이었다. 크리스티앙 볼탄스키의 작품에서 영감을 받아, 도나는 주인 없는 사진들로 할머니에 대한 기억을 재구성해 보기로 했다.

도나는 근처 골동품 가게에서 1930년대에서 1990년대에 걸친 사진들이 담긴 상자를 발견했다. 아동기에서 노년기까지에 이르는 한 여성의 사진들이었다. 도나는 그 여성의 사진을 모두 구매했는데, 사진 속 여성이 누군지는 알 수 없었다. 뒷면에 글귀나 메모가 있는 사진이 단 한 장도 없었다(유아 때 사진과 다 큰 뒤 찍은 사진에 적힌 날짜밖에 없었는데, 그것으로 두 사람이 동일 인물이란 것은 알 수 있었다).

잃어버린 할머니의 사진들을 대신할 사진들을 재구성하는 도중에, 도나는 잃어버린 원래의 가족 사진은 그 어느 것으로도 대신할 수 없음을 깨달았다. 한편, 그녀는 자신이 되살리고 구해 낸 사진 속 여성에 대해 점차 애착이 생겼다. 처분된 할머니의 사진들도 어쩌면 상자 안에 담겨 비슷한 운명에 처해 있을지도 몰랐다. 도나는 사진이 폐기되지 않고 중고 매장 같은 곳에 있길 바랐다. 도나는 다른 여성의 사진이 할머니 사진을 대신하기란 불가능하다는 것을 편지로 적었다. 편지에서 그녀는 주인 없는 사진들을 작업하는 과정을 통해 돌아가신 할머니를 새삼 돌아보게 되었다고 적고 있다.

> 할머니께. 할머니, 마지막으로 뵌 지가 너무도 오래되었죠. 사진을 잃어버리긴 했어도, 저는 할머니가 안 계신 자리를 다시금 느끼게 되었어요. 버려지고 잊힌 이 주인 없는 사진들을 찾아 의미를 부여하면서, 할머니의 사진들도 똑같은 운명에 있

을지 모르겠다는 생각을 했어요. 다시 복구할 수 없는 과거의 시간을 붙잡기 위해 제가 할 수 있는 유일한 일은 이 작업밖에 없었어요.

도나는 무명의 아마추어 여성 가수의 노래를 찾아냈다. 소녀가 할머니를 그리는 내용을 유태인어로 부른 노래였다. 그 후 무명의 사진들을 시간 순서대로 편집한 2분 분량의 영상을 만들었다. 할머니께 드리는 편지를 읽는 도나의 목소리에 이어 노래의 일부가 배경으로 깔렸다. 마지막 발표 시간에 도나는 상실의 느낌이 잘 표현되도록 이 영상을 빈 액자 안에 영사하였다.

1년 뒤 도나는 이 프로젝트를 다음과 같이 회상했다.

조부모님을 포함한 가족의 역사를 기록한 사진이 상당량 유실된 점에 대해 내가 얼마나 안타까워했는지 미처 몰랐다. 이 프로젝트를 통해 나는 그 현실을 받아들일 수 있게 되었다. 이런 방식의 작업, 즉 미처 해소되지 못한 감정을 작업하고 처리하기 위해 사진을 활용하는 작업은 내가 왜, 어떻게 작품을 만들지 고민할 때마다 새로운 에너지를 주었다.

끌리는 사이

데이비드 클라크(David Clark)

이 프로젝트는 아버지와 더 가까운 사이가 되고 싶다는 데이비드의 생각이 계기가 되었다. 데이비드와 친했던 친구가 세상을 뜬 뒤, 친구의 가족은 가족사진이 담긴 상자 하나를 발견하게 되었다. 그때 데이비드는 이런 생각이 들었다.

> 친구의 가족이 친구 유품을 정리하다 상자 하나를 발견했다. 매해 어버이날 카드를 비롯해 가족이 친구에게 주었던 이런저런 편지와 쪽지를 모두 모은 것이었다. 친구만 아는 비밀 상자였다. 나는 혹시 우리 아빠도 이런 추억 상자를 갖고 계실까 잠깐 생각해 봤는데, 아마 없을 것이라 생각한다. 이 일을 겪은 뒤, 나는 지인의 죽음이 나와 아버지의 관계에 어떤 영향을 주는지 궁금해졌다.

데이비드는 아버지에게는 추억 상자가 전혀 없을 것이란 추측에서 출발하였다. 이 작업을 통해 아버지와의 관계가 더 두터워질지 시험해 보기 위해, 데이비드는 본가에 있는 아버지를 사진 찍었다. 데이비드는 대학에 입학하면서 집을 떠나 살고 있었다. 또한 아버지의 물건들도 사진으로 찍었다. 사진으로 남기는 과정을 보며 아버지가 사진을 새롭게 바라보게 되고, 아버지와의 관계도 개선되어 서로의 이해를 높일 것이라 기대했다. 그런데 사진이 마음에 들지 않았다. 내기낚시가 최대 관심사인 아버지가 사진에 전혀 표현되지 않은 느낌이었다.

어릴 적 데이비드는 햄프셔에 있는 스톤햄강에 즐겨 놀러 갔다. 데이비드는 아버지께 그 강에 한번 놀러 가자고 했고, 아버지는 동의했다. 데이비드는 비디오카메라를 챙겨 갔다. 3월 초 어느 수요일, 꽁꽁 얼어붙은 날씨에 데이비드는 하루 종일 강가의 사진을 찍었다. 아버지의 낚싯대 사진, 그리고 가끔 줌인으로 찍힌 아버지는 무언가에 골몰하는 표정이었다. 아버지가 7세 때 낚시를 시작한 이야기, 낚시하는 요령, 다른 사람은 잘 모르는 스톤햄강 이야기

등을 알려 주는 장면도 간간이 찍었다. 데이비드가 만든 짧은 영상은 회고적이고 절제된 느낌을 주었다. 다음 단계에서 데이비드는 이 영상을 이메일로 아버지와 나누고 소감을 여쭈어 보았다.

영상, 아버지의 소감, 데이비드가 아버지께 보내는 밀봉된 편지가 최종 결과물이 되어 아버지께 부치는 추억 상자 속에 모두 담겼다. 그때를 회상하며 데이비드는 다음과 같이 썼다.

> 이 아카이브 작품은 사회학적인 문제와 관계에 초점을 맞춘, 일종의 가족 앨범의 확장이다. 어찌 보면 아카이브의 내용보다도, 이런 아카이브가 있다는 사실에서 비롯된 질문들이 핵심이었던 것 같다. …… 이 작업을 통해 나와 아버지 모두 어떤 사람인지 서로에게 보여 줄 수 있는 계기가 되었다.

태어나기 전의 시간으로 돌아가

리처드 클레이튼(Richard Clayton)

또래 중에서도 성숙했던 리처드 또한 가족관계를 프로젝트로 다루었고, 결혼 당시의 부모님을 주제로 했다. 부모님은 세상을 떠났지만 아카이브 작업으로 다시 만나고, 또 자기 자신과도 만나게 되길 기대했다.

초반에 리처드는 꽤 많은 양의 사진, 편지 묶음, 개인 노트를 수업에 들고 왔다. 아버지를 수신인으로 이탈리아 소인이 찍힌 편지봉투 뒷면에는 어머니의 립스틱 키스 자국이 찍혀 있었다. 어머니가 아버지께 영국에서 함께 살자고 하는 내용의 편지였다. 두 분은 1945년에 만났다. 당시 리처드의 아버지는 이탈리아 공병 부대에 있던 젊은 영국군이었고, 어머니는 아버지를 여의고 어머니와 남동생과 함께 사는 19세의 이탈리아 처녀였다. 이 둘은 만나자마자 사랑에 빠졌고, 몇 주 뒤 결혼했다. 하지만 전쟁이 끝나자 리처드의 아버지는 아내를 두고 영국으로 돌아가야 했다. 리처드는 탐색적인 활동에 특히 흥미를 느꼈다.

> 혼돈과 파괴의 상황에서도 두 분이 새로운 삶을 기약하게 만든 힘…… 나는 내가 전혀 모르던 두 분의 이야기를 정리되지 않은 가족 아카이브를 통해 조각조각 맞춰 보고자 한다. 내가 알던 아빠, 엄마와는 전혀 다른 두 분에 대해서 말이다.

리처드의 가족 아카이브는 분량과 무게가 엄청났다. 일단은 어떤 사진을 고를 것인지 정해야 했다. 할머니가 주신 콜라주 사진과 비슷하게 만들까도 생각했다. 그다음 주가 되자 리처드는 부모님 스냅 사진 서너 장만 들고 스튜디오에 가서 사진들을 디지털 스캔했다. 그리고 스캔한 이미지를 스튜디오 벽에 영사한 뒤, 동료의 도움을 받아 노출 시간을 맞춰 보면서 영사된 이미지 앞에 선 자신을 찍었다([사진 11-2] 참조).

> 나는 부모님 사진을 내 위로 영사시키고 부모님 옆에 나란히 서 보기도 하면서 실험해 보았다. 투사된 부모님의 이미지는 정밀하고 뚜렷한 데 비해 내 이미지는 형편없이 흐릿하게 찍혔다. 그런데 마치 유령과 같은 모습으로 과거 시간에 투사된 나라는 아이디어가 떠올랐다.

[사진 11-2] 그때로 돌아가기 (Clayton)

과거와 현재의 이미지가 서로 다른 시간과 장소에서 만나면서 새로운 공간이 탄생했고, 리처드는 그 공간에 드나들며 자신의 얼굴을 아버지 얼굴 위에 겹쳐 보기도 했다. 리처드는 그 당시의 소감을 다음과 같이 적었다.

> 나는 부모님이 처음 만났던 시간으로 내 자신을 두어 보고 싶었다. 이 우연한 결과는 지금껏 가장 소중했고, 앞으로도 소중할 경험이 되었다. 부모님의 과거에 내 자신을 비추었어도 나는 내 눈에 보이는 두 분을 알아볼 수 없었다. 하지만 엄마는 나를 살짝 올려다보시며 웃는 듯했다. 무려 20년간 존재가 없었을 나를, 당신의 미래에서 온 영혼을 알아보는 듯했다. 이제 막 그려질 엄마의 미래에서 말이다.

배신

앨리슨 비틀스(Alison Beetles)

앨리슨의 아카이브 사진은 오래전 다른 가족원이 낸 흠집들로 인해 손상된 상태였다. 그녀는 그 사진들을 작업하기로 결정했다. 앨리슨은 그 자국과 흔적들을 기록으로 남겨 강조하고 싶었다. 앨리슨의 할머니는 사진 속 인물에 대한 분노와 원망을 참다못해 볼펜과 칼로 원본을 훼손시켰다. 앨리슨은 사진 내용보다 할머니의 행동을 부각시키고자 긁힌 자국들 자체를 매크로렌즈로 줌인 했다.

앨리슨은 거실에 책상을 놓고 그 위에 이미지들을 나열해서 스틸 사진 스튜디오를 만들어 놓고 조명을 주의 깊게 배치했다. 그녀의 기술에 힘입은 조명 덕분에 사진들은 3차원 입체로 보였다. 사진의 색깔과 질감은 피부와 비슷했고, 자국은 마치 흉터처럼 보였다. 사진이 손상되는 순간의 고통, 좌절, 분노가 전면에 부각되었다. 하지만 앨리슨이 재작업한 이미지들에는 마치 공중에서 부유하는 것 같은 묘한 아름다움이 또한 있었다. 사진들에 가해진 위해 행위는 그동안 감춰진 만큼 다시 드러나 있었다.

앨리슨의 작품 〈배신〉에서는 사진의 기표성, 상징성과 그 잠재력이 표현되었다. 사진은 사진 속 인물을 대표하고, 그 인물을 추측하도록 만든다. 앨리슨의 손에서 탄생한 사진들은 원본에 가해진 행위를 드러내고 사진의 소유주를 강조한다. 원본 사진의 내용은 전혀 보이지 않고 오직 자국만이 남아 있다.

수업 시간에 우리는 사진에 가해질 수 있는 손상에는 어떤 것이 있을지 의견을 나누었다. 학생들 대부분이 사진을 던지거나, 사진 속 인물을 오려 내거나, 사진을 찢어 버리거나, 디지털 시대에는 하드 드라이브, 플리커, 마이스페이스 등의 SNS에서 사진을 삭제해 본 경험이 있다는 것을 알게 되었다. 사진가이자 아키비스트인 조아킴 슈미드Joachim Schmid는 훼손·손상된 개인 스냅사진을 수년 동안 수집하여 국제 전시회에서 이 무명의 사진들을 전시하는 쇼케이스를 열었다. 큐레이터이자 사진가인 비드 인젤리빅스Vid Ingelevics는 이 파괴적 행위를 고찰하면서, 자신이 찍은 네거티브 필름을 일부러 파손하거나, 긁음, 약품, 찢음 등으로 필름에 심각한 손상을 가한 일련의 작가를 살펴본다(Ingelevics, 2005).

앨리슨의 프로젝트에서 특히 와 닿았던 부분은, 훼손된 사진이 버려지거나 폐기된 사진들이 아닌 가족 앨범 안의 사진들이었다는 사실이다. 앨리슨은 이 아이러니에 대해 다음과 같이 적고 있다.

> 사진들은 훼손된 채 책상 서랍 속 가족 앨범 속에 비밀스럽게 보관되어 있었다. 흠 있는 사진들이지만 아직도 나는 그 사진들을 갖고 있다. …… 내 아이들은 그 사진들을 봐도 나처럼 느끼지는 않을 것 같아 아마도 나중엔 버릴 수도 있을 것 같다. 내 아이들에겐 그 사진들이 가진 힘이나 본질적 의미가 나에게만큼 다가오진 않을 것이다.

고독한 여행자의 기본

해나 레이콕(Hannah Laycock)

해나의 프로젝트는 스코틀랜드 동부 해안가에 사시는 아버지와 더 많은 시간을 보내고 싶다는 마음에서 비롯되었다. 해나가 브라이튼으로 이사 오면서 둘의 관계는 변화했다. 해나는 성인이 된 자식으로서 아버지를 더 잘 알고 싶었고, 개인적 일화나 아카이브를 통해 젊은 시절의 아버지가 겪었던 일들에 대해 배우고 싶었다.

해나의 아버지는 젊었을 때 요크셔의 스킵톤에서 시작해 세계 곳곳을 다니셨다. 혈혈단신으로 호주와 아시아를 횡단하면서 야외에서 노숙도 하고, 일도 하고, 외국어도 익히고, 일기도 남겼다. 검정 롤리Raleigh, 사람 이름으로 영국과 미국의 자전거 제조업체의 상품명–역자 주 자전거 한 대를 사서 아시아에서 영국까지 타고 오기도 했다. 그 자신이 자녀들로 하여금 독립심과 모험심을 기르는 데 영감이 되었고, 많은 곳을 다닌 롤리 자전거와 함께 가족 자전거 여행도 자주 갔다.

놀랍게도 그는 그 자전거를 평생 소장했다. 자전거는 언제든 탈 수 있는 상태로 창고에 안전히 보관되어 있었다. 해나는 자전거를 출발점으로 삼고 스코틀랜드로 여러 번 찾아가 아버지를 인터뷰하면서 여행에 관한 질문을 했다. 아버지가 보여 준 물건들에는 꾸깃꾸깃한 여행 모자, 오래된 여행 돈, 당신이 찍은 사진들, 아버지의 할아버지가 물려준 『여행자의 매뉴얼』이라는 작은 여행 책자 등이 있었다. 해나는 검은 배경으로 이 물건들을 하나하나 찍었고, 아버지가 직접 설명해 준 내용을 캡션으로 넣었다. 아버지와 딸의 대화가 계속 자전거로 되돌아왔기에 자전거도 사진 찍기로 했다. 자전거 사진은 해나 아버지의 모험심과 끈기를 나타낸다.

해나 아버지는 그동안 건강이 좋지 않았지만, 그때까지도 병원에 가지 않은 상태였다. 일련의 검사를 거친 뒤 운동신경장애란 진단이 내려졌다. 슬프게도, 그는 이제 대부분의 시간 휠체어의 도움을 받는 상태가 되어 더 이상 자전거를 탈 수 없었다.

해나는 아버지와 어머니에 대한 사진 작업을 계속했다.

> 운동신경장애는 진행성 신경퇴행장애로, 모르는 새 서서히 운동 세포가 공격받는 병이다. 나는 2009년 9월부터 부모님의 사진을 찍기 시작했다. …… 그 이후 우리 가족이 두려워하던 것을 하나하나 확인하는 절차를 거쳐, 우리는 현재의 상황과 미래의 계획 사이를 타협하는 가족 여행을 또 하나 시작했다.

요약: 애도 작업(Trauerarbeit)과 치유의 힘

집단 발표 시간에 학생들의 경험은 더욱 생생하게 다가왔고, 여기 소개된 결과물에도 잘 드러나 있다. 소개된 아카이브 프로젝트 모두는 부재와 실재의 개념이 들어 있다. 이 작업들에서는 과거(사람, 경험, 부재, 상실)의 강력한 흡인력에서 오는 정서적 반응에 '스투디움'적인 분석이 결합되고, 초기에 탐색한 고민들을 예술적으로 변환한 중재 작업도 결합되었다. 이 프로젝트에 대해 에이드리엔 체임번은 다음과 같이 말했다. "이들은 내러티브이면서도 동시에 내러티브가 아니다. 이들은 쉽게 사라지는 모래 위의 흔적들을 연결하는 내러티브 고리이다. 이들은 내러티브 억압, 결핍, 유혹을 대신하는 내러티브의 출발이다. 일종의 내러티브 행위이자 내러티브적 몸짓이다……." (Chambon, 2011)

비주얼 내러티브에는 다양한 디지털 기법을 포함한 미학적 도구가 활용된다. 새로 연출한 사진 안에 아카이브 사진 넣기, 세부 사항이나 자세를 부각시키기 위한 크롭과 줌, 손상된 사진의 극단적 클로즈업과 부분화, 사진 스튜디오 안에서 기존의 사진을 스캔한 뒤 디지털 영사하기, 원래의 의미가 사라진 무명 사진 작업, 중요한 상징이면서도 사진의 복원력을 역설하는 역사성을 띤 물건을 작업하기, 부재하는 아카이브에 영감을 받은 아카이브 창조 작업 등이 포함된다. 학생들은 교재의 자료를 보며 자신들의 프로젝트를 상상하며 아카이브에 몰입하여 다락방에서 찾은 상자나 구석에 밀어 두었던 가족 앨범을 열어 보고, 만지고, 재구성해 보는 도전을 받아들였다. 그러면서 학생들은 이 새로운 사진 프로젝트에서는 매번 새로운 사진을 찍어 내는 대신, 기존 사진들이 지닌 분명한 촉각적 특성을 탐색하는 과정에서 영감을 얻을 수 있다는 것을 이해했다. 정서적 반응은 지적인 접근(스투디움과 고고학/계보학적 기법)과 결합되어 강력하고 오래 지속되는 치유적 효과로 이어졌다. 가장 가슴 저린 대목은 아마도 '과거는 이제 현재의 일부가 되었고, 현재는 이제 뚜렷한 과거를 지니게 되었다.'는 점일 것이다.

시간이 흐르면서 학생들의 관찰과 통찰의 범위는 더욱 확장됐다. 최근 서신에서 몇몇 졸업생은 아카이브 자료 작업을 지속하고 있다고 썼다. 이들은 과거와 현재의 프로젝트가 갖는 의미를 더 깊이 인식하게 되었다. 이들은 자신 또는 타인의 과거를 작업하거나, 과거 트라우마를 다루거나, 과거를 우리 각자의 삶에 연결시켰다. 어떤 프로젝트는 완전한 순환 형식을 지니게 되었다. 정서적 계기(푼크툼)로 인해 문제가 제기되고, 학생들은 재료-미학적 방식으로 이를 해소해 나간다. 프로젝트의 마지막엔 구조화된 탐색(스투디움)으로 즉시성이 다소 완화된 처음의 정서(푼크툼)로 돌아온다. 우리도 보았듯, 보통 아카이브 자료 자체보다 아카이브 자료와 맺는 의식적 관계와 그 의미에서 더 많은 것을 얻을 수 있다.

이런 아카이브 기획의 목표는 정서적 반응과 역사적 탐구 둘 다 강조함으로써 변증법적 중재 과정과 과거와 현재의 상호연결성을 심도 있게 인식하는 것이었다. 이는 잘 정리된, 핵심적 · 참여적인 프로젝트로 이어졌다. 가끔 아카이브 자료들에 압도될 때가 있기도 하다. 또한 그것이 지나치게 개인적인 작품이 되기도 한다. 경험을 잘 중재하고 일반화시켜 타인들도 작품에 관여하게 만드는 것은 학생들의 몫이다.

아카이브 프로젝트는 끝나거나 완료되지 않는다. 초기의 문제 제기와 그에 대한 예술적 반응은 1년, 심지어 10년이 지나도 새롭게 재해석될 수 있다. 대안적 아카이브나 수정된 아카이브의 힘이 주목받고 있다. 새로운 탐색과 새로운 직관 모두 설레는 가능성을 제공한다. 데리다의 『아카이브 열병』에 따르면 아카이브는 반복적으로 '열어 볼 수' 있고, '열어 봐야 할' 필요가 있다. 그는 미래, 집단적 공유의 시대에 있어 아카이브의 중요성을 언급했다.

> 아카이브는 과거의 문제가 아니다. …… 이는 미래의 문제이다. 미래 자체에 대한 문제이며, 미래에 대한 반응, 미래에 대한 약속과 책임의 문제이다. 아카이브가 어떤 의미를 지닐지 알고 싶다면, 앞으로 맞이할 미래의 시간 속에서만 알 수 있을 것이다.
>
> (Derrida, 1998: 36)

참고문헌

Amies, T. (2011). How to archive yourself. Radio programme, BBC Radio 4, *Archive on 4*, producer Sarah Jane Hall. First broadcast: Saturday, 9 April 2011.

Attie, S. (1998). *Sites Unseen: European projects*. Burlington, VT: Verve Editions.

Barthes, R. (1980). *Camera Lucida*. London: Fontana.

Blackhurst, R. (2007). Will history end up in the trash? *FT Magazine*, 17/18 March, pp. 20-25.

Calle, S. (2000). *Disparitions*. Arles: Actes Sud.

Calle, S. (2000). *Fantômes*. Arles: Actes Sud.

Chambon, A. (1999). Foucault's approach: Making the familiar visible. In A., Chambon, A. Irving, & L. Epstein (Eds.), *Reading Foucault for Social Work* (pp. 51-81). New York: Columbia University Press.

Chambon, A. (2011). Personal communication with Julia Winckler, author's record.

Comay, R. (2002). *Lost in the Archives*. Toronto: Alphabet City.

Derrida, J. (1996). *Archive Fever: A Freudian expression*. Chicago, IL: University of Chicago Press.

Edwards, E. (1999). Photographs as objects of memory. In M., Kwint C. Breward, & J. Aynsley (Eds.), *Material Memories* (pp. 221-236). Oxford: Berg.

Farge, A. (2000). *La chambre à deux lits et le cordonnier de Tel Aviv*. Paris: Seuil.

Gumpert, L. (1994). *Christian Boltanski*. Paris: Flammarion.

Hafner, K. (2007). Knowledge lost in a digital age. *The New York Times, The Observer Supplement*, 18 March, p. 1.

Hencke, D. (2011). Digging through data. National Union of Journalists, *The Journalist* magazine Feb./March issue, pp. 16-18.

Hiller, S., *The J Street Project 2002-5*. Available from www.susanhiller.org/Info/

artworks/artworks-JStreetVideo.html (accessed 6 February 2012).

Hirsch, M. (1997). *Family Frames: Photography, narrative and post-memory* Cambridge, MA: Harvard University Press.

Ingelevics, V. (2005). Damage done: Materializing the photographic image. *Prefix Photo, 11*, 34-49.

Langford, M. (2001). *Suspended Conversations: The afterlife of memory in photographic albums*. Montreal: McGill.

Pomian, K. (1994). The collection: Between the visible and the invisible. In S. M. Pearce (Ed.), *Interpreting Objects and Collections*. London: Routledge.

Putnam, J. (2001). *Art and Artefact: The museum as medium*. London: Thames & Hudson.

CHAPTER 12

사진과 미술치료

– 알렉산더 코피틴(Alexander Kopytin)

서론

이 장에서는 미술치료 안에서 사진 사용에 관한 치료적 가능성과 역설들에 대해 알아보고자 한다.

미술치료라는 용어는 1940년대 제2차 세계대전 후 회복 운동 중 영국과 미국 등 특정 국가에서 처음 사용되었다. 이를 계기로 두 가지 요소가 각각 발달되었는데, 하나는 임상 환경에 적용된 미술 교육의 중요한 형태이며 또 다른 하나는 미술을 통한 심리치료의 양상이다. 요즘은 미술치료사가 시각 미술 과정에 대한 높은 이해도와 시각 및 언어 치료를 이용해 개인과 집단을 포함한 다양한 내담자와 소통할 능력을 갖춘 검증된 전문가로 인식된다

(Liebman, 1996). 사실 미술치료사들의 내담자와의 비언어적 의사소통이야말로 치료적 관계의 발전에 지대한 영향을 미쳤다(Weiner, 1999).

치료 과정에서 미술치료사들은 내담자들에게 안전한 환경을 제공해 내담자들이 미술을 통해 자신의 생각과 감정을 표현하도록 고무시킨다. 치료사들은 또한 내담자들을 격려해 그림에 반응하도록 하여 오랜 시간 담아 둔 감정을 인지하고 이해한 상태에서 꺼내 놓도록 한다. 이러한 미술치료는 대개 미술 재료와 미술작품을 매개로 한 치료사와 내담자 간의 대화로 여겨진다. 이같이 미술 치료는 시각 미술에 근간하기에 치료사가 내담자의 창의적인 표현을 위한 도구 중 하나로 사진을 사용할 것이라고 예상하는 것은 자연스러운 일이다. 이는 특히 오늘날 사실로 드러나, 첨단 기기(컴퓨터, 디지털카메라, 영상 기기 등)가 더 이상 전문가의 전유물이 아니라 대중의 일상생활에서 사용되고 있다.

그러나 미술치료 문헌들을 읽어 보고 국내외 여러 치료사와 접촉해 본 결과, 소수의 치료사만이 임상 치료 시 내담자들의 예술성을 끌어내는 매개체로 사진기를 사용하고 있었다. 임상 치료에서 사진을 기존 형태의 자기표현 방식으로 소개하는 간행물들이 있지만 여전히 사진의 치료적 잠재성은 치료사들 사이에 저평가되고 있다. 그리하여 나는 왜 대부분의 치료사가 사진을 임상 치료에 사용하지 않는지, 또한 현재 사용되는 정도가 여타 정신건강 전문가, 정신분석 전문의, 가정 전문 치료사, 상담사, 작업요법가들이 사용하는 정도와 얼마큼의 차이가 있는지에 관심을 갖게 되었다.

나는 영국의 공인 미술치료사이자 사진과 비디오 아트에 조예가 깊은 멀티미디어 미술가 조지 플래츠George Platts에게 미술치료사들에 의한 다양한 형태의 미술적 · 치료적 사진 사용에 대한 연구를 진행하려는 계획을 전달했다. 그는 내 생각에 감명을 받았고 영국 내 설문지를 돌리는 데 도움을 주었다.

우선 '디지털 시대'에 왜 사진이 미술치료에서 내담자들을 위한 잠재적인 강력한 도구가 될 수 있는지에 대한 이해를 도와줄 몇 가지 개념을 소개하고자 한다.

문화인류학적 관점에서 '기술적 이미지'의 역할과 본질

오래전 체코 출신의 철학자 빌렘 플루서Vilem Flusser가 소위 '기술적 이미지' 현상에 관심을 기울였는데, 기술적 이미지란 사진기 같은 기술적 장치를 사용하여 만들어 낸 이미지를 말한다. 그는 이러한 이미지들이 인류에 미치는 영향이 증가함을 인지하고, 전반적인 문화에 엄청난 변화를 가져왔다고 주장했다. 나아가 산업화된 현대 문화를 지지하고 정의하는 메커니즘을 기술한 플루서는 이전에는 생각을 서면 진술을 통해 해석했다면 사진의 발명은 전 세계적으로 끊임없이 복제되고 확산될 수 있는 방법으로 이미지의 생성이 해석이 아닌 사실 그대로 받아들여질 수 있게 되었다고 했다. '기술적 이미지'가 사람들에게 미치는 영향은 점점 더 지대해져 현대인들의 만국 코드가 되었을 뿐 아니라 언어 장벽까지 허물어뜨렸다. 기술적 이미지는 사람들과 매일 동행하고 있으며 일반적 가치에서 예술, 과학, 심지어 정치의 공통분모가 되었다. 기술적 이미지는 한편으로는 사람과 사회 간 연결고리와 대화를 만들어 내며, 다른 한편으로는 지역 문화의 붕괴 위기를 조명하기도 한다.

기술적 이미지에 대한 플루서의 아이디어에 기반을 두어 가정해 보면 몇몇 이미지는 현대인이 거주할 수 있는 가상현실을 만드는 도구로 사용될 수 있으며 심리사회적 정체성을 확립할 수단으로 사용해 사회화 과정을 위한 도구가 될 수 있다. 그리하여 기술적 이미지는 사람들에게 행동 프로그램을 포함한 시각적 문화 텍스트를 제공하는 것으로 여겨질 수 있다. 시각 이미지는 말과 달리 의식과 무의식을 같이 자극해 심리적 방어를 뛰어넘을 수 있으며 시각 이미지에 대한 영향은 지대하고 오래 지속된다. 현대 아이들의 정신적·육체적 발달에 기여하는 중요한 요인 중 하나는 기술적 의사소통과 자기표현의 다양한 수단으로 컴퓨터, 휴대폰, 디지털카메라와 조기에 친숙하게 되는 것이다. 나아가 현대인의 심리적 정체성 형성에서 기술적 이미지의 중요한 역할은 '상징적 상호작용'이라는 개념의 관점에서 찾아볼 수 있는데, 상징적 대의제가 자신과 세상에 관한 사람들의 개념을 확립하고 변화시키는 주요 요소라고 여긴다.

내 개인적인 두 번째 가정은 현대인의 실존적·영적·성적 욕구에 대한 기술적 이미지의 영향력이 점차 중요해지고 있다는 것이다. 기술적 이미지가 현실을 '보존'할 수 있기 때문에 이런 이미지의 생성 및 사용은 사람들의 시간 관리에 센세이션을 불러일으킬 수 있다. 다양한 물체는 물론이고 개인과 타인의 정신작용, 인간관계, 현실 통제 및 전능에 대한 욕망으로 인해 기술적 이미지로 전 우주를 담아 놓는 것은 현대인에게 당연한 일이다. 이 우주에서 자신을 기념하는 것이 가장 현실적인 목표인 것이다. 그리고 이 목표를 달성함으로써 개인의 신체적·영적 불안에 대한 두려움을 줄일 수 있다. 무한히 복제 가능한 '기술적 이미지'는 복사 또는 '복제' 과정을 수반한다. 개인의 경험과 신체적 특징을 반영하는 기술적 이미지의 출현과 축적은 성적 욕구를 충족하는 특이한 형태로 받아들여질 수 있다. 기술적 이미지의 발명과 사용은 현실의 여러 재미 요소를 결합한 현실과 시각적 디스플레이와의 '놀이'에 비유된다.

현대인의 창조적인 욕구가 기술 이미지의 사용을 통해 충족될 수 있다고 믿는 것은 당연하다. 따라서 여타 여러 도구와 문명 제품과 마찬가지로 기술 이미지는 현대인의 삶의 근본적인 문제, 깊은 동기와 두려움을 다루고 있다. 오늘날 기술적 이미지는 서로의 역동적인 교류 속에서 사람과 공동체의 발전과 불가분의 관계에 있다. 몇몇의 이미지는 놀이 및 창조 활동과도 밀접하게 관련되어 있다. 기술 이미지 현상의 영향과 시각 이미지의 출현과 인식을 통해 음악, 역할극, 신체 표현과 움직임, 스토리텔링과 같은 다른 예술 형식과의 긴밀한 연관성을 엿볼 수 있다.

그러므로 미술치료사와 내담자 사이에 미치는 기술 이미지와 정보 기술의 영향을 전체적으로 이해하는 것은 매우 중요하다. 그러나 이해를 하기 위해서는 학제 간 접근이 필요하며 철학적 · 인류학적 · 문화적 · 사회학적 · 정신적 · 의미론적 같은 다른 이론적 관점의 적용이 요구된다고 생각한다.

왜 사진이 미술치료 내담자에게 중요한가

프라이리어Fryrear와 코빗Corbit의 책(1992)은 사진 이미지를 미술치료 과정에 접목시킨 초기 사례 중 하나이다. 적극적인 상상력을 발휘하는 작업 절차

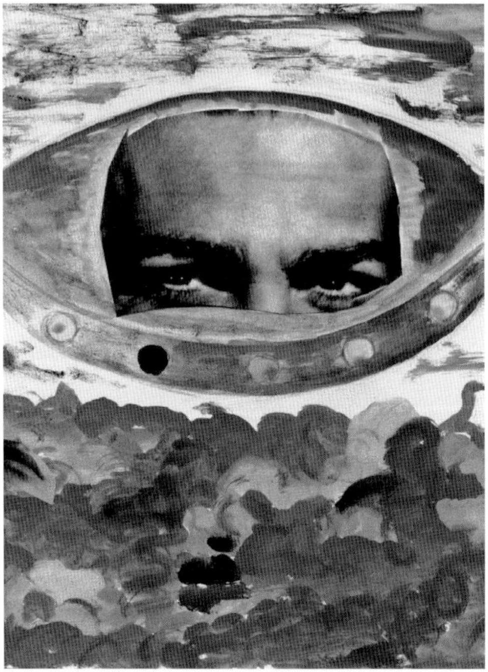

[사진 12-1] 사진 기법의 그래픽 정교화 (Kopytin)

의 핵심은 '그래픽 정교화graphic elaboration' 기법이며 이는 사진의 대상을 배경에서 잘라 내어 드로잉 용지에 붙인 것을 말한다([사진 12-1] [사진 12-2] 참조). 내담자는 그 후 이미지를 다양한 방법으로 자세히 설명한다. 웨이드슨Wadeson (2002)은 베티나 손Bettina Thorn(1998)의 미술치료 작업과 연관이 있는데 베티나는 심리사회적 재활 시설에 자신이 설립한 사진치료 그룹에서 글을 사진과 미술에 접목시켰다. 그룹은 사진을 찍기 위해 시내 곳곳을 돌아다녔다. 그룹원들은 사진, 그림 및 글쓰기를 통해 자부심과 자신감을 향상시킨 새로운 기술을 습득했다. 사진 이미지의 선구자적 작업을 하며 랜드가튼Landgarten(1994)

[사진 12-2] 사진 기법의 그래픽 정교화 (Kopytin)

은 사진 콜라주를 빠르고 경제적인 방법으로 탐구해 기술적인 묘사를 자아내고 문화 간 테마에 활력을 불어넣었다. 미술치료사 바비Barbee(2002)는 시각적 내러티브 접근법을 제시하였고 샌프란시스코의 일부 성전환 내담자에게 사용했다. 참가자들은 자신의 '성性 이야기'를 도식화하도록 주문 받았다. 그림은 참가자들의 경험에 대한 서사적인 묘사로 이끄는 개방형 인터뷰의 기초가 되었다. 바비의 연구에서 그림은 성전환 내담자의 경험에 대한 개별적인 의미를 이끌어 내기 위한 가치 있는 자극제가 됨을 증명했다. 안드레예바Andreyeva(2007, 2008)는 상트페테르부르크의 미술치료 대학원 과정에서 시각적 내러티브 접근법을 임상 실습에 사용하였다. 그녀는 교도소에서 출소한 전범들과 재활 프로그램을 수행하는 사람들과 함께 간단한 미술치료를 실시했다. 안드레예바는 내담자들과 함께 사전에 논의된 루트와 목적지를 따라 도시를 돌아다녔다. 내담자들은 사진을 찍었고 그녀는 내담자들의 구술 묘사를 녹음해 분석 자료로 삼았고 후속 상담 시간에 깊이 있는 대화를 할 때 이를 활용했다. 미술치료를 전공한 아샤스티나Ashastina는 개별 미술 심리치료에서 사진을 사용하는 독창적인 방법을 선보였다. 자신의 내담자가 심리적 위기에 대처할 수 있도록 그녀는 내담자에게 집안 인테리어를 촬영하도록 주문했다. 이 실습은 깊이 있는 대화를 끌어내고 현재와 미래의 관계에 대한 내담자의 태도를 보여 주었으며 나아가 내담자의 필요에 맞게 내담자의 생활 공간을 재정비하는 데 도움을 주었다. 스벤치츠카야Sventsitskaya는 대화형 미술치료사 그룹을 정신과 병동으로 초대하여 다양한 사진 기법을 소개하였다. 일부 기법은 사진과 사진 콜라주에서 내담자가 선택한 이미지를 기반으로 작성된 묘사와 극적 재연을 포함하고 있었다. 스비스토프스카야Svistovskaya는 또한 사진 이미지를 이용한 다양한 활동을 소개하였는데 미술치료 그룹에서 행동장애 아이들(Kopytin & Svistovskaya, 2006) 과 개인 미술치료에서 만난 15세 거식증 여자아이 등이 있다(Svistovskaya, 2008).

보가초프Bogachov(2008)는 내담자의 사진을 중요한 자원으로 활용한 마약 중독자들과의 활동을 공개하여 대화형 미술치료 그룹에 대한 자아개방 및 통찰력을 자극하였다. 또한 비디오의 치료적 적용에 관한 미술치료사들의 출판물을 보면 사진이 얼마큼 유익한지 이해하는 데 도움을 준다(Henley, 1992, McNiff, 2004). 데이비드 헨리David Henley는 특히 1992년 비디오를 발달 및 학습장애가 있는 사람들에게 사용하였다. 그는 행동, 인과관계, 언어 발달에 참여함으로써 비디오가 치료적 통찰력과 성찰을 키울 수 있다고 하였다(Henley, 1992: 442).

맥니프McNiff(2004)는 표현 요법에서 비디오 재현 방식에 관한 글을 쓴다. 그는 비디오가 내담자의 자기이해와 자기조직을 촉진시키는 방법에 관한 유용한 점을 조명한다. 유사한 방식으로, 사진은 유사한 효과를 가질 수 있다. 미술을 통한 자기분석에 관한 그의 생각은 비디오 기술을 통한 실생활의 즉각적인 반응이 언어적 방어, 자각 부정, 희망하고 이상화된 "자기이미지"를 차단하는 방식으로 자기분석을 일으킨다는 점에서 유용하다(McNiff, 2004: 244). 사진과 다큐멘터리 영상을 통해 내담자는 살아 있음을 느낄 수 있는 것이다. 맥니프(2004)는 표현예술치료 맥락에서 영상을 구현하는 다양한 방법 또한 기재하였다. 그중 하나는 비디오가 다른 예술 서비스에 사용되거나 피드백에 사용되는 경우이다. 표현예술치료 맥락에서 비디오를 구현하는 또 다른 방법은 비디오 녹화가 예술 자체가 될 때이다.

앞의 사례들은 미술치료사들이 사진치료의 일환으로 사진을 사용하기도 한다는 것을 암시한다. 예를 들면, 치료사가 내담자에게 사진을 찍도록 주문한 뒤 사진을 통해 발생한 기억이나 감정에 대해 대화를 나누는 것이다(Andreyeva, 2005, 2008; Ashastina, 2006; Barbee, 2002). 뿐만 아니라 치료사는 내담자와의 활동 중에 '그래픽 정교화' 사진 콜라주 같은 특정 형태의 미술 활동을 도입하기도 한다(Fryrear & Corbit, 1992; Landgarten, 1994).

여러 문헌이 일률적으로 이야기하는 바는 미술치료에서 사진 사용의 목적은 매우 다양하며 다음과 같은 목적을 포함한다.

- 감정을 자극하여 표현하도록 하기
- 결핍과 감정을 인식하고 무의식적 요소를 의식으로 융합하기
- 자존감과 자아수용을 증진시키고 자아와 그 영역을 강화시키기
- 능력을 키우고, 활동을 자극하고, 자기주도력을 발휘하며, 자신의 행동에 책임을 지는 능력 배양
- 자발성과 새로운 역할 및 경험에 도전할 수 있는 능력 개발
- 관심사 및 동기 부여, 태도, 신념 및 가치 인식 개발
- 대인관계 역량을 향상시켜 타인을 이해하고 받아들이는 능력과 건설적인 상호관계를 유지하는 능력 배양
- 협력 활동 능력 배양
- 집단 규범과 가치, 문제와 경험의 보편성을 인식하고 받아들이기

연구

설문

미술치료사가 사진을 사용하는 범위와 창의적이고 치료적인 도구로서의 사진에 관한 경험과 신념을 알아보기 위해 특별한 설문지를 제작하여 영국과 러시아의 치료사들에게 보냈다(Kopytin, Platts). 질문을 선정한 근거는 한편으로는 치료사 개인이 문화적 현상으로 사진에 관심을 갖는 것과 표현 매체로서의 연관성을 찾기 위함이고, 다른 한편으로는 내담자 임상 치료 중 사진

사용을 알아보기 위함이었다. 미술치료사 개인의 삶에 사진이 연관되어 있는 것과 사진을 임상 치료에 사용하는 현상 사이에 상관관계가 있다는 가설에서 설문을 한 것이다. 또 다른 가설은 임상 치료에 사진을 사용하는 미술치료사와 그의 미술적 능력에 사진이 관련이 있을 뿐 아니라 다양한 요소가 작용한다는 것이다(미술치료 훈련 시스템, 전문 커뮤니티의 정통성, 만연한 치료 접근법). 이 연구의 대상 그룹 중 하나는 영국의 국가 공인 미술치료사들이다. 러시아연방에는 미술치료사라는 전문직이 따로 없기 때문에 미술치료 전문 대학원 학위 과정을 밟고 내담자에게 치료 목적의 미술적 표현을 사용하고 있는 심리학자와 심리치료사들을 대상으로 설문을 진행했다.

조사 결과

예상했던 대로 영국 출신의 미술치료사 33명 전원이 미술치료 업계 입문 전 예술 훈련을 받았고 이들 중 대다수는 업계에 입문 후에도 시각 예술을 실습하고 있었다. 총 29명의 여성과 4명의 남성으로 구성된 이들 그룹은 모두 2~7세 아이를 대상으로 미술치료를 행한 경력이 있었다.

러시아 치료사들의 경우, 24명의 RATA(러시아 미술치료협회) 회원이 설문에 응했다. 예술 학습이 미술치료 대학원 입학과 RATA 회원이 되기 위한 필수 조건이 아닌 관계로 24명의 응답자 중 3명만이 예술가 또는 예술 교사였다. 미술치료 견습생 대부분이 예술 경험이 적었기 때문에 대학원 과정의 상당 부분은 예술 능력 배양에 집중되어 있었다. 22명의 여성과 2명의 남성으로 구성된 이 그룹은 2~9세를 대상으로 미술치료를 행한 경험이 있었다.

응답자가 처음으로 사진을 인식하고 창의적인 사진 작업에 참여한 나이

대부분의 영국과 러시아 응답자(75%)는 5~7세 사이에 처음 사진을 인식하고 가족, 친구, 동물의 사진을 찍었다고 응답했다. 일부의 응답자는 5세 이전 또는 7세 이후라고 했다. 다수의 응답자가 적극적으로 사진 작업에 참여한 시기는 청소년기라고 하였다. 대부분 이 시기에 처음 개인 카메라를 갖게 되었다. 이들 중 일부는 부모님의 영향이 사진에 관심을 갖게 된 중요한 요소라고 하였다. 한 응답자는 다음과 같이 말했다.

> 나의 아버지는 사진에 매우 큰 열정을 갖고 계셔서 나의 어린 시절부터 사진은 삶의 중요한 일부가 되었습니다. 우리 집 부엌은 자주 암실로 변해 어머니께서 난감해하셨고 아버지는 내가 자신이 찍은 흑백 사진에 색칠을 하도록 허락해 주셨습니다. 그렇게 예술에 입문한 거지요. (우리 집 가족 사진 앨범에는 현란한 사진들이 많은데 내가 모두에게 장미색 볼터치, 립스틱, 블루 아이섀도 등 색조 화장품을 주었기 때문입니다. 남성과 여성 모두!)

응답자 중 일부는 자신들의 영감의 원천은 사진을 찍는 것뿐 아니라 통찰력에도 있다고 했다. 한 미술치료사는 처음 사진에 대한 인식을 한 것이 세 살 때였다고 응답했다.

> 내 기억으로는 할머니 집에 걸려 있던 빅토리아 여왕과 에드워드 7세의 초상화를 보고 영향을 받았던 것 같습니다. 나는 이 그림과 그 안에 있는 사람들에 대해 궁금

했습니다. 두 사람 모두 집안의 사정을 간과하는 듯해 보였습니다. 내 어린 시절에는 카메라가 결혼, 가족 모임, 여름 휴가 등 특별한 날에만 사용되었습니다. 사진은 항상 '좋은 추억'만을 담고 있었습니다.

응답자의 미술학교, 미술치료 훈련, 예술 활동 중 사진 사용

영국인 응답자 중 많은 이가 미술학교 재학 당시 미술 작업을 할 때 사진을 보조 또는 메인 도구로 사용한 것으로 나타났다. 그중 한 치료사는 1970년대 윈체스터 대학교의 미술 디자인과를 졸업하고 17년째 미술치료를 하고 있는데 그녀는 '그림을 기획하고 실험하기 위해 사진을 사용했고, 새로운 사진이나 오래된 사진을 사용하여 사진 동판을 만들었다.'

역시 1970년대 미술 교육을 받은 한 치료사는 미술학교에 다니는 동안 자신의 작업물을 촬영해 특정 환경에서 동결될 수 있는 움직이는 이미지로 사용했다고 했다. 또 다른 응답자는 1982년 런던 미술대학에 다닐 당시 합성사진을 만들며 사진을 더욱 창의적으로 사용했다고 했다. 자신의 졸업 작품에서 그녀는 어린이, 동물, 인도에서 찍은 사진들로 구성된 아주 짤막한 이야기를 구성했다고 한다.

영국인 응답자들의 답변을 통해 미술 활동에서 사진은 중요한 도구라는 것을 여실히 보여 주었다. 사진과 사진 이미지를 창의적으로 사용하는 방법은 매우 다양했으며 미술작품, 공연, 객체 및 색상과 같은 흥미로운 형식을 기록하고 사진 이미지를 사용하여 기초를 다지는 작업 등이 있다. 사진 이미지는 종종 미술치료사의 개인적인 예술적 노력을 자극하기 위해 사용된다. 응답자 중 일부는 휴대폰 카메라 같은 새로운 도구를 가치 있게 여기며 이를 사용해 예술적 감각을 다졌다고 한다. 한 응답자는 다음과 같이 말했다.

> 이 작은 카메라의 제한성과 즉시 접근성이 예술가로서의 상상력을 키웠습니다. 상상도 못했던 일이었습니다. 내게 창의성을 발휘시켜 주고 이를 작업에 반영하게 해 준 이 카메라에 진심으로 감사하고 있습니다.

영국인 응답자들과는 달리 24명 중 3명의 러시아인 응답자만이 미술 교육을 받았으며 대다수는 미술치료 훈련을 받으며 미술적 능력을 키웠다고 했다. 대부분의 응답자가 정규 미술 교육을 통해 창의적인 사진 기술을 터득한 것은 아니지만 자신들이 관심 있는 상황이나 물체의 사진을 종종 찍었다고 한다. 소수의 응답자만이 창의적 사진 기술을 정기적으로 사용했다고 했다.

이를 통해 알 수 있는 사실은 러시아 응답자들의 사진이나 사진 이미지를 이용한 개인적인 미술 활동은 영국 응답자들처럼 다양하거나 세련되지는 않다는 것이며 이는 미술 교육의 부재와 관련이 있다.

미술치료에서의 사진 사용

내담자 치료 과정에서 어떠한 방법으로 사진이나 사진 이미지를 사용했는지 묻는 질문 응답 과정에서 33명의 영국인 응답자 중 30명이 한 가지 이상의 방법으로 사진을 사용했다고 답했다. 그러나 과반수(31명)가 사진을 내담자들의 그림을 보존하는 용도로 사용했다. 응답자 중 일부는 전체 치료 과정에서 내담자들의 그림을 사진으로 찍어 내담자들의 개인 포트폴리오로 만들어서 변화를 한눈에 알아볼 수 있도록 했다고 한다. 한 치료사는 이를 '개인적 변화와 성장의 비유'라고 칭했다.

상당수의 응답자(33%)가 내담자의 미술치료 중 사진을 사용해 콜라주를 만들었다고 한다. 이들 중 두 명은 종종 내담자에게 집에서 사진을 가져오게 하여 상담 시간에 중요한 이미지나 테마를 찾으며 대화를 나누거나 미술 작업의 자극제로 사용했다고 한다. 그러나 내담자가 자발적으로 사진을 가져왔을 때에만 이 방법을 사용했다고 했다.

33명의 영국인 응답자 중 6명은 내담자의 개인 사진을 이용해 기억을 상기시켜 과거와 현재 상황을 떠올리도록 했다고 했다. 한 치료사는 어떠한 방법으로 내담자로 하여금 상상의 가족을 그리도록 하였는지 알려 주었다. 또 다른 응답자는 국민 건강보험의 지역사회 봉사활동 중 학습장애를 겪고 있는 아동과 청소년에게 사진을 사용했다고 했으며 대부분 다음과 같은 결과를 보았다고 했다.

> 내담자 서로의 사진을 찍도록 하여 미술치료 도구로 삼고 사진으로 소책자를 만들었습니다. 가끔은 문장을 달아 미술치료 과정을 문서화했습니다. 이 방법은 아이들에게 매우 효과적이었으며 제가 만났던 아이들에게는 더욱 그러했습니다. 그러나 어른에게는 일부만 효과를 보았던 것 같습니다. 저는 또한 치료를 받고 있는 아이들의 사진을 찍어 치료 과정을 사진 기록으로 남겼습니다. 이러한 정기 사진 촬영 시간은 쉽게 잡을 수 있으며 자존감이 매우 낮은 아이들에게 특별히 효과적입니다. 저는 현재 스튜디오에서 일을 하며 사진을 전시용으로 사용하고 있습니다. 특

별한 매력을 가진 사진이나 개인적인 과거의 경험과 연관 있는 사진은 예술작품의 대상으로도 사용됩니다. 저는 이러한 용도 모두 임상적 가치를 지니고 있다고 생각합니다. 특히 어린아이들이나 학습장애를 겪고 있어 '노출'되는 것을 꺼리는 부정적인 경험을 가진 사람들에게 효과적이라 생각합니다. 사진은 또한 치료 과정에 구체적인 연관성을 부여하며 현재와 치료사의 부재 사이의 간격을 좁히는 과도기적 개체 역할을 할 수 있습니다.

흥미로운 사실은 한 응답자만이 내담자를 불러들여 사진을 미술 매체로 사용했다는 점이다. 그는 이 방식을 우울증 내담자에게 적용한 사례를 제시하며 다음과 같이 주장했다.

아주 효과적이었습니다. 결과물 이미지가 매우 아름다워 사람들이 놀랐습니다. 사람들에게 눈을 크게 뜨고 세상을 보면 아름답다는 사실을 상기시켜 주었고 보고 반응하는 것은 우리가 살아 있다는 증거였습니다!

미술품이나 내담자의 미술적 과정을 담는 용도 외에 한 응답자는 임상 연구나 미술치료 교육 시 사진을 가치 있는 정보 자료로 사용하였다. 또 다른 응답자는 지도교수로 재직하며 종종 학생들에게 미술치료 과정의 다양한 상황을 담은 사진을 가져오도록 주문한다고 했다.

영국인 응답자들과는 달리 러시아인 응답자들은 대개 사진을 내담자들의 미술품을 저장하는 용도로 사용하였다(응답자 중 83%, 20명). 이들 중 상당수는 사진 이미지를 콜라주를 만드는 데 사용하였다(응답자 중 75%, 18명). 14명의 응답자(58%)는 내담자의 다양한 삶의 환경에 대해 숙고해 보고 대화하는 용도로 사진 이미지를 사용하였다. 또 다른 용도로는 내담자의 미술적 표현을 자극하기 위해 사진을 사용한 경우가 있었고, 서술 묘사를 위해 사용한 경우도 4명이 있었다(응답자의 33%). 내담자(아동과 청소년)와 함께 사진을 사용하는 방법으로 한 응답자는 미술치료 스튜디오에서 나와 자폐 아동들과 함께 치료센터 주변을 걸어 다니며 사진을 찍게 하고 행동장애가 있는 청소년의 미술 활동을 촬영해 차후 대화에 활용하여 콜라주를 만들고 또한 치료 과정 전반에 걸쳐 변화를 보여 주는 사진들에 대해 대화를 나누었다. 이 응답자는 다음과 같이 말했다.

> 사진의 여러 가능성에 대해 인지하고 있지만 현재는 미술치료에 사진을 거의 사용하지 않고 있습니다. 저는 참전 용사 병동의 심리치료과에서 양방향 미술치료 그룹을 이끌고 있는데 내담자들이 병원에 머무는 기간이 매우 짧아 사진을 사용하지 않고 있습니다. 아주 드물게 내담자들이 병원에 개인 사진을 가져오며 대부분 다른 누군가가 자신을 사진 촬영하는 것을 불편해합니다. 대다수의 경우 영상 촬영 또한 달가워하지 않고 그들의 활동 촬영 허락을 구하면 대부분 의도를 의심하고 촬영을 거부합니다. 치료 과정을 촬영하는 데 대한 부정적인 태도는 그룹 활동 과정을 거치며 서서히 줄어들지만 입원 기간이 짧다는 것과 맞물린 부정적인 반응이 사진을 촬영하지 않는 주된 이유입니다. 콜라주를 만들기 위해 내담자들은 대부분 잡지에서 사진을 발췌합니다.

러시아의 미술치료 과정에서는 내담자들이 여러 물체나 상황을 사진으로 찍는 일이 영국의 치료 과정에서보다 많은 것으로 나타났다. 또한 응답자들의 답변을 살펴보면 러시아 내담자들은 콜라주를 만들거나 사진을 회상과 대화에 활용하는 사례가 영국의 내담자들보다 더 많은 것으로 나타났다.

미래를 위한 계획

향후 사진이나 사진 이미지를 임상 치료에 사용할 용의가 있는지 묻는 질문에서 대부분의 영국인 응답자들은 사진을 활용할 용의가 있으며 임상에 적용할 새로운 방법들을 찾는 중이라고 답했다. 그러나 이들 중 일부는 그것을 어떻게 이루어 낼 것인지에 대한 확신은 없다고 했다.

한 치료사는 임상 치료에서 한 번도 사진을 사용한 적이 없다고 했다. 그 대신 그녀는 미술치료 연구 진행과 사진을 다른 매체와 함께 사용하는 방안에 관심이 있다고 응답했다. 또 다른 치료사는 디지털 스튜디오를 짓기 위해 수년째 수고하는 중이라고 했다. 이 외에 사진은 미술치료에서 이미지를 만드는 범주에 새로운 매체/차원을 더하는 창작 과정이라고 응답한 치료사도 있었다. 나 역시 미술치료실 지원의 일환으로 컴퓨터 패키지를 기원한다.

한 러시아인 응답자는 치료 목적으로 사진을 만드는 데 관심이 있다고 했다. 특히 인물 사진이나 내담자의 자화상에 화장을 하거나 의상을 입히는 사진에 관심이 있다고 한다. 또 한 응답자는 다음과 같이 말하였다.

> 저는 내담자와의 개인 면담 시간에 내담자의 사진을 대화에 활용하고 가능하다면 여러 용도로 활용할 계획입니다. 그룹을 대상으로 하는 치료에서는 사진을 어떨

게 사용할 수 있을지 모르겠지만 특별히 이 설문이 끝나면 활용 가능성을 찾아보겠습니다. 미술치료에 사진은 풍부한 가능성이 있지만 여전히 많은 치료사가 사진을 저평가하고 있다는 것을 알게 되었습니다.

결론

문화 간 차이

이번 연구를 통해 영국과 러시아 연방 모두 미술치료 시 사진을 중요한 표현 매체로 사용하지 않고 있다는 것을 확인했다. 이와 동시에 사진은 내담자의 예술적 표현의 변화를 한눈에 알아보고 치료 과정을 반영하는 문서 작성용으로 자주 사용되고 있었다. 설문에 응한 양국 모두 전문가의 수가 제한적이라는 것을 고려할 때 사진을 치료에 사용하는 형태가 다양하다는 것이 흥미로웠다. 몇 가지 형태는 치료사와 내담자가 혁신적이고 재미있는 표현 형태를 생산해 다양한 내담자의 필요를 충족시킬 수 있음을 증명했다.

조사 결과가 보여 주듯이 영국과 러시아의 치료사 간에는 예술 경험과 다양한 전문 예술 매체의 친숙함에 확연한 차이가 있었다. 이들의 답변을 비교해 보면 러시아 전문가들은 영국의 치료사들에 비해 상대적으로 단순한 방법으로 창작 활동에 사진을 활용하고 미술 활동에서 그 방법들의 범위가 넓지 않다는 사실을 알 수 있다. 동시에 러시아 응답자들의 답변은 사진과 사진 이미지를 치료 목적으로 다양하게 사용하고 있음을 시사한다. 러시아인 응답자들은 자주 내담자들에게 여러 물체의 사진을 찍게 하고 콜라주 작업을 하며 사진을 대화에 활용하고 내담자의 미술품을 위한 자극제로 삼았다.

영국과 러시아의 일반적인 다양한 방법의 미술치료 및 심리치료법은 도입 고려 대상이 되어야 한다. 영국의 미술치료 및 심리치료는 일반적으로 심리분석에 뿌리를 두는 반면, 러시아의 미술치료와 심리치료는 이론적 배경의 다양성과 치료 방법의 다양성을 보여 주며 이는 인지 행동 및 임상 정신과적 접근법과 강한 연관성을 자주 보여 준다.

인상적이었던 점은 영국인 치료사들은 러시아인 치료사들에 비해 비지시적이고 내담자들의 미술 매체 선택을 존중한다는 것이다. 양국의 치료사들에게 나타난 치료 목적의 사진 사용 방법의 또 다른 차이는 러시아인 전문가들은 종합적 예술 형태를 취하는 경향이 있다는 것이다. 그들의 답변을 살펴보면 러시아 치료사들은 자주 시각 매체를 사진과 조합하고 특히 극적 재연, 스토리텔링, 해설적 접근을 영국인 치료사들보다 자주 한다는 것을 알 수 있다.

사진을 미술치료에 사용하는 데 방해 요소

이번 연구에 참여한 응답자들이 암시해 준 바는 윤리적인 이유와 미술 활동 중 내담자의 사진을 만드는 것이 내담자의 개인적인 영역을 침범하고 창작 과정을 방해한다는 이유 때문에 임상 치료 시 사진을 잘 사용하지 않는다는 것이다. 내담자가 창의적 매체로 사진을 사용하는 데 큰 걸림돌로 5명의 영국인 응답자는 내담자의 기술적인 능숙함과 자제력의 부재를 꼽았다. 이들은 전통적인 미술 매체가 내담자의 촉각을 자극하고 보다 자발성을 불러일으킨다고 생각한다.

한 치료사는 내담자의 이미지를 저장하는 용도로만 사진을 사용했고 단순히 자신에게 익숙한 도구가 아니기 때문에 사진을 치료에 한 번도 사용한 적이 없다고 응답했다. 또 다른 응답자는 내담자가 사진 자료를 가져오거나 제안하면 선뜻 사용할 용의가 있지만 너무 많은 기술적인 문제가 발생하기 때문에 직접 제안하지는 않는다고 했다. 그는 디지털 사진 작업을 위한 컴퓨터 하드웨어/소프트웨어 시설을 구비하고 있지 않았고 개인적으로도 사진 매체에 호불 감정을 모두 갖고 있었다. 세 명의 영국인 응답자는 필요한 기술적 매체를 구비한 미술치료 스튜디오 지원이 불가능하다며 현재 일하고 있는 국민 건강보험의 제한적 재정 자원을 임상 치료 시 사진 사용에 있어 주요 걸림돌로 지적했다.

영국인 응답자 중에서도 미술 활동에 사진을 적극적으로 사용하는 부류와 임상 치료 시 비교적 제한적 범위에 사용하는 부류로 나뉘는 것을 알 수 있다. 이들 중 대부분은 사진과 사진 이미지를 미술품 촬영 및 내담자의 미술 활동 과정을 촬영해 보존하는 용도로 사용했다. 주목할 만한 사실은 미술치료사들이 창작 활동에 참여할 때 사용하는 사진의 커다란 가능성이 내담자와의 활동에서는 과소평가되고 있다는 것이다.

아주 드물게 사진을 내담자의 표현 형식으로 사용한 것이다. 아마 대부분의 치료사가 사진과 사진 이미지를 활용한 치료 활동은 내담자들에겐 너무 정교한 작업이거나 현대 예술에 대한 특별한 기술과 지식이 필요하다고 느끼는 것 같다.

사진과 사진 이미지를 임상 치료에 활용하는 또 다른 장애물로는 현 미술치료 교육과 문헌에 사진 활용 관련 정보나 가이드라인이 부재하거나 부족한 것을 들 수 있다. 미술치료 교육이나 간행물들은 '기존' 미술 매체에 초점이 맞추어져 있는데 그림 그리기, 점토 활동 등이 있고 컴퓨터나 비디오아트를 활용한 다양한 미술 매체와 치료는 아주 가끔씩 고려되는 것으로 나타났다. 영국인 치료사들이 미술학교를 다니며 친숙해진 특정 혁신적인 미술 매체나 실습은 현대 후기 예술 환경에서 발췌해 임상 현장에 도입이 현실적으로 어렵고 일반적 치료법으로 자리잡기까지 미술치료사들의 이론적 · 경험적 지원이 필요하다.

참고문헌

Andreyeva, T. (2007). The use of visual-narrative approach with ex-offenders. *The Healing Art: International Journal of Art Therapy, 10*(1), 4-29 (in Russian).

Andreyeva, T. (2008). The use of visual-narrative approach in rehabilitation of ex-offenders. In A. Kopytin (Ed.), *Practical Art Therapy: Treatment, rehabilitation, training* (pp. 133-160). Moscow: Cogito-Center (in Russian).

Ashastina, E. (2006). Working with an image of a house. In A. Kopytin (Ed.), Phototherapy: *The use of photography in psychological practice* (pp. 132-161). Moscow: Cogito-Center (in Russian).

Barbee, M. (2002). A visual-narrative approach to understanding transsexual identity. *Art Therapy: Journal of the American Art Therapy Association, 19*(2), 53-62.

Bogachov, O. (2008). The use of photographs in art therapy with the drug addicted.

Paper presented at the 10th Annual Conference of Russian Art Therapy Association, 17-18 May 2008, St Petersburg.

Flusser, V. (2008). *In Favor of Philosophy of Photography*. St Petersburg: St Petersburg University.

Fryrear, J. L., & Corbit, I. E. (1992). *Photo Art Therapy: A Jungian perspective*. Springfield, IL: Charles C. Thomas.

Henley, D. R. (1992). Therapeutic and aesthetic application of video with the developmentally disabled. *The Arts in Psychotherapy, 18*, 441-447.

Kopytin, A., & Svistovskaya, E. (2006). *Art Therapy with Children and Adolescents*. Moscow: Cogito-Center (in Russian).

Landgarten, H. (1994). Magazine photo collage as a multicultural treatment and assessment technique. *Art Therapy: Journal of the American Art Therapy Association, 11*(3), 218-219.

Liebmann, M. (1986). *Art Therapy for Groups: A handbook of themes, games and exercises*. London: Croom Helm.

McNiff, S. (2004). *Art Heals: How creativity cures the soul*. Boston, MA: Shambhala.

Sventsitskaya, V. (2006). Experience of the use of elements of photography in the work with psychiatric patients. In A. Kopytin (Ed.), *Phototherapy: The use of photography in psychological practice* (pp. 113-131). Moscow: Cogito-Center (in Russian).

Svistovskaya, E. (2008). A case of art therapy treatment of an anorectic adolescent girl. In A. Kopytin (Ed.), *Practical Art Therapy: Treatment, rehabilitation, training* (pp. 74-86). Moscow: Cogito-Center (in Russian).

Thorn, B. (1998). Picture this: Phototherapy with chronic mentally ill adults. Unpublished Master's thesis, University of Illinois at Chicago.

Wadeson, H. (2002). Confronting polarization in art therapy. *Art Therapy: Journal of the American Art Therapy Association, 19*(2), 77-84.

Weiner, D. (1999). Beyond Talk Therapy: *Using movement and expressive techniques in clinical practice*. Washington, DC: American Psychological Association.

PART 3

연구와 미래

CHAPTER 13

사진치료와 신경과학의 만남: 결혼? 동거? 이혼?

– 하세 칼슨(Hasse Karlsson)

초록

예전부터 심리학과 사회학 분야에서 심리치료의 효과 및 변화 기제를 밝히려는 시도가 있었다. 증상의 변화, 심리적 역량, 성격, 사회적 기능을 측정하거나 또는 단일 사례를 통해 경험적으로 연구하기도 하였다. 하지만 모든 정신 과정은 뇌의 작용에서 비롯된다는 사실은 지난 수십 년간의 연구 결과로 차츰 명백해졌다(Kandel, 1998). 이는 심리적 변화가 뇌 기능과 구조에 반영될 수도 있음을 의미한다. 사진치료는 시각적 자료와 의미 있는 동작을 활용하기 때문에 그 효과를 신경생물학적 방식으로 탐색하기에 적절하다. 하지만 관련 연구는 아직 발표된 바 없다. 이 장에서는 관련 분야를 개관하고 심리치료가 뇌에 미치는 영향과 사진치료의 가능성에 대해 논의하고자 한다.

서론

우리는 근래에 들어서야 사람의 뇌가 생각보다 가변적이라는 사실을 알게 되었다. 동물을 대상으로 다양한 실험을 한 결과, 경험으로 인해 세포 및 분자 수준에서 뇌가 변화한다는 사실을 관찰했다. 하지만 인간 뇌를 대상으로 가소성을 측정하기는 그리 녹록치 않았다. 그러던 중 기능적 뇌 영상 기법이 개발되면서 SPECT, PET, fMRI로 뇌의 생리적 변화(뇌 혈류량 또는 대사량)를 측정할 수 있게 되었고, 나아가 SPECT와 PET, 탐침 기법을 통해 살아 있는 사람의 뇌에서 수용체 밀도를 측정하는 분자 수준의 연구도 차츰 등장하였다. 그로 인해 개별 심리치료들의 효과를 생물학적으로 측정하는 획기적인 연구 영역이 열리게 되었다. 이들 연구는 생물학적으로 측정 가능한 요소가 심리치료 과정에 존재한다는 가정을 전제로 하고 있다. 예를 들어, 정서 표현, 조절, 학습, 기억, 자기경험의 변화를 뇌 영상 기법으로 측정하는 것이다. 또한 이런 기능들의 신경생물학적 기제에 대한 지식도 쌓여 가고 있다. 특히 사진치료는 다른 심리치료와 비교했을 때 시각 및 운동 기능이 추가적으로 활용된다는 점에서 흥미롭다.

시각 체계와 정서 체계가 서로 광범위하게 연결되어 있다는 사실(Tamietto & de Gelder, 2010)을 염두에 둔다면, 심리치료에서 시각 자료의 활용은 특히 의미가 있다. 일반적으로 심리치료를 통한 변화를 이끄는 주요 동력으로 정서 처리를 돕기 때문이다. 정서적으로 의미 있는 시각 자료의 활용은 정서 처리를 촉진한다. 정서와 정서 처리의 신경학적 기제가 뇌 영상 연구의 최신 주제로 떠오르고 있는 지금, 시각 자료를 활용하는 심리치료는 뇌 영상 연구의 좋은 대상이 된다. 아쉽게도 심리치료에 대한 뇌 영상 연구는 거의 없는 편이고, 특히 사진치료에 대한 뇌 영상 연구는 더욱 없다.

이 기근 현상은 어쩌면 생물학과 인문학이 연구 방법이나 연구 주제에 있어 서로 다르고, 따라서 둘을 구분해야 한다는 기존의 구태의연한 시각이 반영된 결과일 수 있다. 하지만 최근엔 개념이나 접근에 있어 통합적인 방식이 각광받고 있다. 일례로 통합 뇌과학Integrative Neuroscience 분야에서는 뇌에 대한 생물학, 심리학, 임상학적 모형을 동시에 고려한다(Gordon, 2000). 통합적 접근에서는 분야 간 경계를 허물어 각 분야의 지식들이 자유롭게 창의적으로 교류되도록 노력한다. 지금까지 정서를 신경생물학적으로 연구한 논문은 약 100편 이상이다. 현재는 기본 정서(분노, 공포, 슬픔, 즐거움, 혐오)를 뇌 수준에서 구분할 수 있는 정도에 이른 것으로 보인다(최근의 메타분석 결과는 Vytal & Hamann, 2010 참조). 각각의 정서에 고유한 뇌 활성화 패턴이 있다는 것이다. 가장 최근 등장한 사회 신경과학social neuroscience 분야는 대인 상호작용의 신경학적 기반을 알아내는 것을 목표로 삼고 있다. 그러나 한편, 따로 언급하지 않겠지만 몇몇 제한점으로 인한 기술적 · 개념적 어려움도 물론 존재한다(구체적 내용은 Adolphs, 2010 참조).

그렇다면 왜 굳이 심리치료를 뇌와 연관시키는 것일까? 뇌 과학적 접근을 통해 다양한 심리치료가 어떻게 도움을 주는지에 대해 더욱 정밀한 이해가 가능할 것이란 기대가 그 이유 중 하나이다. 물론 각각의 치료 기제를 다양한

'수준'(생물학, 심리학, 사회학)에서 연구하는 것은 가능하다. 그러나 지금까지의 심리치료 연구에서 완전히 배제되어 온 신체 기관은 바로 뇌였다. 나는 심리치료에 있어 뇌의 생물학적 기능 연구도 필요하다고 본다.

뇌 연구를 통해 미래에는 치료 목표를 더 정확히 설정할 수 있다. 예를 들어, 환자가 괴롭게 느끼는 정서를 목표로 하는 것이다. 더불어 신경생물학적 연구를 통해 심리치료로 인한 변화 과정에 대한 심리 이론을 다듬거나 그 진위를 검증해 볼 수 있다. 어떤 심리 이론에서는 애초에 생물학적 검증이 불가능한 마음의 기능이 있다고 주장할 수 있다. 생물학이 심리적 추론의 가능성을 제한한다는 입장이다. 하지만 반대로, 뇌 영상 연구로 트라우마와 같은 기존의 심리 개념을 검증해 볼 수도 있다(Sherin & Nemeroff, 2011).

심리치료는 어떻게 뇌를 변화시키는가

1992년 이후 지금까지 심리치료를 통한 뇌의 변화를 알아본 연구는 우울, 불안장애, 경계성 성격장애 환자를 대상으로 한 연구들을 포함해 약 20편 정도이다. 그중 첫 번째 연구에서는 SSRI 약물치료와 행동치료를 불안장애 환자를 대상으로 각각 실시했다. 두 치료 모두 뇌의 변화 패턴이 유사했는데, 미상핵이 특히 유사했다. 인지행동치료$_{CBT}$, 변증법적 행동치료$_{DBT}$, 정신역동 심리치료, 대인간 심리치료$_{IPT}$를 통해 주요우울장애$_{MDD}$(Brody et al., 2001; Martin et al., 2001; Goldapple et al., 2004), 강박-충동장애$_{OCD}$(Baxter et al., 1992; Schwartz et al., 1996; Nakatani et al., 2003), 공황장애$_{PD}$(Praško et al., 2004;

Beutal et al., 2010), 사회불안장애(Furmark et al., 2002), 특정공포증(Paquette et al., 2003; Straube et al., 2006), 외상후 스트레스장애$_{\text{PTSD}}$(Felmingham et al., 2007), 경계성 성격장애$_{\text{BPD}}$(Schnell & Herpetz, 2007; Lai et al., 2007) 환자의 뇌 기능 변화가 보고되었다. 흥미로운 점은 이들 연구에서 주로 언어적 심리치료를 사용했다는 것이다. 이때 시각 자료와 동작을 활용한 심리치료는 과연 기존의 언어적 심리치료에 비교해 뇌에 미치는 영향이 다를지 질문해 볼 수 있겠다.

대부분의 연구는 치료를 통한 뇌의 변화에 있어 심리치료와 약물치료가 서로 유사한 패턴을 보인다고 보고했다. 즉, 치료의 종류와 상관없이 뇌 기능의 회복 패턴은 유사하다고 해석할 수 있다. 하지만 최근 치료 기법 사이의 차이가 뚜렷이 나타난 연구가 있었다. 골드애플$_{\text{Goldapple}}$ 등(2004)은 주요우울장애 환자들에게 인지행동치료를 시행한 결과 해마와 배측 대상회의 대사량 증가와 더불어 배측, 복측, 내측 전두피질의 대사량 감소를 보고했다. 이는 파록세틴 약물치료 후 전전두피질의 대사량이 증가하고 해마와 슬하대상회의 대사량이 감소하는 패턴과 확실히 다르다. 또한 저자의 연구(Karlsson et al., 2010)에서도 단기 정신역동 심리치료$_{\text{STPP}}$와 플루옥세틴 약물치료가 분자 수준에서 뚜렷한 차이를 보이는 것으로 나타났다.

현재 각 심리치료에 있어 치료로 인한 변화들이 서로 다른지에 대해서는 거의 알려진 바가 없다. 지금까지 효과 연구는 심리치료와 약물치료의 비교에 초점을 맞춰 왔다. 치료 후 환자와 치료 대기 중인 환자를 비교한 연구도 소수 있다.

이들 연구는 심리치료의 기제를 이해하는 데 도움을 주는가

뇌 영상 기법을 통한 심리치료 효과 연구는 우선적으로 심리치료를 통한 변화 기전을 더 잘 이해하고자 하는 데 그 목표가 있다. 이 기전에 대한 다양한 수준(생물학, 심리학, 사회학)의 연구와 함께 뇌 영상을 통한 부가적인 이해를 높일 수 있다. 심리치료를 통한 뇌의 변화를 보고한 최근 연구들에서는 서로 다른 치료가 가져오는 변화 기제를 부분적으로나마 설명할 수 있는 모형을 제시하고 있다. 이 경우 해당 심리치료들에 대한 기존의 심리 이론을 이 모형과 비교 및 대조해 볼 수 있다.

또한 심리치료가 목표하는 변화의 뇌 기전을 탐색해 볼 수도 있다. 대부분의 심리치료는 환자의 문제해결 능력, 자기표상, 감정조절 능력 향상에 목표를 둔다. 연구 결과에 따르면 이러한 기능과 연관된 뇌 영역들로 배외측 전전두피질, 복전측 대상피질, 배전측 대상피질, 내측 전전두피질의 복측, 배측 슬하영역, 후측 대상피질, 쐐기앞소엽, 섬상피질, 편도체, 복외측 전전두피질이 보고되었다(자세한 사항은 Frewen et al., 2008 참조). 좀 더 구체적인 예를 들어 보면, 우울 환자들에 대한 인지치료에 있어 인지적 정서 통제와 관련된 전두엽 기능을 강화시키는 동시에, 부정적 정서를 유발하는 편도체에 직접적으로 작용하는 항우울제 투여를 함께 기획할 수 있다(DeRubeis et al., 2008).

인지행동치료가 뇌 기능에 미치는 영향에 있어 '상명하달식top-down'의 전전두엽 기능이 변연계의 과잉활동을 더 효율적으로 조절한다는 것이 주요 가설 중 하나인데, 정신역동 심리치료의 효과도 적어도 부분적으로는 이와 같은 기제를 따르는 것으로 보인다. 뷰텔Beutel 등(2010)의 연구 결과는 이 가설을 뒷받침한다. 전두엽의 과소활성화와 편도체/해마의 과잉활성화를 보인 공황장애 환자들이 치료 후에는 공황 증상과 불안 수준이 감소하였고 해당 뇌 영역의 활성화 수준도 정상화되었다.

경계성 성격장애BPD의 주요 증상은 정서적 과각성인데, 이는 변증법적 행동치료DBT의 주요 목표이기도 하다. 이는 치료를 통해 정서적 과각성을 일으키는 뇌 영역의 정서 자극에 대한 반응을 감소시킨다는 의미로 볼 수도 있다. 슈넬Schnell과 헤르퍼츠Herpertz(2007)의 연구에서는 실제로 이를 검증하였다. 경계성 성격장애 환자들에 대한 변증법적 행동치료 후 부정적 자극에 대한 우반구의 전측 대상회, 측두엽 피질, 후측 대상피질 및 좌반구 섬상피질의 혈류 반응이 감소했다.

분자 수준 연구

앞서 언급한 연구들은 뇌 혈류량 또는 신진대사 변화 등 전체 뇌 수준의 변화를 측정했다. 심리치료의 근본적인 기제를 이해하기 위해서는 분자와 세포 수준의 연구가 필요하다. 지금껏 단 2개의 핀란드 연구만이 심리치료의 분자 수준의 변화를 측정했고, 이 방식으로 에릭 칸델Eric Kandel의 가설을 직접적으로 검증했다. 칸델은 심리치료를 통한 학습으로 신경세포 간 시냅스 연결의 강도와 뉴런의 형태가 변화하면서 유전자 발현이 변화된다고 하였다(Kandel, 1998). 흥미롭게도 두 연구 모두 정신역동적 심리치료를 실시했다. 레토Lehto 등(2008)의 연구에서는 우울장애 환자 19명에 대해 12개월간 정신역동 심리치료를 실시했다. 대상자들 중 8명은 비전형적 우울장애로 분류되었다. 이 연구에서는 단일광자 방출 컴퓨터 단층 촬영법([123I]nor-β-CIT SPECT)으로 심리치료 전후 중뇌 세로토닌 수송체SERT와 선조체 도파민 수송체DAT 농도를 측정했다. 그 결과, 심리치료 중 비전형적 우울장애 환자들의 중뇌 세로토닌 수송체SERT의 농도가 유의하게 증가했다. 비전형적 환자가 아닌 환자들은 변화가 없었다. 선조체 도파민 수송체DAT의 수준도 변화가 없었다. 단, 하위 집단의 발견으로 해석이 다소 어렵게 된 점과 통제 집단이 없다는 점은 이 연구의 제한점이다. 또 다른 핀란드 연구에서는 주요우울장애 환자들이 단기 정신역동 심리치료와 플록세틴 약물치료에 무선 배정되었고 4개월의 치료 전후에 [carbonyl-11C]WAY-100635(5-HT1A 수용체 밀도 측정)과 [11C]raclopride(D2/3 수용체 밀도 측정) PET 검사가 실시되었다. 발표된 두 연구(Karlsson et al., 2010; Hirvonen et al., 2011)에서 심리치료, 약물치료 집단 모두 표준 증상 평정에서는 임상적 결과가 유사했지만(59%가 증상 관해, 77%가 반응 범주 충족), 정신역동치료 집단의 5-HT1A 수용체 밀도가 유의하게 증가했고 약물치료 집단은 변화가 없었다. 한편, 약물치료 집단에서는 외측 시상에서 [11C]raclopride 결합이 증가했고 심리치료 집단은 아무 변화가 없었다.

기존의 몇몇 연구에서는 주요우울장애 환자의 5-HT1A 수용체 결합의 변화를 보고했으며(Drevets et al., 1999; Sargent et al., 2000; Bhagwagar et al., 2004; Parsey et al., 2006), 이 변화는 SSRI 치료로 회복될 수 없었다(Sargent et al., 2000; Bhagwagar et al., 2004; Moses-Kolko et al., 2007). 주요우울장애 환자들은 이 수용체의 밀도가 낮아진다는 결과가 가장 흔히 보고되었다. 하지만

높은 밀도를 보고한 연구도 있다. 이는 주요우울장애에 있어 정신역동 심리치료와 약물치료의 회복 과정이 서로 다를 수 있음을 의미한다. 이들 결과들의 임상적 함의는 아직도 명확하지 않지만, 주요우울장애의 재발률이 항우울제 약물치료보다 심리치료가 더 낮다는 결과를 관련지어 볼 수 있겠다.

논의

주관적인 심리 경험이 그때그때의 뇌 기능에 반영되긴 하지만, 정해진 분자들의 춤dance of molecules, 분자 운동을 의미함-역자 주으로 심리적 일생이 결정된다는 식의 단순한 환원주의적 논리는 근거가 없다. 주관적 경험이 뇌에 영향을 준다는 증거는 명백하다(Gabbard, 2000). 개인이 지닌 유전자와 더불어 개인의 경험 또한 뇌를 변화시키고, 그렇기에 인간은 각자 고유한 존재가 되는 것이다.

아직은 예비 단계지만, 심리치료에 대한 뇌 영상 연구들은 장기적 관점에서 개별 심리치료들의 효과를 정밀하게 규명해 줄 것으로 기대된다. 이는 미래에 특정 뇌신경 회로(Gabbard, 2000)나 관련 증상, 행동 패턴 등을 목표로 한 특수한 심리치료 기법의 개발로 이어질 수 있다. 나아가 신경생리학 연구를 통해 변화 과정에 대한 심리학적 가설들을 검증해 볼 수도 있다.

사진치료는 치료 과정에 시각적 자극과 활동을 포함하는데, 따라서 기존의 언어적 심리치료보다 더 넓은 뇌 영역에 영향을 미칠 수 있으며 그렇기에 이상적인 신경생리학 연구 대상이 된다. 개인적 사진이 정서 경험을 유발하는 과정에 있어 물론 그 정도나 특성이 다양할 수 있다. 각각의 기제를 신경생리학적으로 연구해 보는 것도 흥미로울 것이다.

다양한 심리치료에 따르는 고유한 개인적 경험이나 과정을 측정하는 일은 사실상 어려울 것이라는 의견도 있을 수 있다. 어쩌면 그 의견이 사실이어서 이런 방법으로는 알기 힘들 수도 있다. 동시에 개별 심리치료들에 공통된 기제가 존재할 수도 있다. 이 또한 신경생리학 연구의 주제가 될 수 있다.

결론적으로, 신경과학과 사진치료의 중대한 만남은 여러 기회를 가져다줄 것으로 보인다. 아직은 데이트도 시작하기 전이지만 말이다.

참고문헌

Adolphs, R. (2010). Conceptual challenges and directions for social neuroscience. *Neuron, 65*, 752-767.

Baxter, L. R., Schwartz, J. M., Bergman, K. S., Szuba, M. P., Guze, B. H., Mazziotta, J. C. et al. (1992). Caudate glucose metabolic rate changes with both drug and behavior therapy for obsessive-compulsive disorder. *Archives of General Psychiatry, 49*, 681-689.

Beutel, M. E., Stark, R., Pan, H., Silbersweig, D., & Dietrich, S. (2010). Changes of brain activation pre-post short-term psychodynamic inpatient psychotherapy: An fMRI study of panic disorder patients. *Psychiatry Research: Neuroimaging, 184*, 96-104.

Bhagwagar, Z., Cowen, P. J., Goodwin, G. M., & Harmer, C. J. (2004). Normalization of enhanced fear recognition by acute SSRI treatment in subjects with a previous history of depression. *American Journal of Psychiatry, 161*, 166-168.

Brody, A. L., Saxena, S., Stoessel, P., Gillies, L. A., Fairbanks, L. A., Alborzian, S. et al. (2001). Regional brain metabolic changes in patients with major depression treated with either paroxetine or interpersonal therapy: Preliminary findings. *Archives of General Psychiatry, 58*, 631-640.

DeRubeis, R. J., Siegle, G. J., & Hollon, S. D. (2008). Cognitive therapy versus medication for depression: Treatment outcomes and neural mechanisms. *Nature Reviews Neuroscience, 9*, 788-796.

Drevets, W. C., Price, J. C., Kupfer, D. J., Kinahan, P., Lopresti, B., Holt, D. et al. (1999). PET measures of amphetamine-induced dopamine release in ventral versus dorsal striatum. *Neuropsychopharmacology, 21*, 694-709.

Felmingham, K., Kemp, A., Williams, L., Das, P., Hughes, G., Peduto, A. et al. (2007). Changes in anterior cingulate and amygdala after cognitive behavior therapy of post-traumatic stress. *Psychological Science, 18*, 127-129.

Frewen, P. A., Dozois, D. J. A., & Lanius, R. A. (2008). Neuroimaging studies of psychological interventions for mood and anxiety disorders: Empirical and methodological review. *Clinical Psychology Review, 28*, 228-246.

Furmark, T., Tillfors, M., Marteinsdottir, I., Fischer, H., Pissiota, A., Langstrom, B. et al. (2002). Common changes in cerebral blood flow in patients with social phobia treated with citalopram or cognitive-behavioral therapy. *Archives of General Psychiatry, 59*, 425-433.

Gabbard, G. (2000). A neurobiologically informed perspective on psychotherapy. *BJP, 177*, 117-122.

Goldapple, K., Segal, Z., Garson, C., Lau, M., Bieling, P., Kennedy, S. et al. (2004). Modulation of cortical-limbic pathways in major depression: Treatment-specific effects of cognitive behavior therapy. *Archives of General Psychiatry,*

61, 34-41.

Gordon, E. (Ed.) (2000). *Integrative Neuroscience*. Newark, NJ: Harwood Academic Publishers.

Hirvonen, J., Hietala, J., Kajander, J., Markkula, J., Rasi-Hakala, H., Salminen, J. et al. (2011). Effects of antidepressant drug treatment and psychotherapy on striatal and thalamic dopamine D2/3 receptors in major depressive disorder studied with [11C]raclopride PET. *Journal of Psychopharmacology, 25*(10), 1329-1336.

Hollon, S. D, Shelton, R. C., Wisniewski, S., Warden, D., Biggs, M. M., Friedman, E. S. et al. (2006). Presenting characteristics of depressed outpatients as a function of recurrence: Preliminary findings from the STAR*D clinical trial. *Journal of Psychiatric Research, 40*(1), 59-69.

Kandel, E. (1998). A new intellectual framework for psychiatry. *American Journal of Psychiatry, 155*, 457-469.

Karlsson, H., Hirvonen, J., Kajander, J., Lepola, A., Markkula, J., Rasi-Hakala, H. et al. (2010). Psychotherapy induces proliferation of 5-HT-1A receptors in human brain. *Psychological Medicine, 40*(3), 523-528.

Lai, C., Daini, S., Calcagni, M. L., Bruno, I., & DeRisio, S. (2007). Neural correlates of psycho-dynamic psychotherapy in borderline disorders: A pilot investigation. *Psychotherapy and Psychosomatics, 76*, 403-405.

Lehto, S.M., Tolmunen, T., Joensuu, M., Saarinen, P. I., Valkonen-Korhonen, M., Vanninen, R. et al. (2008). Changes in midbrain serotonin transporter availability in atypically depressed subjects after one year of psychotherapy. *Progress in Neuro-Psychopharmacology & Biological Psychiatry, 31*, 229-237.

Martin, S.D., Martin, E., Rai, S. S., Richardson, M. A., & Royall, R. (2001).

Brain blood flow changes in depressed patients treated with interpersonal psychotherapy or venlafaxine hydrochoride: Preliminary findings. *Archives of General Psychiatry, 58*, 641-648.

Moses-Kolko, E. L., Price, J. C., Thase, M. E., Meltzer, C. C., Kupfer, D. J., Mathis, C. A. et al. (2007). Measurement of 5-HT1A receptor binding in depressed adults before and after antidepressant drug treatment using positron emission tomography and [11C]WAY-100635. *Synpase, 61*(7), 523-530.

Nakatani, E., Nakgawa, A., Ohara, Y., Goto, S., Uozumi, N., Iwakiri, M. et al. (2003). Effects of behavior therapy on regional cerebral blood flow in obsessive-compulsive disorder. *Psychiatry Research: Neuroimaging, 124*, 113-120.

Paquette, V., Lévesque, J., Mensour, B., Leroux, J.-M., Beaudoin, G., Bourgouin, P. et al. (2003). 'Change the mind and you change the brain': Effects of cognitive-behavioral therapy on the neural correlates of spider phobia. *Neuroimage, 18*, 401-409.

Parsey, R. V., Olvet, D. M., Oquendo, M. A., Huang, Y. Y., Ogden, R. T., & Mann, J. J. (2006). Higher 5-HT1A receptor binding potential during a major depressive episode predicts poor treatment response: Preliminary data from a naturalistic study. *Neuropsychopharmacology, 31*, 1745-1749.

Praško, J., Horácek, J., Zálesky, R., Kopecek, M., Novák, T., Pašková, B. et al. (2004). The change of regional brain metabolism (18FDG PET) in panic disorder during the treatment with cognitive behavioral therapy or antidepressants. *Neuroendocrinology Letters, 5*(3), 340-348.

Sargent, P. A., Husted, K. K., Bench, C. J., Rabiner, E. A., Messa, C., Meyer, J. et al. (2000). Brain serotonin1A receptor binding measured by positron emission tomography with [11C]WAY-100635. *Archives of General Psychiatry, 57*(2), 174-180.

Schnell, K., & Herpertz, S. C. (2007). Effects of dialectical-behavior therapy on the neural correlates of affective hyperarousal in borderline personality disorder. *Journal of Psychiatric Research, 41*, 837-847.

Schwartz, J. M., Stoessel, P. W., Baxter, L. R., Martin, K. M. and Phelps, M. E. (1996). Systematic changes in cerebral glucose metabolic rate after successful behavior modification treatment of obsessive-compulsive disorder. *Archives of General Psychiatry, 53*, 109-113.

Sherin, J. E., & Nemeroff, C. B. (2011). Post-traumatic stress disorder: The neurobiological impact of psychological trauma. *Dialogues in Clinical Neuroscience, 13*(3), 263-278.

Straube, T., Glauer, M., Dilger, S., Mentzel, H. J., & Miltner,W. H. R. (2006). Effects of cognitivebehavioral therapy on brain activation in specific phobia. *Neuroimage, 29*, 125-135.

Tamietto, M., & de Gelder, B. (2010). Neural bases of the non-conscious perception of emotional signals. *Nature Reviews Neuroscience, 11*, 697-709.

Vytal, K., & Hamann, S. (2010). Neuroimaging support for discrete neural correlates of basic emotions: A voxel-based meta-analysis. *Journal of Cognitive Neuroscience, 22*(12), 2864-2885.

CHAPTER 14

사진치료와 치유적 사진의 연구와 미래

– 델 로웬탈(Del Loewenthal)

이 책은 치유적 사진 분야의 최근의 성장을 주로 다루고 있다. 사진과 치유적 사진은 처음 유럽에서 시작된 후 북미에서 커졌고, 지금은 다시 유럽에서 발전하고 있다. 최근 유럽의 사진치료는 디지털 사진기법의 폭발적인 성장으로 대중이 디지털 이미지를 쉽게 사용하게 된 배경과 맞물려 있다. 마지막 장인 이 장에서는 특별히 다양한 기법을 검증하고 설명한 연구에 초점을 맞추었다. 우선 사진치료와 치유적 사진 연구를 탐구하고 미래를 예측하기 전에, 이전의 내용들을 개관하고자 한다.

이 책의 제1부에서는 다양한 이론적 발전을 소개했다. 제1장은 디지털 시대의 사진치료와 치유적 사진을 소개한 뒤, 제2장에서는 울라 할콜라가 핀란드의 독특한 감수성으로 자신의 치유적 경험 사진을 탐색했다. 울라 할콜라는 유럽의 사진치료 부흥에 큰 공헌을 한 사람으로, 이 장에서는 심리치료사 고유의 인식의 틀 안에서 습득한 전문 기술을 활용하는 심리치료 현장에서 사진의 기능적 역할을 밝혔다.

이어지는 제3장에서는 선구적 사진치료사인 조 스펜스의 자신의 암 투병 생존 프로그램의 일환으로 활용한 카메라 치료의 한 측면을 테리 데닛이 훌륭히 소개한다. 테리는 "암 선고와 항암 치료 후 그녀는 고립되고 궁핍한, 힘든 상황에 처한 자신을 발견했다."라고 적고 있다.

그다음 제4장에서는 마크 휠러가 중요한 내용을 서술하였다. 그는 스마트폰과 온라인 갤러리 이미지의 생성과 감상, 그것이 치유 과정에 미치는 영향에 대한 심리적 수준의 통찰력을 의식적·무의식적으로 제공하는 디지털 시대가 이끄는 사진 문화의 발전에 초점을 맞추었다.

제5장에서는 마이크 시먼즈가 창조적 사진을 통해 그만의 해석과 치유를 시도한 내용을 탐색한다. '창조적 사진 기법'은 자신만의 사진 예술작품을 만드는 과정을 통해 개인적 경험을 성찰, 해석 및 표현하게 되는 기법을 말한다.

제2부는 다양한 기법의 활용을 소개하고 있다. 제6장에서는 로지 마틴(초창기 혁신적 치료자 중 하나이며 유럽식 사진치료 중 가장 강력한 영향력을 지닌 기법의 창시자)은 어떻게 재연 사진을 발전시키게 되었는지 설명한다. 치유적 시각, 재연 사진치료 회기의 활동, 구현과 변환의 중요성, 창의적 성인 놀이의 형태로 진행되는 과정을 다룬다.

제7장에서 델 로웬탈은 학교에서 작업했던 4명의 아이를 통해 기존의 전통적 상담과 심리치료 장면에서의 사진 활용을 보여 준다. 또한 이 장에서는 이렇게 사진을 활용할 때의 주요 장단점을 짚어 본다. 이 협력적 사례연구는

차후 사진치료를 평가하는 연구 도구를 검토할 때 다시 다뤄진다.

제8장에서 크리스티나 누네즈는 전 세계적으로 알려진 자신의 초상사진 기법을 어떻게 발전시켰는지 소개한다. 크리스티나는 사진을 통해 우리의 '어두운 면'을 대상화함으로써 우리가 좋아하지 않는 측면과 자신을 따로 분리시켜 카타르시스와 부활의 공간을 열 수 있다고 제안한다. 이 장에서 크리스티나는 초상 사진은 우리로 하여금 현재에 머무르도록 밀어붙이기 때문에 긍정적 심리가 증가한다고 주장한다. 우리가 지닌 근본적인 인간미를 수용하고 사진으로 표현하도록 돕는 것이다.

제9장은 카민 파렐라와 델 로웬탈 간의 대화에서 발췌한 내용으로, 공동체 사진치료라는 카민의 선구자적 작업을 다루고 있다. 공동체 사진 작업은 정신병동 환자의 정신건강 증진에 기여하고 개인의 인격 통합을 촉진시킨다. 공동체 사진치료의 광범위한 영향력을 바탕으로 카민은 어떻게 사진치료가 개인뿐 아니라 그가 속한 공동체의 치유 과정에 원동력이 될 수 있는지 보여준다.

제10장에서는 또한 이탈리아 출신인 로돌포 드 베르나르가 그동안 쌓아온 가족치료에서의 사진 활용 경험을 상당 부분 나누어 준다. 그는 체계적 관계 이론에 기반을 두어 실제로 가족 사진화를 사용하는 방법을 알려 준다.

이어지는 제11장에서 줄리아 윈클러는 사진 전공 학부생들이 카타르시스적이면서도 때로는 치유적으로 사진을 활용하는 것을 직접 목격한, 신선한 자극을 주는 경험담을 적고 있다.

제12장에서는 알렉산더 코피틴이 미술치료의 일환으로 사진을 활용하는 방법을 검토하고, 러시아와 영국에서의 연구를 통해 미술치료가 디지털 시대

의 혜택을 왜 아직 못 누리고 있는지에 대해 추측한다.

마지막으로, 제13장에서 하세 칼슨은 지금까지 축적된 신경과학 연구 결과들을 바탕으로, 비록 현재 사진치료 효과를 신경생리학적으로 검증할 수 있고 치료 과정에서 시각 자료가 활용되어 의미 있는 운동 신경 활동이 이루어지지만, 이 분야의 연구는 아직 부족하다는 전문가적 의견을 내놓는다.

바라는 바는, 이 책이 다양한 전문 분야에서 디지털 사진 기법을 치유적으로 활용할 때 기본서가 되었으면 하는 것이다. 생각해 볼 만한 연구 분야는 다음과 같다(http://phototherapyeurope.utu.fi/photoeurope_handbook.pdf 참조). 특히 디지털 사진 활용 연구는 지금 활발히 수행되는 다른 심리치료 연구들의 속도를 따라가야겠지만, 디지털 사진이 문화적 관습으로서 새로운 연구 형식을 제공할 수도 있을 것이다.

연구

이 책의 제1부는 '소개: 이론과 접근법'이고, 제2부는 '다양한 실제에서의 사진 사용'이지만 이론을 다룬 장에서도 실습 내용을 담았고 그 반대도 마찬가지였다. 연구라는 제목이 붙은 이 책의 마지막 제3부도 마찬가지이다. 연구 성과들은 앞서 이미 언급되었고 이 책의 마지막 바로 전의 제13장에서도 하세 칼슨이 사진치료와 뇌과학 분야에서 중요한 연구들을 검토한 결과 많은 성과가 기대되지만 아직은 초기 단계라는 결론을 내렸다.

현재 사진치료와 치유적 사진 연구에서 요구되는 사항은 무선 통제 시행

randomised control trials: RCT이다. 비록 심리치료 효과 검증 연구에서 무선 통제 방식의 활용에 대한 문제제기가 점차 일어나고 있긴 하지만 말이다(Guy et al., 2012). 하지만 무선 통제 방식은 주요 연구 도구로 여전히 인정받고 있다.

비록 현재는 아직 기존의 전통적 연구 방식과 비교해 부차적으로 여겨지고 있지만, 최근의 발전 중 흥미로운 부분은 시각 연구 분야이다. 특히 사진의 치유적 활용에 대한 질적 연구가 필요하다. 즉, 기초이론, 현상학적 연구, 담화 분석, 휴리스틱 연구heuristic research, 불충분한 시간이나 정보로 인해 합리적인 판단을 할 수 없거나, 합리적인 판단이 굳이 필요하지 않은 상황에서 어림짐작 방법으로 하는 연구-역자 주, 사례연구 등의 면담 자료에서 1차 질적 자료를 수집하는 것이다(Loewenthal, 2007; Loewenthal & Winter, 2007 참조).

연구란 무엇인가

연구 또한 문화적 관습이다(유행을 타는). 현재, 연구는 지식과 이해를 얻기 위한 기본 탐구 활동(RAE, 2008) 또는 체계적 방식으로 정보를 찾아내는 시도로 알려져 있다(Princeton, Wordnet Web, 2006).

용어의 의미를 좀 더 넓히면, 연구란 지식의 발전을 위한 자료, 정보, 사실의 수집으로 볼 수 있다. 과학적 연구란, 가설을 세우거나 특정한 문제에 대한 답을 하기 위해 일정한 방법에 기반을 두어 행하는 탐구라고 할 수 있으며(www.experiment-resources.com) 이는 반복 검증될 수 있어야 한다.

심리치료 연구란 무엇인가

심리치료 연구는 소위 '근거기반 치료evidence-based practice'에 대한 정부와 전문가 집단의 높은 관심과 함께 치료 과정과 성과를 검토하는 일을 의미한다. 방대한 질적 · 양적 심리치료 연구가 존재하며 모두 나름의 제한점과 강점이 있으며, 이 분야의 실무 자체가 연구라고도 할 수 있다(Lees & Freshwater, 2008).

질적 · 양적 연구

'실증주의'와 밀접한 관련이 있는 양적 연구는 무언가를 세고 재어 각 집단의 평균과 편차를 추정하는 방식이며, 사회과학에 뿌리를 둔 질적 연구는 왜 사람들이 그렇게 행동하는지, 그들의 지식, 태도, 신념, 공포 등에 대한 이해와 더 관련이 있다.

실증적 연구의 주요 목표 중 하나는 자연적이고 보편적인 법칙을 발견하고 사람들로 하여금 현상을 예측하고 통제할 수 있도록 하는 것이다. 이런 연구는 현실은 객관적으로 주어진 것이며 연구자와 독립적으로 측정 가능한 성질로 기술될 수 있다고 일반적으로 가정한다. 대조적으로 해석적 연구 기법은 의미 있는 상호작용을 기술함으로써 인간과 그들이 속한 사회/문화적 맥락을 이해하기 위한 기법이다.

사진치료는 이런 전통적인 연구 방법뿐 아니라 현재 발전 중인 시각 연구의 가능성 또한 제공한다.

시각 연구란 무엇인가

시각 연구는 연구자가 생성한 자료, 반응자가 생성한 자료 모두를 활용하며, 이 둘은 각기 사진치료와 치유적 사진과 비교할 수 있다. 가장 주된 시각 기법은 사진유도photo elicitation 기법으로, 이는 표면적으로 사진치료의 투사적 기법과 유사하다. 하지만 아직 시각 연구는 산발적이고 제대로 정의되지 않은 분야이다(Prosser, 2006).

시각 연구의 분파

사회과학 분야의 시각 연구는 두 가지로 분류된다(Banks, 2001).

- 사회적 삶과 사회적 상호작용의 어떤 측면을 분석하거나 기록으로 남기기 위해 사회과학 연구자가 창조한 이미지
- 창조되거나 소비되는 이미지의 수집과 연구

시각 기법의 활용

뱅크스Banks(2001)는 시각 연구 기법들이 더 보편적인 일련의 연구 기법 중

일부로만 쓰여야 하며, 시각 기법의 필요성이 연구 자체에 드러나야 한다고 생각했다. 심리치료 연구자들이 특정한 탐구 주제 이면의 연구 가설을 검증하는 반면, 시각 연구 기법은 탐색적으로도 쓰인다(연구자가 처음에 고려하지 않았던 것을 발견하는).

이미지의 의미가 다양한 관람자에 의해 시간의 경과에 따라 변한다는 점도 중요하다. 마찬가지로, 치유적 사진 연구자가 사진을 창조할 때 의도한 의미 또한 관람자가 받아들이는 의미와 다를 수 있다(실증적 또는 해석적 접근을 따르는 연구자들은 각자의 방식으로 사진을 사용한다).

사진치료나 치유적 사진 연구자를 위한 연구 주제

사진치료 연구자들이 염두에 두면 유용할 것 같은 질문들을 일부 나열하면 다음과 같다.

- 연구자는 누구인가?
- 내담자가 연구자인가?
- 사진치료사가 연구자인가?
- 공동 연구인가?
- 사진치료사는 실무자 겸 연구자여야 하는가?
- 연구자는 위에 언급된 모든 역할로부터 독립적이어야 하는가?
- 연구의 목적은 무엇인가?
- 연구자가 관심 있는 접근은 실증적 연구인가, 해석적 연구인가?

이 질문들은 핵심적인 질문이기 때문에 사진치료 연구자들은 연구를 시작하기 전 자신의 입장을 분명히 하고 위의 질문들을 생각해 보는 것이 좋다.

사진치료, 치유적 사진 분야에서 해 볼 수 있는 소규모 연구 프로젝트의 예

현재 사진치료와 치유적 사진에 대한 연구의 필요성은 시급하다고 볼 수 있다. 이는 신경과학적 접근뿐 아니라(이전 장에서 언급되었듯) 만일 무선 통제 연구도 후원된다면(그 한계에도 불구하고), 전문가 수련을 마친 심리치료사를 대상으로 한 현장중심 연구도 필요하다. 무한한 연구 영역 중 몇 가지 예를 들어 보면 다음과 같을 것이다.

- 현저한 언어 발달 지연을 보이는 유아 및 엄마를 대상으로 한 경험 표상 사진치료
- 임상 연구자로서의 사진치료사의 위상: 치료 회기에 질문하기
- 영국 교도소에서 근무하는 사진치료사의 좌절 경험
- 시간적 제약이 있는 서비스 제공 기관에서 근무하는 사진치료 수련생들의 경험 탐색
- 종합 및 사설 병원에서 근무하는 사진치료사의 의학 모형적 사고와 관련한 경험 탐색

양적 연구, 질적 연구, 시각 연구의 상대적 이점을 고려하여 상담 및 심리

치료의 일환으로 사진치료를 평가한 제7장의 연구가 온라인(Uncertain States, www.uncertainstates,com/#11-essay-del-loewenthal)으로 제공되고 있다.

진행 중인 사진치료 연구

상담 및 심리치료의 일환으로 한 사진 활용에 대한 양적 · 질적 및 시각 연구를 서로 비교한 연구의 예를 들고자 한다. 이어질 내용은 학교에서 작업한 아동 4명의 이야기를 담은 제7장의 내용과 연계된다.

이 '집단 사례연구'의 목적은 영국의 한 학교에서 상담의 형식으로 4명의 아동을 만나 내가 '말하는 사진치료'라고 이름 붙인, 심리치료와 상담에서 사진을 활용한 작업을 탐색하고 평가하기 위함이다. 연구 자료를 제공해 준 이 치유 작업은 영국의 한 학교에서 시행되었다. 12~14세 참여 아동들에게 '말하는 사진치료'는 보통 일대일 형식의 6회기로 구성되며, 회기 중 말하고 싶은 기억을 사진을 통해 표현하고 탐색하는 작업임을 고지하였다.

연구 대상

참여 아동 4명은 저소득 지역에 속하는 영국 남해안에 위치한 학교에 다니는 12~14세의 학생이었다. 백인 노동자 계층이 대부분인 지역사회의 구성을 해당 학교도 따르고 있었고 중동, 동남아시아 출신이 소수 있었다. 학교는 식스폼sixth form 부설 중등학교였다. 학교 측의 SENCOspecial education needs coordinator, 특수교육 코디네이터가 '말하는 사진치료'에 참여할 아동 4명을 선정하였다. 아동들은 부모/보호자의 승인하에 치료 및 연구자료 제출에 동의하였다.

방법

아이들의 사진 선택에 활용된 시각 연구 기법과 함께 질적·양적 기법이 활용되었다. 질적 연구는 그린우드Greenwood와 로웬탈Loewenthal(2005, 2007)에 바탕을 둔 사례연구 기법을 활용했다. 이 기법은 하이데거Heidegger와 가다머Gadamer의 현상학에 대한 블라이처Bleicher(1980) 연구에 크게 영향을 받아 후설Husserl의 괄호치기bracketing와 해석학을 결합한 방식이다. 그런 다음 일반화를 위한 도구로서 사례연구 기법을 고찰한 잉Yin(1984)에 따라 더욱 심화시켰다. 단일 사례 분석보다 집단 사례 분석 결과가 더 강력하다고 본 잉(2003)의 권고에 따라 4명의 아동으로 구성된 집단 사례연구 표본을 선택하였다.

사례연구 기법은 치료자의 치료에 대한 생각을 탐색하고 다시 재탐색하는 과정을 통해 다층적 의미를 드러내기 위한 것이다. 이 연구는 현상-해석적 사례연구 기법의 4단계(Greenwood & Loewenthal, 2005)를 거친다. 단계는 '재탐색'되는 의미의 분량으로 나눈 것이며 이 과정에 제한은 없다.

〈표 14-1〉에 요약된 단계를 차례로 따르면 그 결과 마지막 단계로 사례연구가 생성된다. 제7장에서 사례연구 4개를 각각 소개하였고 아동이 선택한 사진에 대한 초기 분석이 이루어졌다.

적합한 양적 평가 도구 세트는 다음과 같다. PHQ-9(우울), GAD-7(불안), IAPT 공포 척도와 전반적 평가 도구 CORE-10은 현재 영국에서 널리 쓰이고 있다. 또한 내담자가 선택한 사진과 그에 투사한 내용을 통해 치료의 '진전'을 알아보고자 하였다(제7장에서 자세히 소개).

'말하는 사진치료' 프로그램의 결과 평가를 위해 내담자가 선택한 사진에 대한 설명과 함께(제7장에 수록), 양적 척도들은 각 내담자의 치유 프로그램 시작과 종결 시점에 평정되었다.

〈표 14-1〉 현상해석학적 사례연구 기법의 4단계

1단계 치료의 시작: 기초 관찰 자료 형성
2단계 치료자의 문서기록: 만남 뒤 회기에서 일어난 일 기록(되도록 상담 직후)
3단계 초반부 검토: 문화적 배경과 성별이 인간의 관찰 행위에 필히 개입된다는 면에서, 초반부 검토에는 치료자의 선이해가 상당한 영향을 주게 됨. 치료자의 슈퍼바이저도 회기 자료를 살펴보는 과정에서 영향을 미칠 수 있음. 초기 자료가 재해석되어 선이해의 영향력으로부터 새로운 의미가 추가될 수도 있음.
4단계 연구자들이 회기 검토 내용을 보고서 형식으로 재차 기술하면서 이미 내린 치유적 해석을 더 상세히 검토해 볼 수 있고, 그 과정에서 새로운 의미가 추가되거나 다양한 가능성이 탐색될 수 있음.

결과

치료 과정 중 사진의 활용 및 PHQ-9, GAD-7, CORE-10의 사전/사후 평가 결과에 초점을 맞추어 네 개 사례 각각을 소개한다.

제7장에서처럼 양적 자료는 샬럿, 윈스턴, 린다, 아만다(모두 가명)의 질적 자료 분석과 반드시 관련지어 탐색하였다.

샬럿

회기 시작, 회기 종결 시점에 PHQ-9, GAD-7, CORE-10을 측정하였다(〈표 14-2〉 참조). 가장 큰 폭으로 변화한 척도는 PHQ-9로, 시작 시점에는 13점(중증도 우울), 종결 시점에는 8점(경도 우울)으로 줄었다.

내용 면에서, 지난 2주 동안 '무엇을 해도 즐겁거나 재밌는 때가 거의 없음' 항목에 대한 반응이 '거의 매일'에서 '전혀 없음'으로 상당한 변화를 보였다. 샬럿은 "공부도 열심히 하고 더 많이 놀러 나가요."라고 말했다. '입맛이 없거나 과식한다'는 항목은 '반나절 이상'에서 '전혀 없음'으로 바뀌었다. "이젠 마구 먹기만 하는 일이 없어졌어요. 보세요, 옷이 커졌잖아요!" (헐렁해진 허리띠와 조끼를 보여 주면서). 그리고 스스로 '반나절 이상' '늘 가만히 있지 못했던' 상태도 없어졌다고 생각했다.

GAD-7 점수는 시작, 종결 시점 모두 동일한 9점이었다(5점 이상은 경도, 10점 이상은 중증도). CORE-10 점수는 시작 시점에는 11점, 종결 시점은 9점이었다. 11점 이상은 임상 증상에 해당되며, 11점은 경도 임상 증상 점수 중 가장

〈표 14-2〉 PHQ-9, GAD-7, CORE-10의 사전, 사후 점수

평가 도구	점수	샬럿	윈스턴	린다	아만다
PHQ-9(우울)	사전	9	0	2	4.5
	사후	9	0	0	4
GAD-7(불안)	사전	13	5	2	5
	사후	8	7	0	4
CORE-10	사전	11	8	8	12
	사후	9	14	4	6

주: 아동의 이름과 일부 내용은 비밀보장의 이유로 변경하였다.

낮은 점수이다.

특히 지난 1주간 '생각하기 싫은 장면이나 기억'이 치료 초기의 '자주 괴롭다'에서 '가끔 괴롭다'로 바뀌었다. 단, '잠들기 어렵다' 항목이 '가끔'에서 '계속'으로 변화했는데, 고모는 침실에서 자는데 할머니와 자신은 거실에 있는 의자 위에서 자기 때문이라고 했다. 샬럿은 마지막 회기에서 처음으로 이 이야기를 꺼냈다. 앞으로 더 넓은 집으로 이사 갈 것 같다고 하긴 했는데, 그러면 처음으로 자기 침실이 생길 것이라고 하였다. 하지만 돈이 없어 침대는 못 사주실 것 같다고 하였다

윈스턴

윈스턴(〈표 14-2〉 참조)은 치료 시작 시 우울을 평가하는 PHQ-9가 5점이었고 종결 시에는 7점이었는데, 특히 집중력 면에서 더 어려워졌다고 하였

다. 이는 경도에서 중증도 사이의 우울을 의미한다. 불안과 고통을 평가하는 GAD-7은 사전과 사후 모두 0으로 평정하였다. CORE-10의 사전 점수는 8점이었고 사후 점수는 14점이었다. 이는 '우울하거나 불행한 느낌'이 증가한 것이었지만, 한편 '도움이 필요할 때 부를 수 있는 사람'이 생기기도 했다. 윈스턴은 '커넥트 4' 게임을 선물 받고 동생들과 같이 놀 수 있게 된 것에 매우 행복해했다.

린다

PHQ-9는 처음엔 2점이었다가 마지막 회기에 0점, 우울 없음으로 변화했다. 불안 척도인 GAD-7(〈표 14-2〉 참조)은 2점이었다가 0점으로 변화했다. CORE-10에서는 처음엔 8점이었다가 종결 시점에 4점으로 변화했다. 마지막 회기 이전의 한 주 동안 두 가지 변화가 있었다. 우선 '도움이 필요할 때 부를 수 있는 사람'이 처음의 '가끔'에서 '거의 또는 항상'으로 변화했고, '일이 잘 안 될 때 무엇을 어떻게 할지 안다'는 '전혀'에서 '가끔'으로 변화했다.

하지만 마지막 회기에, 나는 린다에게 처음 만났을 때처럼 몇 가지 질문을 할 것이라 설명했다. 린다는 대답은 하긴 했지만 질문을 피하듯 대부분 '전혀'라고 대답하면서 매우 기계적으로 응답했다. "질문들을 하지 말까?"라고 말하니 린다는 특유의 웃음을 지으며 "네."라고 했다.

아만다

PHQ-9는 사전 5점, 사후 4점으로 경미한 우울이 다소 완화되었다(〈표 14-2〉 참조). 불안을 평정하는 GAD-7도 4.5점에서 4점으로 줄어 경미한 불안이 다소 감소했다. 특히 흥미롭게도 IAPT 공포증 척도의 '어떤 물건이나 행동이 무서워서 어떤 상황을 피하는' 정도를 알아보는 항목에서 '항상 피한다'에서 '피하지 않는다'와 '가끔 피한다'의 중간 정도로 변화하였다.

CORE-10은 치료 시작에는 12점이었고 마지막 회기에는 6점이었다. 11점 이상은 경도 임상 증상 점수 중 가장 낮은 점수에 해당된다. 도움이 필요할 때 부를 수 있는 사람이 있는지에 대해서는 예전의 '가끔'에서 '자주'로 바뀌었다. 또한 '거의에서 항상' 잠들기 힘들었던 것이 '가끔'으로 줄었고, '생각하기 싫은 장면이나 기억'이 '가끔'에서 '전혀'로 바뀌었다.

논의

3명의 내담자(샬럿, 아만다, 린다)의 검사 측정치들(〈표 14-2〉 참조)은 사전 · 사후 비교 결과 PHQ-9와 CORE-10이 감소했다. 또한 아만다와 린다는 사후보다 사전 GAD-7 점수가 높았다. 윈스턴의 경우 PHQ-9와 CORE-10 점수가 사후 증가했다. PHQ-9, GAD-7, IAPT 공포 척도와 CORE-10은 현재 영국에서 주요한 평가적 도구로 인정받는 도구들이다. 하지만 좀 더 현상학적 접근을 취하는 치료에서는 역으로 작용할 수도 있다는 점이 보고되었다. 설문 형식은 마치 병원에서처럼 문제 해결의 주체가 치료자라는 생각을 심어 주고, 따라서 특정 유형의 치료만 가능하다는 인상을 줄 수 있다. 한편, 설문으로 치료를 시작할 때 "한방에 같이 있는 겁먹은 두 사람"인 내담자, 치료자 모두의 불안을 일시적으로 경감시키는 효과가 있다는 보고도 있다(Bion, 1990: 5).

만일 치료자가 아닌 타인이 설문을 한다면(치료적 관계를 방해하는 요소가 감소할 것처럼 보이지만) 내담자는 아마도 처음으로 자신의 경험을 털어놓는 상황에서 이 사람, 저 사람에게 말해야 하는 부담이 생길 수 있다. 또한 내담자 4명 모두 PHQ-9, GAD-7보다 CORE-10에 더 진지하게 답하였는데, 아마도 CORE-10이 마지막 설문이어서 어느 정도 익숙해졌기 때문인 것 같다.

치유적 변화를 평가하는 도구로서의 사진은 제7장에서도 언급하였듯 PHQ-9, GAD-7, CORE-10과 같은 도구의 대안이 될 뿐 아니라 유익하면서도 보완적일 수 있다.

내담자의 사진을 활용하는 이러한 접근은, 예를 들어 의학적 환경에서의 진단과 치료는 임상에서의 성공을 위해 미리 사전에 규정한 개념으로 시작하는 것과는 달리, 사전에 규정되지 않은 어떤 것을 떠오르게 할 수 있는 현상학적 또는 후현상학적인 장점을 지니고 있다. 디지털 사진을 통한 이 같은 언어적 변화는 문화적으로 경험하는 대상과 경험하는 방법을 변화시켰다. 우리나 타인이 어떤 사진을 페이스북에 포스팅했는지 되짚어 볼 수 있는 세상이 되었을 뿐 아니라 인간 경험의 본질을 변화시켰다. 아마도 이 같은 인식과 사고의 변화는 20세기 초반 지그문트 프로이트를 포함한 수많은 사람이 사진을 통해 인식과 사고가 변화했을 때보다 더 큰 규모일 것이다(Bergstein, 2010).

미래

따라서 향후 21세기 상담과 심리치료에 있어 사진 활용이 증대뿐 아니라 미술치료에서는 다른 예술 매체의 창작 단계를 단순 기록하는 기존의 흔했던 활용을 넘어 더 창의적인 사진 활용이 기대된다. 사진은 이미 교육에서, 그리고 특히 알츠하이머 질환이 있는 노인을 대상으로 한 기억 치료(Krauss, 2009)에서 그 활용이 증가하고 있다. 사진을 활용하는 치료에서도 기존의 치료자의 위상이 근본적으로 변화할 것이다. 즉, 컴퓨터를 사용하여 여럿이 함께 작업하는 새로운 치료 형태가 성장 · 발전할 것으로 기대된다. 나는 교도소에서도 일하는데 재소자들이 이야기를 꺼낼 수 있도록 사진 카드의 사진을 활용하는 '말하는 사진치료'를 활용한다. 나아가 동영상 분야에서도 발전이 빠를 것으로 기대된다. 또한 기관이나 개인적 성장, 예를 들어 관리자 계발에 있어서도 사진치료의 수요가 증가할 것으로 예상된다. 예를 들어, 나는 큰 제약회사의 중년 엔지니어들을 대상으로 생산 설비 설계를 추측하는 데 사진들이 도움이 되는지 탐색하고 있다. 또한 그동안 어떤 팀이 되어 왔고, 앞으로는 어떤 팀이 되고 싶은지 설명할 때도 사진을 활용해 보고 있다. 그리고 다른 회사에서는 관리자들이 특정 기술을 습득하는 데 있어 자신의 현재 수준이 어떤지 알아보는 데도 활용하고 있다. …… 무한한 활용 가능성들의 본질적인 공통점은, 다른 상황에서는 말로 표현하기 어려운 내용을 디지털 사진으로 설명한다는 점이다.

집단 사진치료도 증가할 것이다. 최근 창의적 미술치료 효과에 대한 메타

분석(Stamp et al., 2009)에서는 내담자가 창의적 행위를 수행한 뒤 이를 집단과 나누는 것에 치료적 핵심이 있다고 하고 있다. 디지털 이미지로 이런 작업을 수월하게 할 수 있으며, 앞으로 대중적이고, 비용 절감적인 치료적 발전이 있을 것으로 기대된다.

전반적으로 디지털 사진은 현재 많은 학생이 활용하는 디지털 스토리텔링뿐 아니라 더 넓은 분야에까지 미쳐 소셜미디어 발전을 포함한 전문 활동이나 문화적 행위에도 활용될 것으로 보인다. 이는 새로운 이론의 탄생으로 이어져 폭넓은 연구 주제와 새로운 연구 방식을 낳을 것이다.

사진의 치유적 힘이 과거의 감정을 강렬하게 불러일으킨다는 점은 앞으로도 바뀌지 않을 것이고, 이 같은 독특한 성질은 창의적인 디지털 방식을 통해 과거 유례없을 규모로 활용될 것임은 확실하다.

이 책을 통틀어 그러한 예가 디지털 사진치료 이론, 현장, 연구의 측면에서 제공되었다. 또한 영국의 선구자 키스 케네디Keith Kennedy는 프롤로그에서, 이스라엘 출신 사진작가 브리짓 아노어Brigitte Anor는 이어질 에필로그에서 더 고전적인 예를 소개했다.

사회 변화의 요인으로 치유적 사진의 활용(www.photovoice.org), 또는 내담자들은 이미 익숙한 문화에 대해(!) 수련생이나 기존 치료자들을 업데이트시킬 목적의 심리치료 프로그램(나와 다른 사람들이 현재 상담, 심리치료, 예술심리치료에서 제공하는 것과 유사한)도 점차 증가할 것으로 기대된다.

참고문헌

Banks, M. (2001). *Visual Methods in Social Research*. London: Sage.

Bergstein, M. (2010). *Mirrors of Memory: Freud, photography and the history of art*. London: Cornell University Press.

Bion, W. R. (1990). *Brazilian Lectures*. London: Karnac.

Bleicher, J. (1980). *Contemporary Hermeneutics*. London: Routledge & Kegan Paul.

Greenwood, D., & Loewenthal, D. (2005). Case study as a means of researching social work and improving practitioner education. *Journal of Social Work Practice, 19*(2), 181-193.

Greenwood, D., & Loewenthal, D. (2007). A case of case study method: The possibility of psychotherapy with a person diagnosed with dementia. In D. Loewenthal (Ed.), *Case Studies in Relational Research* (pp. 88-113). Basingstoke: Palgrave Macmillan.

Guy, A., Loewenthal, D., Thomas, R., & Stephenson, S. (2012). Scrutinising NICE: The impact of the National Institute for Health and Clinical Excellence Guidelines on the provision of counselling and psychotherapy in primary care in the UK. *Psychodynamic Practice, 18*(1), 25-50.

Krauss, D. A. (2009). Phototherapy and reminiscence with the elderly: Photo-reminiscence. Unpublished paper given at the 2009 International Symposium on PhotoTherapy and Therapeutic Photography, Turku, Finland, 11 June.

Lees, J., & Freshwater, D. (2008). *Practitioner-Based Research: Power, discourse, and transformation*. London: Karnac Books.

Loewenthal, D. (2007). *Case Studies in Relational Research*. Basingstoke: Palgrave Macmillan.

Loewenthal, D., & Winter, D. (Eds) (2007). *What is Psychotherapeutic Research?*

London: Karnac Books.

Princeton, Wordnet Web (2006). Available from: http://wordnet.princeton.edu/perl/webwn?s=word-you-want (University of Oxford, Frascati definition) (accessed April 2011).

Prosser, J. (2006). The darker side of visual research. In P. Hamilton (Ed.), *Visual Research Methods*. London: Sage.

RAE (2008). Research Assessment Exercise. Available from: www.rae.ac.uk (accessed April 2011).

Stamp, R., Stephenson, S., & Loewenthal, D. (2009). *Report on the Evidence Base for Creative Therapies: A systematic review*. London: UKCP.

Yin, R. K. (1984). *Case Study Research: Design and methods* (1st edn). Beverly Hills, CA: Sage.

Yin, R. K. (2003). *Case Study Research: Design and methods* (3rd edn). London: Sage.

에필로그

두 손 들기:
주관성에 항복하다

– 브리짓 아노어(Brigitte Anor)

근래에 나는 잘 알려진 사진 두 장의 시각적 유사성에 크게 놀랐다. 청년 두 명이—거의 같은 자세로—매우 은밀하면서도 민감한 신체 부위인 손바닥을 내보이는 사진이었다.

그 놀라움은 가슴이 철렁할 정도의 것이었는데, 그때 롤랑 바르트Roland Barthes[1]가 푼크툼punctum이라 명명했던, 어떤 사진을 보고 마치 '칼에 찔리듯' 얼어붙게 되는 현상이 생각났다. 그 순간은 감정적으로 꼼짝 못하는 상태가 되어 버린다.

두 인물의 시각적 유사성에 온통 마음을 빼긴 와중에도 극명하게 다른 두

1) Bartes, R. (1990). *La chambre claire*. Paris: Gallimard-Seuil.

[사진 15-1] 두 손 들어! (Anor)

사진의 역사적 배경도 내 마음을 흔들었다. 두 사진 모두에 강렬한 감정이 이는 것도 알고 있었다. 나는 두 사진의 시각 요소를 최대한 단순화시켜 윤곽선만 남겨 보고 싶은 마음이 강하게 들었다([사진 15-1] 참조).

선들을 따라 그리려면 사진을 복사해야 했다. 그래서 사진 두 장을 손에 들고 잘 아는 동네 가게로 향했다. 놀랍게도 가게 주인은 해 줄 수 없다고 딱 잘라 말했다.

부연설명을 듣지도 않고 주인은 밖에서 행인과 잡담을 나누던 아내를 큰 소리로 부르더니 열띤 토론을 벌였다. '이 사진들을 어떻게 같이 놓고 볼 수가 있죠?' 둘은 분개하며 따지듯 물었다. 나는 두 사람의 분노를 십분 이해하며 조용히 자리를 떴다.

[사진 15-2] 바르샤바 게토의 유대인 소년 (미국 홀로코스트 추모 박물관 사진 아카이브 무료 제공)

나중에 친구에게 이 사건을 이야기해 주는데 마침 사진이 없어서 다 말로 풀어 설명했다. 그제야 이 사진들이 이야기가 되려면 최소 몇 마디는 필요하다는 사실을 깨달았다. 또한 내 설명은 곧 내 해석이기도 했다.

첫 번째 사진은 1942년 바르샤바 게토의 소년의 유명한 사진이다. 아이는 나치의 총구 앞에 항복하며 팔을 들고 있다([사진 15-2] 참조). 이 사진은 유대인들의 아픔과 '쇼아'로 인한 6백만 명의 희생자들을 그리고 있다. 이 사진은 이탈리아 신문 『코리에레 델라 세라Corriere della Sera』에서 20세기 가장 영향력 있는 사진으로 선정되기도 했다.

두 번째 사진은 좀 더 최근이다. 실수로 팔레스타인 영토로 발을 들인 이스라엘 군인 두 명을 폭행하여 죽음에 이르게 한 팔레스타인 청년이 피로 붉게 물든 두 손을 군중에게 자랑하는 사진이었다. 이 사진(여기에 싣지는 않았다)

은 이스라엘 신문의 1면에 실렸고 2000년 10월 『타임Time』 지의 표지가 되기도 하였다2000 Ramallah lynching–역자 주.[2]

처음엔, 사진을 보는 행위는 수동적인 과정이며 이미지는 객관적으로 볼 수 있다는 순진한 생각을 가지고 있었다. 관람자가 적극적으로 의미를 부여하거나 만든다는 사실은 그 당시엔 미처 알지 못했다. 관람자는 통역자인 것이다.

두 사진을 각각 보고 있을 때 무언가 저 밑의 기억 창고를 건드렸다. 미치 사진의 사건들에 대해 내가 느끼는 감정을 리듬 삼아 함께 춤을 추자고 이미지가 부르는 것 같았다. 두 장의 역사적 장면에 대한 나의 연대감이 배경음악이 되었다. 누가 영원의 춤을 이끄는지도 알 수 없었다. 이미지가 나를 만든 것일까, 내가 이미지를 만든 것일까?

그러나 일부러 두 사진을 나란히 놓아 보면서 나는 적극적인 역할을 맡았다. 나는 안무 감독이 되어 더욱 정교한, 비극적인 죽음의 발레를 꾸몄다. 두 사진을 나란히 놓는 과정에서 스토리텔러가 된 듯도 했다. 여전히 두 사진을 함께 놓고 보면 모호한 부분이 많다. 해석의 여지는 항상 존재할 것이다. 내 이야기는 당신의 이야기와 다를 수도 있을 것이다.

이 장면은 두 젊은이가 두 손을 들고 있는 모습을 그리고 있다.

두 주인공 간에 공통점이 있는가? 이 둘은 대조적인가?

피해자인가, 가해자인가? 아니면 둘 다 피해자인가?

---

2) www.crownheights/info/media/30/20111016/ramallah%203.png

강점은 무엇인가? 약점은 무엇인가?

질문은 끝이 없다…….

두 인물을 더 자세히 들여다본다. 홀로코스트 당시 아버지는 사진 속 소년과 같은 나이였다. 아이처럼 아버지도 유대인이었다. 내 아들은 지금 팔레스타인 청년과 같은 또래이다. 이스라엘 군대에서 복무 중이고 총을 메고 다님에도, 내 눈엔 그 애 또한 피해자이다.

딸이자 엄마인 내가 그 대가를 치르는 것인가? 이 두 사진 사이에 반세기가 넘는 시간의 간격이 존재하지만 나는 둘을 하나로 묶고 있다. 이 두 사진에 담긴 이미지가 내 인생, 내 인생의 일부가 만들어지는 데 이미 어떤 역할을 맡고 있었다면 어떻게 이를 알 수 있을까?

모든 것이 혼란스럽다. 하지만 지금은 이 두 사진을 고른 일이 우연은 아님이 분명해졌다. 두 사진의 윤곽선을 그리면서 나는 내 과거의 그림자, 내 인생의 그림자를 만났다.

찾아보기

인명

내용

편저자 소개

델 로웬탈Del Loewenthal은 심리치료 및 상담 전공 교수이자 로햄턴 대학교 심리치유 교육 연구센터 소장으로 박사 과정도 운영하고 있다. 그는 정신분석 심리치료사이자 공인된 심리학자, 사진작가이며, 『유럽 심리치료와 상담 저널European Journal of Psychotherapy and Counselling』(Routledge)의 초대 편집위원이다. 현재는 브라이튼과 윔블던에서 개인 상담을 하고 있다. www.delloewenthal.com

저자 소개

브리짓 아노어Brigitte Anor는 이스라엘 예루살렘의 표현예술 치료자로, 예루살렘에 사진치료 연구소를 열었다. 예루살렘 연구소와 텔아비브 대학교에서 강의하면서 이스라엘 및 유럽 내 다른 지역에서 워크숍을 열고 있다.

로돌포 드 베르나르Rodolfo de Bernart는 이탈리아 피렌체에 거주하며 시에나 대학교 정신과 가족치료 전공 교수로 재직 중이다.

테리 데닛Terry Dennett은 런던의 조 스펜스 기념 자료관 큐레이터로 16년간 재직하고 있다.

울라 할콜라Ulla Halkola는 심리치료사이자 교육개발자이다. 투르쿠 대학의 브라헤아 교육계발센터에서 22년간 코디네이터로 일하면서 심리치료, 정신보건, 건강증진, 조직 발전 분야를 위한 교육과정을 개발하였다.

하세 칼슨Hasse Karlsson은 투르쿠 대학의 통합 신경과학 정신과 교수이자 투르쿠 대학병원 정신과 과장이다. 또한 투르쿠 뇌와 마음 센터의 소장을 맡고 있다.

키스 케네디Keith Kennedy는 엔필드 워시와 토트넘에서 5년간 중등학교 교사로 있다가 그만두고 다양한 교육관련 기관에서 유급 도우미를 시작했다.

알렉산더 코피틴 Alexander Kopytin은 1984년 정신과 학위 취득 후 세인트 피터스버그 내 다양한 정신건강 기관에서 근무하였다. 심리치료 자격증을 취득한 후에는 1995년부터 환자들과의 작업에 예술심리치료를 접목하여 집단 상호 미술치료를 하고 있다.

로지 마틴 Rosy Martin은 예술사진가, 심리치료사, 워크숍 활동가, 강연자이자 작가로 활동하고 있다. 또한 1983년부터 조 스펜스Jo Spence와 재연 사진치료를 개발한 선구자이기도 하다.

크리스티나 누네즈 Cristina Nuñez는 스페인의 예술사진가로, 자칭 '치유적 자화상 작업 보조자'이다.

카민 파렐라 Carmine Parella는 심리학자이자 심리치료사이다. 그는 1992년부터 이탈리아 루카의 피아나 ASL2 공공 정신건강 센터에서 재활, 예방, 치료를 위해 사진과 동영상 창작 활동을 하고 있다.

마이크 시먼스 Mike Simmons는 사진예술가이자 교육자로, 창작 사진을 통한 사회적 관심을 주제로 기법을 개발하고 있다.

마크 휠러 Mark Wheeler는 영향력 있는 예술 심리치료사로 영국 보건 서비스에서 근무하는 동시에 개인 센터를 가지고 있다.

줄리아 윈클러 Julia Winckler는 브라이튼 대학교 매체예술학과 조교수로 재직 중이다.

역자 소개

심영섭 Sim Young-Seop

고려대학교 심리학 박사(임상심리학)

한국사진치료학회 슈퍼바이저 및 초대회장

한국영상영화치료학회 슈퍼바이저 및 초대회장

한국임상심리학회 1급 전문가

대구사이버대학교 상담심리학과 교수

영화평론가

백영묘 Baek Young-Myo

서울대학교 영어교육과 졸업

서울대학교 심리학과 졸업

서울대학교 대학원 심리학과 졸업

경기대학교 범죄심리학 박사과정 재학 중

정윤경 Chung Youn-Kyoung

숙명여자대학교 일반대학원 교육학과 석사졸업

숙명여자대학교 일반대학원 교육학과 박사과정 재학 중

심영섭 아트테라피 객원 연구원

단국대학교 양성평등연구소 연구원

디지털 시대의 사진치료

Phototherapy and Therapeutic Photography in a Digital Age

2019년 2월 15일 1판 1쇄 인쇄
2019년 2월 20일 1판 1쇄 발행

엮은이 • Del Loewenthal
옮긴이 • 심영섭 · 백영묘 · 정윤경
펴낸이 • 김진환
펴낸곳 • ㈜ 학지사
04031 서울특별시 마포구 양화로 15길 20 마인드월드빌딩
대표전화 • 02-330-5114 팩스 • 02-324-2345
등록번호 • 제313-2006-000265호

홈페이지 • http://www.hakjisa.co.kr
페이스북 • https://www.facebook.com/hakjisa

ISBN 978-89-997-1741-3 93180

정가 19,000원

이 도서의 국립중앙도서관 출판시도서목록(CIP)은 서지정보유통지원시스템 홈페이지(http://seoji.nl.go.kr)와 국가자료공동목록시스템(http://www.nl.go.kr/kolisnet)에서 이용하실 수 있습니다.
(CIP 제어번호: CIP2019001474)